Andreas Kilian

Die Logik der Nicht-Logik

Andreas Kilian

Die Logik der Nicht-Logik

Wie Wissenschaft das Phänomen Religion heute biologisch definieren kann

Alibri Verlag
Aschaffenburg

2010

Andreas E. Kilian, Dr. rer. nat., ist Biologe und promovierte in theoretischer Biologie. Er arbeitete an der Universität Bielefeld, in der Gesellschaft für Mathematik und Datenverarbeitung sowie dem Fraunhofer Institut.

Alibri Verlag
Aschaffenburg
www.alibri.de
Mitglied in der Assoziation Linker Verlage (*aLiVe*)

1. Auflage 2010

Umschlaggestaltung: Claus Sterneck
Druck und Verarbeitung: UWS Druck und Papier, Stuttgart

ISBN 978-3-86569-062-3

Inhaltsverzeichnis

1. Das Kind beim Namen nennen

1.1 Blasphemische Fragen?

Ein Sprichwort sagt: „Was man seiner Oma nicht in drei Sätzen erklären kann, das hat man selber nicht verstanden." Vielleicht ist dies etwas übertrieben, aber wenn ein Biologie-Leistungskursteilnehmer im Abitur oder ein Biologiestudent im Vordiplom den Begriff Biologie nicht definieren kann, dann ist die Prüfung für ihn beendet. Es gibt Übereinkünfte, um mit anderen Menschen zu kommunizieren und konstruktiv zusammen zu arbeiten. Eine besteht darin, dass man weiß, worüber man redet. Zumindest sollte man bereit sein, einen gemeinsamen Nenner zu finden und zu akzeptieren. Würde ein Student in der Prüfung sagen, dass es keine Definition des Begriffes Biologie geben könnte, weil es Abermillionen von Tier- und Pflanzenarten gibt und noch gar nicht alle bekannt und beschrieben sind, so würde er bei vielen Biologen ein Staunen hervorrufen. Ein Hinweis darauf, dass die Evolutionstheorie nur genau so eine Hypothese ist wie der Kreationismus, würden die meisten Kommilitonen und Kollegen zwar mit offenem Mund hinnehmen. Sie würden sich aber wahrscheinlich auch höflich über die Möglichkeit oder den Wunsch des Prüflings zu einem Studiengangwechsel informieren. Man darf anderer Meinung sein. Man sollte diese aber auch vertreten und verteidigen können. Zumindest sollte man wissen, worin die Meinungen übereinstimmen oder sich unterscheiden. Voraussetzung ist aber immer, dass man eine Definition seiner Begriffe hat, mit der gearbeitet werden kann.

In der Welt der Religionen, der Theologie und der Religionswissenschaft gibt es bis heute keine allgemein anerkannte wissenschaftliche Definition des Begriffes Religion. [1] Es gibt schätzungsweise dreihundertdreißig Religionen mit über einhunderttausend verschiedenen Glaubensgemeinschaften und so genannten Sekten sowie ca. fünfhunderttausend Götter. Hunderttausende von Propheten, Gurus, Priestern, Imamen, Rabbinern, Schamanen, Geisterheilern, Laienpredigern, Zauberern und Hexen etc. widersprechen sich in nahezu allen Annahmen und Glaubensinhalten. Hinzu kommen Millionen von persönlichen Glaubensüberzeugungen. Weiterhin wird das Phänomen mit nahezu allen Lebensbereichen in Verbindung gebracht, so dass die Übergänge von Religionen zu Ideologien, Riten und alltäglichem Handeln nahtlos erscheinen. Theologen, die sich bemühen Zusammenhänge, Gemeinsamkeiten und Unterschiede herauszuarbeiten und systematisch zu erfassen, stöhnen unter der Vielfalt der lokalen kulturellen Ausprägungen. Obwohl sie Gläubige, Meister, Fachleute und Gelehrte nach offiziellen Glaubensinhalten und persönlichen Glaubensvorstellungen befragen können, tun sie sich schwer, die Gemeinsamkeiten aller Religionen zu erfassen. Obwohl ihnen die heiligen Texte und geschichtlichen Überlieferungen vorliegen, die sie und ihre Berufskollegen seit Jahrtausenden selber schreiben und interpretieren, sind sie offensichtlich nicht in der Lage, eine einheitliche Quintessenz daraus zu entnehmen. Und obwohl Theologen studierte Fachleute für die Vermittlung von Glaubensfragen sein sollten, können sie sich nicht auf eine Definition einigen, die aussagt, womit sie sich eigentlich befassen. Selbst die Religionswissenschaft arbeitet zur Zeit noch an einem Verständnis dessen, womit sie sich beschäftigt bzw. beschäftigen sollte.[2]

Die Komplexität der Materie, aber auch gewisse religiöse Vorbehalte, führten bisher dazu, dass es hunderte verschiedene theologische Definitionen des Begriffes Religion gibt, die sich mit den Inhalten, den Funktionen und/oder den Dimensionen einzelner Teilaspekte der Religionen beschäftigen.[3] Da ist zwar für jeden etwas dabei, aber eben doch nichts, was expliziert als Begriff „Religion" fassbar, überprüfbar oder wissenschaftlich messbar wäre. Für einen Naturwissenschaftler ist dies Szenario ein nicht

---

1 Boer, Harald et al.: Der Brockhaus. Religionen, Glauben, Riten, Heilige. Ulrike Emrich (Lexikonredaktion). Mannheim, Leipzig 2004; Bowker, John (Hrsg.): Das Oxford-Lexikon der Weltreligionen. Wissenschaftliche Buchgesellschaft, Darmstadt. Düsseldorf 1999; Figl, Johann (Hrsg.): Handbuch Religionswissenschaft. Religionen und ihre zentralen Themen. Insbruck, Wien, Göttingen 2003.

2 Figl, Handbuch Religionswissenschaft.

3 Tworuschka, Udo: Lexikon Die Religionen der Welt. Gütersloh 1999.

zufrieden stellender Zustand, der förmlich nach einer Lösung schreit. Was ist des Pudels Kern? Was ist das, was gemeinhin in Europa, aber auch anderswo, unter dem Begriff Religion subsumiert wird?

Und an diese Kernfrage schließt sich eine Reihe von weiteren – aus theologischer Sicht nahezu blasphemischen - Fragen an. Wenn keiner definieren kann, was Religion ist, wer ist dann ein kompetenter Ansprechpartner für dieses Thema? Bei wem will man Auskunft einholen, wenn keiner sagen kann, worüber er gerade spricht? Wem soll man glauben, wenn alle religiösen Fachleute etwas anderes erzählen?

Dabei handelt es sich nicht nur um wissenschaftliche Spitzfindigkeiten. Es geht ebenso um die Existenz und das Wirken der Religionen im Alltag. Von dem Verständnis und der Definition hängen Fragen nach Sinn, Zweck und Funktion der Religion ab. Wozu ist Religion überhaupt gut?

Diese Fragen wirken weit in unser Leben hinein. Nennen wir ein paar Beispiele. Was ist die Berechtigung für Religionsunterricht, wenn niemand definieren kann, was Religion ist? Oder werfen wir einen Blick auf die Menschenrechte. Was ist verbürgte Religionsfreiheit, wenn die Unterschiede zwischen Religion, Aberglaube, Ideologie und Politik in der Willkür der Interpreten liegen? Dies hat auch Auswirkungen auf die nationalen Gesetzgebungen. Wer ist kompetenter Ansprechpartner, wenn es um die Anerkennung einer Glaubensgemeinschaft als religiöse Gemeinde oder staatlich anerkannte Kirche geht? Wer darf Sekten diffamieren und selber Staatsgelder und Sonderrechte bekommen? Wie wollen Religionen friedlich koexistieren, wenn ihre Mitglieder nicht die Grenzen ihres Metiers definieren können?

Und zum Schluss muss sich auch die Wissenschaft selber fragen, woran sie forschen möchte. Wissenschaftler können alle Bestandteile des Phänomens Religion postulieren, untersuchen, identifizieren und in einen logischen Bezug zueinander setzen. Dies ist und bleibt aber Anthropologie, Archäologie, Biologie, Soziologie, Psychologie etc. Das Phänomen ist aber mehr als die Summe seiner Teile. Da ist noch eine emergente Eigenschaft, die als das Ausschlaggebende der Religion wahrgenommen wird. Diesen Kern gilt es beim Namen zu nennen, um ihn fassbar und untersuchbar machen zu können. Was nutzt die Erforschung der Evolution der Religionen, wenn niemand definieren kann, was überhaupt untersucht werden soll?

Diese kurze Polemik macht deutlich, wie dringend notwendig eine klare eindeutige Definition des Begriffes Religion ist, um der Willkür Grenzen zu setzen. Bevor wir aber zu der Frage kommen, warum es eine naturwissenschaftliche bzw. eine biologische Definition sein sollte, schauen wir uns eine Reihe bisheriger Definitionen aus verschiedenen Fachdisziplinen an. Eilige Leser können dies auch überspringen.

1.2 Bisherige Definitionen des Begriffes Religion

Eine naturwissenschaftliche Definition des Phänomens Religion, die den Anspruch auf Allgemeingültigkeit erheben möchte und als wissenschaftlicher Standard gelten soll, muss die meisten der bisherigen Definitionen integrieren und zusammenfassen können. Zumindest sollte mit ihrer Hilfe erklärt werden können, in welchem inhaltlichen Bezug die Definitionen zueinander stehen. Im Folgenden werden daher die bekanntesten (europäischen) Definitionen der Begriffe Religion bzw. Religiosität als Status Quo der Religionswissenschaften vorgestellt. Wobei es verständlich sein sollte, dass kein Anspruch auf eine vollständige Aufzählung der Definitionen der letzten Jahrhunderte erhoben werden kann.

Beginnen wir den Rückblick dort, wo alles seinen Anfang nahm. Im Mittelalter gab es den Begriff Religion noch nicht. Das Wort wird als Benennung eines Konzeptes erst interessant, wenn mehrere Religionen mit ähnlichen Konzeptstrukturen und inhaltlichen Variationen nebeneinander parallel existieren und als solche wahrgenommen werden. Erst dann muss ein Oberbegriff gefunden werden, der das Gemeinsame hervorhebt und Platz für Unterschiede lässt. Der Begriff Religion entwickelte sich erst nach der Reformation in Europa und wurde in der frühen Aufklärungsphilosophie geprägt.[4]

Der naheliegende Versuch, den Begriff Religion retrospektiv über seine Herkunft und ethymologische Bedeutung zu definieren, scheitert sowohl an der unklaren Herkunft des Wortes als auch an dem uns heute fehlenden Verständnis für die römische Götter- und Religionswelt. Den Terminus *religio* als solchen gibt es in der altrömischen Religion nicht. Früheste Belege finden sich erst bei Plautus und Cato, also erst ab ca. 250 v. Chr. Nach Cicero geht das Wort *religio* auf das Verb *relegere* zurück, was soviel wie *wieder auflesen*, *wieder sammeln* aber auch *bedenken* bedeuten kann. Lactantius sieht den Ursprung des Wortes im Verb *religare*, was *wieder anbinden* bedeutet. Anbinden ist hier auch als Anspielung auf den Aberglauben und das falsche Ritual zu verstehen. Während *religio* den Kult und das richtige Zeremoniell beim Opfern beschreibt, bedeutet *superstitio*

4 Uehlein, Friedich A.: Lexikon für Theologie und Kirche, Band 4 (1995), Sp. 1434.

das falsche und übertriebene Ritual und nicht, wie angenommen, Aberglauben.[5] Nach dem Sprachwissenschaftler Axel Bergmann geht das Wort auf das Funktionsverbgefüge *rem ligere, eine Sache binden*, zurück. Es hätte dann soviel bedeutet wie *wegen Bedenken zögern, zurückschrecken.*[6] Seit der Reformation unterscheidet der Begriff Religion als Differenzkonzept zwischen dem magischen unrechten und dem religiösen rechten Kult der verschiedenen Kirchen. Mit der Aufklärung wird der Begriff von David Hume auch für das Konzept Vernunftreligion verwendet, die über anderen Religionen steht. Der Allgemeinbegriff Religion (im Singular) wird erst in der Spätaufklärung verwendet, um einen Idealzustand zu postulieren.[7] Die Wortschöpfung *Religion* wurde als Begriff mit einem neuen Inhalt versehen, der in die römische Glaubenswelt hinein interpretiert und seitdem durch weitere Inhalte und Interpretationen ergänzt wurde. Für eine biologische Definition muss man sich aber nicht an das halten, was in der Aufklärung vorgeschlagen wurde.[8] Der Begriff hat sich im Gebrauch der Umgangssprache seit damals verändert. Fakt ist aber: Es gibt ein Wort „Religion" in der Alltagssprache[9] und Menschen können Denotat, Bedeutung und Benennung unterscheiden. Folglich ist dieses Wort auch für die Biologie zu definieren. In der Alltagssprache werden unter dem Begriff Religion seit dem 18. Jahrhundert zwei Konzepte verstanden: (1) Religion als Religiosität und individuelle Beschäftigung mit religiösen Inhalten und Tätigkeiten sowie (2) Religion als strukturelles, institutionalisiertes System und als Abgrenzungsbegriff gegenüber anderen Religionen.[10]

Als religiös Außenstehendem fällt einem auf, dass hier einfach ein Wortstamm entliehen bzw. ein Wort erfunden wurde, um eine gesellschaft-

---

5 Auffarth, Christoph (Hrsg.): Metzler Lexikon Religion. Bd. 3. Stuttgart 2000.

6 Bergmann, Axel: Untersuchungen zur Geschichte und Vorgeschichte der lateinischen Vokabel re(l)ligion. Marburg 1984; Bergmann, Axel: Die ‘Grundbedeutung’ des lateinischen Wortes Religion. Marburg 1998.

7 Auffarth, Metzler Lexikon Religion. Bd. 3.

8 Feil, Ernst: Zu Bestimmungs- und Abgrenzungsproblematik von „Religion". In: Feil, Enst (Hrsg.): Streitfall „Religion". Diskussionen zu Bestimmung und Abgrenzung des Religionsbegriffes. Studien zur systematischen Theologie und Ethik, Band 21. Münster, Hamburg, London 2000.

9 Stietencron, Heinrich von: Der Begriff der Religion in der Religionswissenschaft. In: Kerber, Walter (Hrsg.): Der Begriff der Religion. München 1992, S. 111-158.

10 Fritsche, Johannes: Religiosität. In: Ritter, Joachim: Historisches Wörterbuch der Philosophie, Band 8 (1992), S. 774-780.

liche Situation zu beschreiben. Anstatt den Begriff Religion überhaupt zu definieren, könnte auch einfach ein weiteres Wort erfunden werden, um neue gesellschaftliche und „religiöse" Zusammenhänge zu benennen. Im Prinzip geht es also um Wortspielereien. Man hat sich aber an das Wort Religion und seinen unklaren Gebrauch gewöhnt. Es ist einerseits ein fester Bestandteil unserer Alltagssprache geworden und verdient es daher, einmal unter die Lupe genommen zu werden. Auf der anderen Seite haben die Schöpfer des Wortes damit ein Konzept identifizieren wollen, welches durchaus real ist. Da ist etwas im Verhalten von religiösen Menschen, was sie von anderen unterscheidet. Theologie und Religionswissenschaft versuchen daher zu Recht, die Unterschiede zu kategorisieren. Die häufigsten Definitionen sind die substanzialistischen bzw. essentialistischen sowie die funktionalistischen.

Substanzialistische, auch essentialistische Definitionen genannt, waren im 19. Jahrhundert populär. In diesen Definitionen wird versucht, die Inhalte des Glaubens zu erfassen. Es geht um Begriffe wie das Machtvolle, Gott, das Numinose, die Ordnung hinter allem oder um die Existenz. Solche Definitionen eignen sich, wenn auch Religionen ohne Gottheiten berücksichtigt werden sollen.

Lassen wir einige in loser Folge, ohne mit der Reihenfolge eine Wertung abgeben zu wollen, Revue passieren: Der amerikanische Kulturanthropolge Melford Spiro[11] stellt fest: „Bei systematischer Betrachtung kann man Religion von anderen kulturell bedingten Einrichtungen einzig und allein aufgrund ihres Bezugs auf übermenschliche Wesen unterscheiden." Für seinen britischen Kollegen Sir Edward Burnett Tylor ist Religion der Glaube an Geisterwesen.[12] Eine ähnliche Definition bezeichnet Religion als Glauben an transzendente Mächte.[13] Für den Theologen Jonathan Söderblom[14] ist die Macht oder das Machtvolle, nicht jedoch die Gottheit, die Grundlage seiner Religionsdefinition. Der Religionsphänomenologe van der Leeuw sieht in Religion das Erleben von überlegener Macht, unabhängig davon,

---

11 Spiro, Melford Elliot: Religion. In: Banton, Michael (Hrsg.): Anthropological Approaches to the Study of Religion. London 1966, S. 85-126.

12 Tylor, Edward Burnett: Primitive Culture: researches into the development of mythology, philosophy, religion, art, and custom. Band 1. In: The collected works of Edward Burnett Tylor. London 1994.

13 Richter, Liselotte: Religion, IV. Begriff und Wesen der Religion. In: Religion in Geschichte und Gegenwart, Band V., Tübingen 1961, S. 968-984.

14 Söderblom, Lars Olof Jonathan: Das Werden des Gottesglaubens. Hildesheim, New York 1979. Nachdruck der Ausgabe von 1926.

ob sie persönlich oder unpersönlich wahrgenommen wird.[15] Der Theologe und Philosoph Friedrich Schleiermacher bringt einen neuen Term ins Spiel: „Religion ist Sinn und Geschmack fürs Unendliche. Religion ist das Gefühl schlechthinniger Abhängigkeit."

Diese Auflistung kann fortgesetzt werden mit dem austro-amerikanischen Soziologen Peter Berger. Für ihn ist „Religion ... die menschliche Haltung gegenüber einer heiligen Ordnung, die alle Wesen in sich einschließt – seien es Menschen oder andere –, d.h. der Glaube an einen Kosmos, dessen Bedeutung den Menschen sowohl einschließt wie auch transzendiert." Mit dem Konzept der Hierophanie und ihrer Dialektik zwischen Heilig und Profan des rumänischen Religionswissenschaftlers Mircea Eliade[16] betreten wir die Welt der wesensorientierten Definitionen. Zu dieser Art der Definition kann auch die Konzeption des Heiligen als irrationale Dimension des deutschen Theologen Rudolf Otto[17] gezählt werden sowie Gustav Menschings Definition: „Religion ist erlebnishafte Begegnung mit dem Heiligen und antwortendes Handeln des vom Heiligen bestimmten Menschen".[18] Kennzeichnend für diese Art der substanzialistischen Definition ist der *Circulus in demonstrando* – auch *Pettitio principii* oder logischer Zirkelschluss genannt –, indem das Heilige über das Heilige definiert wird und als heilig erkannt vorausgesetzt wird.

In funktionalistischen Definitionen geht es um die Auswirkungen des Glaubens auf Individuen und auf die Gesellschaft. Beginnen wir noch einmal eine Auflistung, wieder ohne mit der Reihenfolge eine Wertung vorzunehmen. Individualistisch definiert der amerikanische Mathematiker Alfred North Whitehead: „Religion ist das, was der einzelne aus seiner Einsamkeit macht." Der französische Soziologe und Ethnologe Émile Durkheim hebt die soziale Funktion der Religionen in den Vordergrund. „Eine Religion ist ein solidarisches System von Überzeugungen und Praktiken, die sich auf heilige, d.h. abgesonderte und verbotene Dinge, Überzeugungen und Praktiken beziehen, die in einer und derselben moralischen Gemeinschaft, die man Kirche nennt, alle vereinen, die ihr angehören".[19] Der Soziologe

15 Leeuw, Gerardus van der: Phänomenologie der Religion. Tübingen 1956.

16 Eliade, Mircea: Das Heilige und das Profane. Vom Wesen des Religiösen. Köln 2008.

17 Otto, Rudolf: Das Heilige. Über das irrationale in der Idee des Göttlichen und sein Verhältnis zum Rationalen. Breslau 1917.

18 Mensching, Gustav: Die Religion. Stuttgart 1959.

19 Durkheim, Émile: Die elementaren Formen des religiösen Lebens. Frankfurt 1984.

Detlef Pollack sieht in der Definition Durkheims ein Negativ, welches die Religion über die Grenzen definiert, die nicht mehr zu ihr gehören.[20] Dass die Grenzen, die eine Religion funktional vom Alltäglichen trennen, fließend und auch nicht fest zu definieren sind, sieht der Soziologe Thomas Luckmann[21]: „Religion ist keine konstante, inhaltlich bestimmte Größe [...] Vielmehr ist Religion allgemein nur nach ihrer Funktion für den Menschen bestimmbar – welche Formen sie historisch auch annehmen mag." Dieses funktionale Verständnis von Religion wird bei Peter L. Berger zu: „[Religion ist das], was den Menschen zum Menschen werden lässt".[22] Durch seine Sozialität transzendiert der Mensch seinen biologischen Ursprung und unterscheidet sich vom Tier. Religion wird durch diese Definitionen zu einem anthropologischen Grundphänomen mit der zwingenden Aussage, „dass es keine Gesellschaft ohne Religion [...] geben kann".[23] Der britische Ethnologe Bronislaw Malinowski definiert: „Ihrer dogmatischen Struktur nach bietet sich die Religion stets als ein System von Glaubenssätzen an, das die Stellung des Menschen im Universum, seine Herkunft und sein Ziel festlegt. Pragmatisch ist für das Durchschnittsindividuum die Religion notwendig, um die niederschmetternde, lähmende Vorahnung von Tod, Unheil und Schicksal zu überwinden."[24] Keith Yandell benutzt einen universelleren Zugang: „Eine Religion ist ein konzeptionelles System, welches eine Interpretation der Welt und des Platzes des Menschen in dieser zur Verfügung stellt, eine Beschreibung liefernd, wie nach dieser Interpretation gelebt werden sollte, und diese Interpretation und diesen Lebensstil in einer Menge von Ritualen, Institutionen und Handlungen ausdrückend."[25]

Der US-amerikanische Ethnologe Clifford Geertz integriert diese allgemeinen funktionalistischen Ansätze zum Verständnis des Begriffes Religion in einen kulturellen Zusammenhang: Für ihn ist Religion „(1) ein Symbolsystem, das darauf zielt, (2) starke, umfassende und dauerhafte Stimmungen und Motivationen in den Menschen zu schaffen, (3) indem es Vorstellungen einer allgemeinen Seinsordnung formuliert und (4) die-

---

20 Pollack, Detlef: Was ist Religion? Probleme der Definition. Zeitschrift für Religionswissenschaft 3, (1995), S. 163-190.

21 Luckmann, Thomas: Religion in der modernen Gesellschaft. In: Oelmüller, Willi et al.: Diskurs Religion, Paderborn 1982, S. 267-280.

22 Ebenda.

23 Ebenda.

24 Tworuschka, Udo: Lexikon Die Religionen der Welt. Gütersloh 1999.

25 Yandell, Keith: Philosophy of Religion. A Contemporary Introduction. London 1999.

se Vorstellungen mit einer solchen Aura von Faktizität umgibt, dass (5) die Stimmungen und Motivationen völlig der Wirklichkeit zu entsprechen scheinen".[26] Der Soziologe Robert N. Bellah möchte „für begrenzte Zwecke Religion als eine Reihe symbolischer Formen und Handlungen definieren, die den Menschen zu den letztendlichen Bedingungen seiner Existenz in Beziehung setzt".

Eine Definitions-Schimäre zwischen substanzialistisch und funktionalistisch präsentiert der Religionsphänomenologe Günter Lanczkowski: „Religion ist ein unableitbares Urphänomen, eine Größe sui generis, die konstitutiert wird durch die existentielle Wechselbeziehung zwischen der Gottheit einerseits (...) und andererseits den Reaktionen des Menschen."[27] Ähnlich lässt sich „Religion" bei Carsten Colpe bestimmen als „die Qualifikation einer lebenswichtigen Überzeugung, deren Begründung, Gehalt oder Intention mit den innerhalb unserer Anschauungsformen von Raum und Zeit gültigen Vorstellungen und mit dem Denken in den dazu gehörenden Katgorien weder bewiesen noch widerlegt werden kann".[28]

Weniger Definitionen als vielmehr Aufzählungen und Beschreibungen bietet der Zugang über die so genannten „Dimensionen". Sie listen die Einflussbereiche religiösen Denkens und Handelns auf. Der deutsch-amerikanische Religionswissenschaftler und Soziologe Joachim Wach gliedert das Phänomen Religion in drei Dimensionen: Denken, Handeln und Gemeinschaft.[29] Im Gegensatz zur Aufteilung der Religionshistoriker Helmer Ringgren und Åke Viktor Ström in theoretische, praktische und soziale Komponenten[30] unterteilt der Religionswissenschaftler Frederick Streng Religionen in personelle, kulturelle und ultimative Dimensionen. Der Tübinger Religionswissenschaftler Heinrich von Stietencron nennt als drei Bereiche: die individuelle Gemütsverfassung, das kollektive Weltdeu-

26 Geertz, Clifford: Religion als kulturelles System. In: Geertz, Clifford: Dichte Beschreibung. Beiträge zum Verstehen kultureller Systeme. S. 44-95. Frankfurt 1987.

27 Lanczkowski, Günter: Einführung in die Religionswissenschaft. Darmstadt 1980.

28 Colpe, Carsten: Theologie, Ideologie, Religionswissenschaft. Demonstrationen ihrer Unterscheidung. Theologische Bücherei Band 68, München 1980.

29 Wach, Joachim: The Comparative Study of Religions. With an introduction of: Kitagawa, Joseph M., New York 1958.

30 Ringgren, Helmer & Ström, Åke V.: Die Religionen der Völker. Grundriß der allgemeinen Religionsgeschichte. Stuttgart 1959.

tungssystem sowie die Institution.[31] Mit den Arbeiten der amerikanischen Religionssoziologen Charles Y. Glock und Rodney Stark wird das Dimensionsmodell um zwei Dimensionen erweitert. Sie unterscheiden zwischen einer ideologischen, einer ritualistischen, einer subjektiv experimentellen, einer intellektuellen und einer Dimension der praktischen Erfahrungen.[32] Die Erziehungswissenschaftlerin Ursula Boos-Nünning fügt diesem Modell mit der religiösen Gemeinde eine sechste Dimension hinzu.[33] Der Religionshistoriker Ninian Smart gibt sieben Dimensionen an: Eine praktisch rituelle, eine emotional erfahrungsmäßige, eine mythisch erzählerische, eine philosophisch doktrinale, eine ethisch rechtliche, eine institutional soziale und eine materielle, die in Kunst und Gebäuden Ausdruck findet.[34]

Für den Theologen Wolfhart Pannenberg gehört Religion zu den konstituierenden Elementen der menschlichen Natur.[35] Der Biologe Daniel Dennett sieht Religion als ein rein natürliches Phänomen,[36] dessen Dimensionen wissenschaftlich untersucht werden können. Der Oxforder Anthropologe Justin Barrett stellt fest, dass das Phänomen, welches wir als Religion bezeichnen, verstanden werden muss als „das Produkt aggregierter persönlicher Denkprozesse".[37] Der Soziobiologe Eckart Voland und der Theologe Caspar Söling identifizieren vier Domänen mit ihren evolutiven Funktionen, die sie in allen Religionen der Welt wiederfinden. Mystik, Ethik, Mythos und Rituale bilden die beschreibbare Basis jeder Religionsausübung.[38]

---

31 Stietencron, Heinrich von: Vom Begriff zum Phänomen oder vom Phänomen zum Begriff. In: Feil, Enst (Hrsg.): Streitfall „Religion". Diskussionen zu Bestimmug und Abgrenzung des Religionsbegriffes. Studien zur systematischen Theologie und Ethik, Band 21. Münster, Hamburg, London, 2000.

32 Glock, Charles Y.: Toward a Typology of Religious Orientation. New York 1954; Glock, Charles Y. & Stark, Rodney: Religion and Society in Tension. Chicago 1965.

33 In: Pollack, Detlef: Was ist Religion? Probleme der Definition. Zeitschrift für Religionswissenschaft 3, (1995), S. 163-190.

34 Smart, Ninian: The World´s Religions. Cambridge 1998.

35 Pannenberg, Wolfhart: Die Wahrheit Gottes in der Bibel und im christlichen Dogma. In: W. Oelmüller (Hrsg.): Wahrheitsansprüche der Religionen heute. Paderborn, München 1986.

36 Dennett, Daniel C.: Den Bann brechen. Religion als natürliches Phänomen. Frankfurt 2008.

37 Barrett, Justin L.: Why would anyone believe in God? Lanham, MD, 2004.

38 Voland, Eckart & Söling, Caspar: Die biologische Basis der Religiosität in Instinkten – Beiträge zu einer evolutionären Religionstheorie. In: Lüke, Ulrich,

Zu den Definitionen bzw. zu den ergänzenden Kommentaren zu dem Wesen der Religionen gehören auch die Kirchen- und Religionskritiken. Sie machen auf den Einfluss des Phänomens aufmerksam. Ertragen wir noch einmal eine Auflistung bekannter Kritiker, um auch die Gegenseite zu Wort kommen zu lassen. Bereits Xenophanes aus Kolophon (570 bis 470 v. Chr.) äußerte den Verdacht, dass es sich bei den Göttern und ihrem allzu menschlichen Verhalten um Projektionen handeln könnte.[39] Auch der deutsche Philosoph und Religionskritiker Ludwig Feuerbach sieht Religion als Illusion und Selbstbetrug und somit als Projektion der menschlichen Sehnsüchte.[40] Der indische Philosophieprofessor Rajneesh Chandra Mohan, bekannt als Osho, erklärte jede Gottesvorstellung zu einer persönlichen Illusion und jede Religion zu einem geistigen Gefängnis.[41] Für den Philosophen Jean-Paul Sartre ist Gott ebenfalls nichts anderes als eine Bedrohung der menschlichen Freiheit.[42] Der Mitbegründer der Soziologie, Auguste Comte, versteht Religion als verflossenes Stadium der Geschichte, über das die Menschheit nun hinausgewachsen sei.[43] Auch der Arzt und Psychologe Sigmund Freud interpretiert Religion als Illusion und zusätzlich als infantile Sehnsucht nach einer allmächtigen Vaterfigur.[44] Die Religionspsychologin Ana Maria Rizzuto geht davon aus, dass Religion ein notwendiger Teil der Ich-Bildung beim Menschen ist.[45] Peter Sloterdijk, Kulturwissenschaftler und Essayist, bezeichnet nicht Gott, sondern das Wissen um die Heilung als die Realität der Religionen, und dies von der biologischen bis zur spirituellen Stufe. Er definiert Religion somit als

---

Schnakenberg, Jürgen & Souvigner, Georg (Hrsg.). Darwin und Gott. Das Verhältnis von Evolution und Religion. Darmstadt 2004.

39 Drechsler, Wolfgang & Kattel, Rainer: Mensch und Gott bei Xenophanes. In: Witte, Markus (Hrsg.): Gott und Mensch im Dialog. Festschrift für Otto Kaiser zum 80. Geburtstag. Berlin, New York 2004.

40 Feuerbach, Ludwig: Das Wesen des Christentums. Stuttgart 2002.

41 Osho, Chandra Mohan Rajneesh: Der Gott den es nicht gibt. Westliche Religion und die Lüge von Gott. Berlin 2005.

42 Sartre, Jan-Paul: Ist der Existentialismus ein Humanismus? Frankfurt 1989.

43 Comte, Auguste: Rede über den Geist des Positivismus. Fetscher, Iring (Hrsg.). Hamburg 1956.

44 Freud, Sigmund: Die Zukunft einer Illusion. In Freud, Sigmund: Massenpsychologie und Ich-Analyse. Frankfurt 2002.

45 Rizzuto, Ana-Maria: The Birth of the Living God. University of Chicago Press. Chicago & London 1979.

psychosemantisches Immunsystem.[46] Von Karl Marx stammt der berühmte Ausspruch „Religion ist der Seufzer der bedrückten Kreatur, das Herz einer herzlosen Welt, wie sie der Geist einer geistlosen Welt ist. Sie ist das Opium des Volks.“[47] Friedrich Nietzsche erklärte den Tod Gottes aufgrund der neuen Autonomie des Menschen.[48] Der Philosoph und Soziologe Hans Albert erkennt den Letztbegründungsanspruch der Religionen, der ihm willkürlich erscheint.[49] Jean-Jacques Rousseau, Philosoph und Naturforscher, kritisierte 1762 die Religion als Quelle von Machtmissbrauch und Krieg.[50] Für den Nobelpreisträger Bertrand Russell ist Angst die Grundlage jeder Religion. Dies betrifft die Angst vor dem Mysteriösen, der Niederlage und dem Tod.[51] Eine sozialpsychologische Definition wurde von Erich Fromm angegeben: Er betrachtet jedes von einer Gruppe geteilte System des Denkens und Handelns, das dem Einzelnen einen Rahmen der Orientierung und ein Objekt der Hingabe bietet, als Religion.[52] Für den Oxforder Biologieprofessor Richard Dawkins ist es nicht möglich gleichzeitig ein theistisches und wissenschaftliches Weltbild zu haben. Religion ist für ihn inakzeptabel, weil sie den Menschen lehrt, damit zufrieden zu sein, dass er die Welt nicht versteht.[53] Der amerikanische Physiker Alan Sokal sieht die Religionen als Pseudowissenschaften, vergleichbar mit der Astrologie und der Homöopathie.[54] Ambrose Bierce sagt es mit einem Aphorismus: „Religion ist eine Tochter der Hoffnung und der Furcht, die den Nichtwissenden das Wesen des Unerkennbaren erklärt.“[55] Der Aphoristiker Werner Mitsch ergänzt dies: „Es gibt mehr Religionen als es Wahrheiten geben kann.“[56]

---

46 Sloterdijk, Peter: Rede beim Sprengelkonvent. St. Petri Dom Schleswig. 29. Mai 2006.

47 Marx, Karl: Zur Kritik der Hegelschen Rechtsphilosophie. 1843–1884. In: Karl Marx/ Friedrich Engels – Werke. Berlin 1976, Band I, S. 378-391.

48 Nietzsche, Friedrich: Also sprach Zarathustra. Stuttgart 1988.

49 Albert, Hans: Traktat über kritische Venunft. Tübingen 1991.

50 Rousseau, Jean-Jacques: Vom Gesellschaftsvertrag oder Grundsätze des Staatsrechts. Stuttgart 1977.

51 Russel, Bertrand: Warum ich kein Christ bin. Von der Unfreiheit eines Christenmenschen. Reinbek 1992

52 Fromm, Erich: Psychoanalyse und Religion. 1949.

53 Dawkins, Richard: Der Gotteswahn. Berlin 2007.

54 Sokal, Alan: Pseudosciences et postmodernisme: adversaires ou compagnons de route? Paris 2005.

55 Bierce, Ambrose: The Devil's Dictionary. New York 1911.

56 Mitsch, Werner: Sprüche, nichts als Sprüche. Stuttgart 1984.

Kritik aus den eigenen Reihen bieten die theologischen Definitionen von Karl Barth: „Religion ist Unglaube; Religion ist eine Angelegenheit, man muss geradezu sagen: die Angelegenheit des gottlosen Menschen."[57] Und Paul Tillich meint: „Religion ist im weitesten und tiefsten Sinne des Wortes das, was uns unbedingt angeht."[58]

Einig sind sich die meisten Kritiker darin, dass es sich bei den Auswirkungen der Religionen um reale Phänomene handelt, d.h., dass ein Konzept als solches existiert. Ausgehend von Individualreligionen ist dies nicht selbstverständlich. „Es gibt keine Datengrundlage für Religion. Religion ist allein eine Schöpfung der Arbeit des Wissenschaftlers", erklärte der Religionshistoriker Jonathan Z. Smith.[59] Es wird in den heutigen Religionswissenschaften darüber diskutiert, ob es überhaupt eine Definition geben kann oder ob Religion als Begriff nicht eine Erfindung der Aufklärung ist, die in der Realität so nicht existiert.[60] Der amerikanische Religionswissenschaftler William E. Arnal spricht in diesem Zusammenhang von einer notwendigen Dekonstruktion der Kategorie Religion. Es wäre wichtiger, Religion im umgangssprachlichen Gebrauch zu suchen als in theoretischen Inhalten selbst erfundener wissenschaftlicher Konzepte, die nicht die Realität beschreiben.[61]

Der Religionshistoriker Fritz Stolz gelangt zu dem Schluss, dass besser Verfahren festgelegt werden, mit welchen die Religionswissenschaft arbeiten kann, als dass weiter an substanzialistischen oder funktionalistischen Definitionen festgehalten wird.[62] Auch der niederländische Religionswissenschaftler Jacques Waardenburg akzeptiert die Unmöglichkeit der allgemeinen Definition des Religionsbegriffes für die Religionswissenschaft. Er sagt aber auch, dass Menschen einem Phänomen anhängen, das wir all-

---

57 Zitiert nach Wrogemann, Henning: Mission und Religion in der systematischen Theologie der Gegenwart: das Missionsverständnis deutschsprachiger protestantischer Dogmatiker im 20. Jahrhundert. Göttingen 1997.

58 Zitiert nach Schüßler, Werner: Was uns unbedingt angeht. Studien zur Theologie und Philosophie Paul Tillichs. Münster 1999.

59 Smith, Jonathan Z.: Imagining religion. From Babylon to Jonestown. Chicago 1982.

60 Arnal, William E.: Definition. In: Braun, Willi & McCutcheon, Russel T. (Hrsg.): Guide to the Study of Religion. London / New York, 2000, S. 21-34.

61 Braun, Willi: Religion. In: Braun, Willi & McCutcheon, Russel T. (Hrsg.): Guide to the Study of Religion. London, New York 2000, S. 3-20.

62 Stolz, Fritz: Religionswissenschaft nach dem Verlust ihres Gegenstandes. In: Feil, Ernst (Hrsg.): Streitfall „Religion". Münster 2000, S. 137-140.

gemeinhin als Religion bezeichnen. Dies Phänomen müsse zunächst empirisch erforscht werden, bevor allgemeine Aussagen über die Religion als solche gemacht werden können.[63]

Der Religionswissenschaftler Heinrich von Stietencron vertritt die Meinung, dass jede bisherige Definition verworfen werden müsste, solange es nicht gelinge, religiöse von nicht religiösen Handlungen zu unterscheiden. Aber genau dies müsse möglich sein, wenn das Phänomen näher untersucht werden soll.[64] Auch sollte eine Definition sowohl die expliziten bewussten als auch die impliziten unbewussten Anteile der Religionen berücksichtigen. Also nicht nur die institutionalisierten Formen, sondern auch die „freischwebenden" Formen der Religionen.[65] Wobei mit dem Wort „freischwebend" die individuelle Spiritualität gemeint ist.

Soweit erst einmal die Auflistung einiger substanzialistischer und funktionalistischer Definitionen, Umschreibungen, Anmerkungen sowie Kritiken zu dem Begriff Religion. Nun sollte dieses Martyrium des Schnelldurchlaufes und der ellenlangen Aufzählung aber nicht umsonst gewesen sein. Warum habe ich Ihnen dies als Autor angetan? Was kann hier als weiterführende Frage verbucht werden?

Als Ergebnis lässt sich festhalten: Religion ist ein facettenreiches Phänomen, welches sich in seiner Gesamtheit auf alle Lebensbereiche menschlichen Denkens und Handelns erstrecken kann. Die gesuchte emergente Eigenschaft – der Kern des Begriffs Religion – sollte daher auch einen Einfluss auf alle Lebensbereiche haben. Gleichzeitig existiert ein scheinbares Paradoxon. Der Begriff Religion soll sowohl definierbar als auch nicht definierbar sein. Die Frage sollte daher lauten, aus welchem Blickwinkel diese Gesamtheit aller Teile, ihr Paradoxon sowie ihr gesetzmäßiger Zusammenhang, am besten zu überblicken ist.

1.3 Warum eine biologische Definition?

Definitionen sind nützlich und notwendig. Sie dienen dazu, dass sich Menschen mit bestimmten Themen auseinandersetzen können. Sie sind Abkürzungen, um sich verständlich zu machen. Eine wissenschaftliche Definition

---

63 Waardenburg, Jean Jacques: Religionen und Religion. Berlin, New York 1986.

64 Stietencron, Heinrich von: Der Begriff der Religion in der Religionswissenschaft. In: Kerber, Walter (Hrsg.): Der Begriff der Religion. München 1992, S. 111-158.

65 Waardenburg, Religionen und Religion.

wird gefordert, damit Modelle und Theorien für andere nachvollziehbar werden. Eine Definition soll den Inhalt eines Begriffes klären, seine Eigenschaften deutlich machen und die Beziehungen zu anderen Sachverhalten offen legen und auch abgrenzen. Definitionen sind eine Frage des offenen und redlichen Gedankenaustausches. Sie sind der erste und notwendige Schritt für ein Miteinander unter gleichberechtigten Gesprächspartnern. Es gibt keine „richtigen“ und „falschen“, wohl aber mehr oder weniger zweckmäßige Definitionen, die neue Blickwinkel öffnen und neue Fragen für weitere Untersuchungen provozieren können. Es steht daher ebenfalls außer Zweifel, dass auch der Begriff Religion einer expliziten Realdefinition bedarf. Warum aber ausgerechnet einer biologischen? Hierfür gibt es mehrere Gründe:

Für eine biologische Definition spricht zunächst, dass man nichts falsch machen kann, wenn man erst einmal möglichst weit ausholt und die Erkenntnisse aller Forschungsdisziplinen einsammelt. Immerhin gleicht die momentane Situation, in der sich Theologen und Religionswissenschaftler befinden, der von frühen Biologen, die fleißig alle Tier- und Pflanzenarten sammelten und untersuchten, aber noch keine Systematik hatten oder gar wussten, welche Gesetzmäßigkeiten zu den Stammbäumen führten. Außerdem konnten sie noch nicht den Begriff der Art- von der Individualselektion trennen. Ähnlich ist die Situation heute in den Religionswissenschaften. Es fehlt noch eine Theorie, die alle bisherigen Einsichten verbindet, in Relation zueinander stellt und die Diversität erklärt. Bis jetzt gibt es noch keine „Evolutionstheorie“ der Religionen. Sie haben ihren Charles Darwin noch nicht gefunden.

Weiterhin stellt die Biologie eine Metaebene dar, mit der die meisten wissenschaftlichen Fachdisziplinen direkt oder indirekt verbunden sind. So wird zur Zeit kontrovers diskutiert, ob die menschliche Fähigkeit zum religiösen Glauben, zur Religion und zur „Suche nach Gott“ eine eigene biologische Adaption an die Umwelt darstellt.[66] Alternativ könnten sich solche Verhalten im Rahmen einer Koevolution, als mitgezogene Verhalten ohne eigenen Nutzen, entwickelt haben.[67] Es wäre aber auch denkbar, dass

---

66 Vaas, Rüdiger & Blume, Michael: Gott, Gene und Gehirn. Warum Glaube nützt. Die Evolution der Religiösität. Stuttgart 2009.

67 Dahl, Edgar: Brauchen wir Gott? Moderne Texte zur Religionskritik. Stuttgart 2005; Degen, Rolf: Das Ende des Bösen. Die Naturwissenschaft entdeckt das Gute im Menschen. München 2007; Voland, Eckart: Evaluating the Evolutionary Status of Religiosity and Religiousness. In: Voland, Eckart & Schiefenhö-

Religion nur eine Idee, ein Mem, ist,[68] welches sich wie ein Virus dem menschlichen Geist angepasst hat, sich dort vermehrt und durch Kommunikation ausbreitet.[69]

Die Biologie stellt hier für alle Disziplinen einen Rahmen dar, auf den zurückgegriffen werden kann. Eine exakte Trennung zwischen Genetik, Epigenetik, Ethologie, Psychologie, Soziologie, Kultur, Kognition und Memen ist nicht nur schwierig, sondern zum Teil unmöglich.[70] Gene werden nicht nur vererbt, sondern gestalten im Zusammenspiel mit den Umweltfaktoren unseren Körper sowie unsere Psyche. Was wir wann in welchem Lebensabschnitt denken, fühlen, lernen können und uns als Lebensziel vornehmen, hängt auch mit von unseren Genen ab und den Fähigkeiten, die sie uns ermöglichen.[71] Der Psychologe Marshall H. Segall geht davon aus, dass Kultur alles umfasst, was Menschen von Menschen lernen.[72] Dazu gehört auch das Einstudieren von Mimik und Gestik, also das Erlernen von Verhalten, deren Voraussetzungen genetisch angelegt sind. Der US-amerikanische Anthropologe Melville Herskovitz[73] definiert Kultur als den vom Menschen gemachten Anteil der Umwelt. Im engsten Sinne ist Kultur nur der wissentliche Austausch von Informationen von Menschen für Menschen. Lassen wir gelten, dass Kultur dort anfängt, wo Informationen nicht-genetisch und damit nicht-adaptiv über Generationen hinweg vermittelt werden, so ist ein solches Verhalten bereits bei Schimpansen zu beobachten, die Werkzeuge benutzen oder Essbares vor Gebrauch waschen.[74] Kultur ist – aus biologischer Sicht – die Fortsetzung der Evolution mit anderen

vel, Wulf (Hrsg.): The Biological Evolution of Religious Mind and Behavior. Berlin, Heidelberg 2009.

68 Blackmore, Susan: Die Macht der Meme oder die Evolution von Kultur und Geist. Heidelberg 2005.

69 Dawkins, Richard: Der Gotteswahn. Berlin 2007.

70 Oerter, Rolf & Montana, Leo (Hrsg.): Entwicklunspsychologie. Weinhein 1998; Jablonka, Eva & Lamb, Marion J.: Evolution in Four Dimensions: Genetic, Epigenetic, Behavioral, and Symbolic Variation in the History of Life. Cambridge, MA 2005.

71 Kilian, Andreas: Egoismus, Macht und Strategien. Soziobiologie im Alltag. Aschaffenburg 2009.

72 Segall, Marshall H., Dasen, Pierre R., Berry, John W. & Poortinga, Ype H.: Human behavior in global perspective. New York 1990.

73 Herskovitz, Melville J.: Man and its works: The science of cultural anthropology. New York 1948.

74 Gruber, Thibaud, Muller, Martin N., Strimling, Pontus, Wrangham, Richard & Zuberbühler, Klaus: Wild chimpanzees rely on cultural knowledge to solve an

Mitteln.[75] Es ist müßig, darüber zu streiten, ob in unserer Kultur mehr eine darwinistische, eine lamarckistische oder eine sonst irgendwie geartete Selektion stattfindet. Es kann zunächst einmal festgehalten werden, dass auch unsere Kulturen Selektionsprozessen unterliegen. Und dies ist unabhängig davon, welche Selektionsarten in welchem Ausmaß daran teilhaben. Aber auch unser so genannter freier Wille hat einen Bezug zur Biologie. Kein Gedanke wird initiiert ohne eine Motivation, die aus dem Dunkel der biologischen Egoismen aufsteigt.[76] Wir haben Freiheitsgrade über die Anzahl der alternativen Lösungen, die wir uns ausdenken können,[77] bis hin zu den emergenten Ebenen, die wir als freien Willen bezeichnen. Ideen, die einen realistischen Bezug zur Umwelt darstellen, bezeichnen wir als vernünftig. Ideen, die etwas zu realitätsfern sind, tragen bei Walter Moers den Namen 16 U.[78] Und es nicht abzustreiten, dass Ideen virulent sein können. Die Biologie bildet aber in jedem Fall eine Metaebene der Betrachtung, mit der zwischen phylogenetischen, ontogenetischen, sozialen, kulturellen, kognitiven und emergenten Faktoren unterschieden werden kann.

Ein weiterer Grund für eine biologische Definition ist die mögliche Distanziertheit, die im Umgang mit Religionen ratsam ist. Um eine größtmögliche Neutralität und Objektivität zu erreichen, schlug schon der US-amerikanische Zoologe und Biologieprofessor Edward O. Wilson vor, menschliches Verhalten – und Religion ist in seiner Auswirkung nichts anderes – mit den Maßstäben zu untersuchen, die in der Verhaltensforschung auch für Tiere gelten.[79] In vielen Kulturen gibt es nicht einmal ein Wort für das, was in Europa unter dem Begriff Religion subsumiert wird.[80] Westli-

experimental honey acquisition task. Current Biology, Vol. 19, No. 21 (2009), S. 1806-1810.

75 Riedl, Rupert: Kultur – Spätzündung der Evolution? Antworten auf Fragen an die Evolutions- und Erkenntnistheorie. München, Zürich 1987.

76 Dennett, Daniel C.: Freedom evolves. New York 2004.

77 Dörner, Dietrich: Bauplan für eine Seele. Reinbek 2001.

78 Moers, Walter: Die 13 ½ Leben des Käpt´n Blaubär. Frankfurt 1999.

79 Wilson, Edward O.: Sociobiology: The New Synthesis. Harvard University Press 1975; Wilson, Edward O.: Biologie als Schicksal. Die soziobiologischen Grundlagen menschlichen Verhaltens. Berlin 1979.

80 Ahn, Gregor: Eurozentrismus als Erkenntnisbarrieren der Religionswissenschaft. Zeitschrift für Religionswissenschaft 5 (1997), S. 41-58; Haussig, Hans-Michael: Der Religionsbegriff in den Religionen. Studien zum Selbst- und Religionsverständnis in Hinduismus, Buddhismus, Judentum und Islam. Berlin, Bodenheim bei Mainz 1999; Schmitz, Bertram: „Religion“ und seine Entsprechungen im interkulturellen Bereich. Marburg 1996.

che Theologen und Religionswissenschaftler versuchen es zu vermeiden, andere „primitivere" Religionen im Vergleich zu ihrer „höher entwickelten" Religion idealtypisch zu disqualifizieren oder gar auszugrenzen. Auch wollen sie ihre eigenen Religionen nicht in die Nähe von Philosophien und Ideologien rücken. Eine biologische Definition braucht auf diese diplomatischen Aspekte keine Rücksicht zu nehmen. In der Biologie gibt es kein „höher" oder „niedriger". Auch existiert in der Natur kein „Gut" und „Böse". Es gibt nur Anpassungen an die jeweiligen Lebensbedingungen und zum Überleben notwendiges Verhalten. „Höher" und „niedriger" sowie „gut" und „böse" liegen im Auge des Betrachters, der Situationen nach seinen eigenen Egoismen beurteilt.[81] Wissenschaft soll so objektiv wie möglich feststellen, beschreiben und Zusammenhänge aufklären.

Und da bekanntlich nichts in der Biologie Sinn macht, außer man betrachtet es im Lichte der Evolution,[82] soll auch in diesem Buch versucht werden, das Kind beim Namen zu nennen und seine Entstehung in Teilen nachzuvollziehen. Dieses Buch soll die Leser dazu einladen, sich mit dem Phänomen Religion auseinanderzusetzen und an einer klaren Definition mitzuarbeiten, sei es für den Biologieunterricht, die Forschung oder auch den öffentlichen Diskurs. Damit wird kein Anspruch auf eine ultimative Richtigkeit der weiter hinten im Buch gebotenen Definition erhoben, vielmehr soll eine Sichtweise dargestellt werden, aus der Religion „biologisch" gesehen werden kann.

Die Grundlagen für eine Gesamtdefinition des Phänomens Religion sind in fünf Teilbereiche gegliedert, die sich mit verschiedenen Blickwinkeln beschäftigen: (1) Die substanzialistische Definition beruht auf der biologischen Fähigkeit eines Individuums seine „Götter" zu sehen. (2) Der funktionalistische Anteil der Gesamtdefinition beschäftigt sich mit der Wirkung des Verhaltens auf die Fortpflanzungspartner und Artgenossen. (3) Die Evolution der Logik beschreibt die phylogenetische Entwicklung der Art und Weise, wie wir denken. (4) Die Entwicklung des Erkenntnisgewinns zeigt auf, wie sich unsere Götterbilder anpassen mussten. (5) Die zeitgeschichtlichen Einflüsse erklären die religiösen Themenschwerpunkte und die Organisation der religiösen Institutionen.

---

[81] Kilian, Andreas: Egoismus, Macht und Strategien. Soziobiologie im Alltag. Aschaffenburg 2009; Schmidt-Salomon, Michael: Jenseits von Gut und Böse. Warum wir ohne Moral die besseren Menschen sind. München 2009.

[82] Dobzhansky, Theodosius: Nothing in Biology makes sense, except in the light of evolution. The American Biology Teacher: 35 (1973), S. 125-129.

In der Gesamtdefinition sollen alle diese Teilbereiche auf einen Punkt gebracht und diskutiert werden. Im letzten Kapitel wird die Frage gestellt, wie wir dem Phänomen Religion begegnen können.

2. Die biologische Substanz

Eine substanzialistische Definition bezieht sich laut theologischer Tradition auf das Numinose, das Göttliche, die „Macht" hinter allem. Um diese „Seite" der „Existenz" für die Biologie im wahrsten Sinne des Wortes definierbar (lat.: *de* = ab, von; *finis* = Grenze) zu machen, sollen zunächst die Grenzen zwischen Denken, Illusion und möglicher Erkenntnis über das „Göttliche" diskutiert werden.

Wir beginnen mit den biologischen Voraussetzungen, unseren kognitiven Fähigkeiten, dem adaptiven Aufbau und der Funktion unseres Gehirns und unseres Denkens (Abschnitt 2.1), bevor wir zwischen Wissen und Glauben unterscheiden und eine Grenze zwischen Diesseits und Jenseits ziehen können (Abschnitt 2.2). Mit den individuell möglichen Erfahrungen (Abschnitt 2.3) schlagen wir das Kapitel der biologischen Adaptionen noch einmal auf, um es von der interindividuellen Kommunikation und dem Lernen abzugrenzen. Der Übergang zum Erfahrungsaustausch leitet auch den Übergang zwischen Evolution und Kultur ein (Abschnitt 2.4). Der Einstieg über die Adaptionen soll es ermöglichen, eine substanzialistische Definition zu geben, die auf der biologisch sicheren Seite bleibt. Beginnen wir mit unseren kognitiven Fähigkeiten.

2.1 Kognitive Fähigkeiten

Dr. Cosimo Urgesi und sein Kollege Dr. Franco Fabbro von der *Università degli Studi di Udine* untersuchten Gehirntumorpatienten vor und nach den Operationen mit Tests auf ihre Selbst-Transzendenz hin. Selbst-Transzendenz ist die Fähigkeit, sich mit dem Kosmos, der „Existenz" eins zu fühlen. Mittels bildgebender Verfahren, des Neuroimaging, konnten definierte Bereiche im Hinterkopfbereich des Gehirns festgestellt werden, die mit diesen grenzüberschreitenden Gefühlen assoziiert waren. Nach der Entfernung der Gehirntumore und des dazugehörigen Gehirnareals konnten je nach entferntem Abschnitt verstärkte oder keine Selbst-Transzendenzgefühle mehr berichtet werden.[83] Solche Selbstberichte und Beobachtungen waren bereits durch Schussverletzungen im Ersten Weltkrieg bekannt, allerdings noch nicht so exakt vermessen worden. Die Grundlagen für spirituelles und religiöses Empfinden sind im Bereich der kognitiven Fähigkeiten zu suchen. Aber Gehirnscans lassen noch keinen Schluss darauf zu, ob die gemessenen Aktivitäten auf genetisch bedingten Adaptionen oder auf erlernten Informationen beruhen.

Der Gießener Soziobiologe Eckart Voland nennt drei Kriterien, die eine „echte" biologische Adaption ausmachen[84]: Eine Adaption muss erstens vererblich sein. Zweitens muss sie das Produkt eines selektiven Prozesses darstellen, und drittens muss sie zum Zeitpunkt ihrer Entstehung ein Problem ihrer Träger gelöst haben. Bei Vererblichkeit denken viele Menschen an die Verbindung von „ein Gen" – „ein Verhalten". So einfach ist es aber nicht. Es gibt auch Gene, die verschiedene andere Gene indirekt aktivieren und steuern können. Die postulierten genetischen Anteile des religiösen Verhaltens werden gerne mit den Genen zur Fähigkeit des Erlernens einer Sprache verglichen. Hierbei ist die Fähigkeit vererbbar, die jeweilige Sprache jedoch kulturell übertragen. Nehmen wir daher auch ein Beispiel aus der Evolution des Spracherwerbs, um den Sachverhalt darzustellen.

Bereits 1990 wurde eine erbliche Sprachstörung bei einer pakistanischen Familie in Süd-London beschrieben. Die meisten Mitglieder der Familie können sich sprachlich nur schwer verständlich machen und sich kaum unterhalten. Der britische Genetiker Anthony Monaco von der Universität Oxford konnte 1998 das so genannte „Sprachgen" FOXP2 als Ursache für die vorgefundene verbale Entwicklungsdyspraxie identifizieren. Als Transkriptionsfaktor reguliert das FOXP2-Gen die Transkription von über 1000 anderen Genen in RNA. Die Funktion der meisten dieser anderen Gene ist allerdings noch nicht geklärt.[85] Dazu, wie das Gen auf die menschliche

---

83 Urgesi, Cosimo / Aglioti, Salvatore M. / Skrap, Miran & Fabbro, Franco: The Spiritual Brain: Selective Cortical Lesions Modulate Human Self-Transcendence. Neuron, Vol. 65 (2010), S. 309-319.

84 Voland, Eckart: Evaluating the Evolutionary Status of Religiosity and Religiousness. In: Voland, Eckart & Schiefenhövel Wulf (Hrsg.): The Biological Evolution of Religious Mind and Behavior. Berlin, Heidelberg 2009.

85 Berger, Ruth: Warum der Mensch spricht: Eine Naturgeschichte der Sprache. Frankfurt 2008; Enard, Wolfgang et al.: Molecular evolution of FOXP2, a gene involved in speech and language. Nature 418 (2002), S. 869-872; Fisher, Si-

Sprachentwicklung wirkt, gibt es Hypothesen. Im Gehirn existieren verschiedene Areale, die für die Steuerung des Erlernens von Wörtern, für die Steuerung der Sprachmuskulatur sowie für die Steuerung der Stimmbänder zuständig sind. Werden diese neuronalen Areale in der Individualentwicklung nacheinander angelegt, so werden Stimmbänder und Muskulatur unabhängig von einander trainiert und nicht synchronisiert. Zudem fehlt zu diesen Zeitpunkten noch ein ausreichendes Vokabular, mit dem alle Areale gemeinsam aufeinander eintrainiert werden können. Die Folge ist, dass die Individuen später als Erwachsene zwar rudimentär Wörter kognitiv erfassen und verstehen können, aber sie können diese Wörter nicht feinmotorisch aussprechen. Sie sind für Mitmenschen kaum zu verstehen. Dieses sequenzielle Lernen basiert auf einer Mutation des Spracherwerb-Gens FOXP2. Bei Menschen mit einem intaktem FOXP2-Gen werden die Areale zeitgleich aktiviert. Wir lernen Wörter und können gleichzeitig durch das Erlernen des Muskelspiels ausprobieren, wie wir gedachte Wörter und Aussprache koordinieren und synchronisieren. Hierdurch wird nicht nur unsere Aussprache wesentlich differenzierter, sondern auch unser Wortschatz kann sich drastisch erhöhen. Das Sprachgen FOXP2 ist die Voraussetzung für eine Adaption, die bereits vorhandene Adaptionen steuert.[86]

Reden wir also von Adaptionen, die religiöses Verhalten initiieren können, so sollten wir nicht nur einzelne Adaptionen berücksichtigen, die bereits vorher angelegt waren. Religiöses Verhalten kann auch auf Adaptionen basieren, die ähnlich dem FOXP2-Gen „ältere" Adaptionen in einen neuen Kontext stellen. In den folgenden Kapiteln wollen wir aber zunächst die biologisch „älteren" Adaptionen vorstellen, die bei religiösem Verhalten eine Rolle spielen. Die Ausgangsfrage, ob Religion als solche auf einer biologischen Adaption basiert, soll erst am Ende des Buches beantwortet werden, wenn wir etwas mehr über Religion erfahren haben.

Die Fähigkeit zum Denken ist mit Sicherheit eine biologische Adaption, die auf bereits älteren Adaptionen basiert. Aber was ist eigentlich Denken? Und eine zweite Frage schließt sich daran sofort an: Was ist dann Glauben? Um es gleich zu sagen, niemand weiß exakt, was Denken ist, wie es funktioniert und was dabei alles im Gehirn passiert. Das Gehirn ist für uns

mon E. / Vargha-Khadem, Faraneh / Watkins, Kate E. / Monaco, Anthony P. & Pembrey, Marcus E.: Localisation of a gene implicated in a severe speech and language disorder. Nature Genetics 18 (1998). S. 168-170.

86 Kilian, A. E. und Müller, B. S.: Female hominid immigrants may have avoided conflicts by new language capacities. Joint International Conference on Cognitive Science, ICCS / ASCS-2003, Sydney, Australia 13. bis 17. Juli 2003.

eine Menge von Black Boxen, von denen wir jetzt mühsam lernen, wofür sie gut sein könnten und welchen Sinn sie wohl in der Evolution gehabt haben. Wahrscheinlich interagieren und kommunizieren die Untereinheiten unseres Gehirns in den „Sprachen“ der Chemie, der Biochemie, der elektrischen Potentiale sowie durch die drei- bzw. vierdimensionale Struktur der Neuronen und der einzelnen Gehirnareale.[87] Also in „Sprachen“, die wir wahrscheinlich niemals eins zu eins für unser Verständnis übersetzen können. Nichtsdestotrotz soll versucht werden, die Vorgänge und die Untereinheiten soweit verständlich zu machen, dass zumindest damit gearbeitet werden kann. Beginnen wir mit einer Kurzbeschreibung des funktionalen Aufbaus, bevor wir der Beschreibung des französischen Psychologen und Anthropologen Pascal Boyer[88] folgen und uns die Funktionen des Konzeptdenkens und des kontraintuitiven Denkens anschauen.

2.1.1 Funktionaler Aufbau zum Selbsterhalt

Gehirne bestehen aus Milliarden von Nervenzellen und Billionen von Synapsen. Sie dienen der Steuerung und Synchronisation von Billionen von Körperzellen, die zusammen einen Organismus bilden,[89] und sollen mit Hilfe von Muskeln und Sinnesorganen einen Magen-Darmtrakt zur nächsten Mahlzeit und ein paar Gonaden zur nächsten Fortpflanzung steuern. Zudem sollen sie Feinde als Feinde, Artgenossen als Artgenossen sowie Gefahrenquellen für das Transportvehikel der Gene erkennen können. Dies reicht zwar aus, um sich in der jeweils aktuellen Umwelt zurecht zu finden, aber leider auch nicht für viel mehr.[90] Der Wissenschaftskritiker Nicholas Rescher stellte fest, dass wir leider nicht klüger sind, als wir es unbedingt für die Komplexität unserer Umwelt brauchen.[91] Immerhin sind Gehirne

87 Kilian, Andreas E. & Müller, Bernd S.: Life-like Learning in Technical Artefacts: Biochemical vs. Neuronal Mechanisms. In: Wang, Lipo et al. (Hrsg.): Conference Proceedings of the 9th International Conference on Neural Information Processing (ICONIP´02), S. 296-300. Singapore 2002.

88 Boyer, Pascal: Und der Mensch schuf Gott. Stuttgart 2004.

89 Song, Sen / Sjöström, Per Jesper / Reigl, Markus / Nelson, Sacha & Chklovskii, Dmitri B.: Highly Nonrandom Features of Synaptic Connectivity in Local Cortical Circuits. 2005. PLoS Biol 3(3): e68. doi:10.1371/journal.pbio.0030068

90 Ash, Jessica & Gallup Jr.; Gorden G.: Paleoclimatic variation and brain expansion during human evolution. Human Nature, Vol. 18 (2007), S. 109-124.

91 Rescher, Nicholas: Warum sind wir nicht klüger? Der evolutionäre Nutzen von Dummheit und Klugheit. Stuttgart 1994.

extrem teuer, was ihren Lebensunterhalt an Kalorien und Sauerstoff angeht.[92]

Mit den Aufgaben und Funktionen unseres Gehirns variieren auch die zu berücksichtigenden Zeiträume. Auf ein Raubtier muss sofort reagiert werden, auf den Hunger bei nächster Gelegenheit, auf die Paarungsangebote wenn es die Konkurrenz zulässt. Zudem müssen wir eine Vielzahl von Informationen aus der Umwelt richtig einordnen und den jeweils dringendsten Problemen zuordnen. Unser Gehirn geht bei Denkprozessen Kompromisse ein, welche Ergebnisse für welche Zeiträume relevant sind. Die Grundregel lautet: Überlebenswichtige Angelegenheiten zuerst und zwar mit der schnellstmöglichen Lösung – nicht mit der bestmöglichen, wenn diese zulange dauert. Wir verhalten uns daher häufig nicht intelligent im Sinne von weitsichtig, aber dafür sehr intelligent im Sinne von kurzsichtig und effektiv.[93] Wir sind damit optimal an die Umwelt des Pleistozäns, also die Welt der letzten zwei Millionen Jahre, angepasst, als der Kampf noch um das tägliche Überleben tobte. Als Problemlösungsapparat bildet unser Gehirn die Komplexität unserer damaligen Lebensbedingungen ab.[94] Dies bedeutet auch, dass wir nicht mehr als maximal zwei Aufgaben gleichzeitig erledigen können.[95]

In der Evolution des Menschen ist aber nicht das Gehirn als eine komplette Universaleinheit entstanden. Es war nicht mit einer einzigen Mutation plötzlich vorhanden. Vielmehr konnten unsere Ahnen mit jedem Teilprozess, den sie nun besser und effektiver denken konnten, auch neue Umwelten und Herausforderungen in Angriff nehmen. Es kamen in der Evolution sukzessive funktionale und anatomische Untereinheiten hinzu, von denen jede für definierte Aufgaben zuständig ist. Die Selektion beschied uns Gehirne, in denen diese Untereinheiten funktional optimal zu den bereits bestehenden Untereinheiten integriert wurden. Manche Untereinheiten sind mit neuen Bausteinen (zum Beispiel unser Großhirn) hinzugekommen, andere entstanden durch Umstrukturierungen der neuronalen

---

92 Aiello, Leslie C. & Wheeler, Peter: The expensive-tissue hypothesis: the brain and digestive system in human and primate evolution. Current Anthropology, 36 (1995), S. 199-221.

93 Dörner, Dietrich: Die Logik des Misslingens. Strategisches Denken in komplexen Situationen. Reinbek 2003.

94 Thompson, Richard F.: Das Gehirn: von der Nervenzelle zur Verhaltenssteuerung. Heidelberg 2001.

95 Charron, Sylvain & Koechlin, Etienne: Divided Representation of Concurrent Goals in the Human Frontal Lobes. *Science,* (2010), 328: S. 360-363.

Verbindungen (zum Beispiel die Fähigkeit zum Spracherwerb). In der Psychologie und Neurobiologie werden diese Untereinheiten als funktionale Module oder Operanten bezeichnet.[96] Die Aktivitätszentren sind zum Teil in computertomographischen Gehirnscans zu lokalisieren. Sie greifen aber auch weit über ihr Kerngebiet hinaus und agieren mit anderen Zentren zusammen, so dass nicht immer von einzelnen Gehirngebieten für die jeweiligen Aufgaben gesprochen werden kann.

Von dem Biochemiker Frederic Vester stammt nicht nur die hervorragende Wissenschaftssendung „Denken, Lernen und Vergessen", sondern auch der treffende Vergleich mit der Hard- und Software eines Computers.[97] In Analogie zu Computern kann man die entsprechenden Untereinheiten und Denkschemata auch als Software-Programme bezeichnen, die permanent Informationen aus der Außenwelt aufnehmen und auf Relevanz prüfen. Sie arbeiten konnektiv synchron und parallel nebeneinander. Dies ist zeitsparender, als wenn jeder Gedanke einzeln in einem Universalgehirn abgearbeitet werden müsste. Welches Software-Programm sich als dominierender Gedanke gerade durchsetzt, hat etwas mit der Dringlichkeit zu tun. Unser Körper kann zudem durch interne Arbeitsaufträge, empfunden als Motivationen und Emotionen, biochemisch und neuronal Einfluss auf die aktuelle Dringlichkeit der Abarbeitung nehmen.[98]

Wenn ein Kind auf die Welt kommt, dann ist sein Gehirn kein weißes Blatt Papier, welches einfach beschrieben werden kann. Die Untereinheiten sind bereits elementar angelegt. Sie geben vor, welche Erfahrungen gemacht, wie und wo sie „gelagert" und wie sie aufgearbeitet werden können. Es würde viel zu lange dauern, wenn jedes Kind wieder ganz von vorn anfangen müsste, alle relevanten Dinge neu zu lernen. Wir sind eher Tiere, die bereits alles Notwendige mitbekommen und dies dann nur noch mit Erfahrungen in unserer ganz individuellen Umwelt abstimmen müssen. Womit und wie wir unsere Schubladen im Laufe des Lebens füllen, ist jedoch individuell äußerst verschieden. Das gibt uns das Gefühl individuell einmalig zu sein, während sich die Lebensläufe und -abläufe doch recht ähnlich sehen. Selbstverständlich können wir auch neue Schubladen zu unserem Denken hinzufügen. Ganz frei darin, wie wir dies tun und wie wir

96 Chomsky, Noam: Rules and Representations. New York 1980; Newberg, Andrew / Dáquili, Eugene & Rause, Vince: Der gedachte Gott: Wie Glaube im Gehirn entsteht. München, Zürich 2005.

97 Vester, Frederic: Denken, Lernen, Vergessen. Was geht in unserem Kopf vor, wie lernt das Gehirn und wann läßt es uns im Stich. Stuttgart 2002.

98 Neumann, John von: Computer and Brain. Yale University Press 2000.

mit den Inhalten dann umgehen, sind wir allerdings nicht. Wir verfügen bereits über „intuitives Wissen“, welches uns die elementaren Gesetze für die Physik mitliefert.[99] Die Zuordnung von Ursache und Wirkung gehört dazu. Wir haben Konzepte von unserer Umwelt und wir haben Fähigkeiten, die wir weiter entwickeln können.[100] Wir verfügen auch nicht über eine übergeordnete Intelligenz, sondern unsere Intelligenz äußert sich darin, dass wir die richtigen Untereinheiten, unsere Instinkte, zur Aufgabenteilung zum richtigen Zeitpunkt aktivieren.[101] Solche von einander getrennt parallel arbeitenden Unterprogramme sind eine Voraussetzung, um die Zeit zu erfassen. An die Vergangenheit denken bedeutet nichts anderes als ein Unterprogramm abzukoppeln und nach Informationen aus der Vergangenheit suchen zu lassen.[102] Auch dass wir Witze machen und verstehen können, basiert auf der selektiven Abkopplung von Unterprogrammen.[103] Ein Handlungsstrang verführt uns dazu, eine Lösung als gegeben anzunehmen, während uns die Pointe auf einen alternativen Lösungsweg hinweist, mit dem unsere Unterprogramme nicht gerechnet haben. Erst der Abgleich der Unterprogramme verschafft uns die Sicherheit, dass wir wieder Herr der Situation sind, und entlädt sich in einem erleichternden Lachen.

Weiterhin ist unser Gehirn kein Selbstzweck, sondern hat verschiedene Aufgaben für den Organismus zu erfüllen. Unser Denken ist nur selten objektiv und neutral. Es hat eine implizite, aber klare Direktive: Denk zuerst an den Organismus, der dich beherbergt. Alle unsere Sinneswahrnehmungen werden daher unter dem Filter der Ego-Bezogenheit gesammelt, bearbeitet und gespeichert. Die Kernfrage an jede Information aus der Umwelt lautet: „Was bedeutet dies für mich?“ Unsere Software-Unterprogramme sind daher immer ich-bezogene Denkschemata, die den Weg im Denken abkürzen, sobald sie den Bezug zum Ego erfolgreich hergestellt haben. Würden wir alle möglichen Fakten in einer Situation berücksichtigen und berech-

---

99 Kaiser, Mary K. / Jonides, John & Alexander, Joanne: Intuitive Reasining about Abstract and Familiar Physics Problems. Memory & Cognition, 14 (1986), S. 308-312.

100 Michotte, Albert: The perception of causality. London 1963.

101 Rozin, Paul: The evolution of Intelligence and access to the cognitive unconscious. In: Spraque, James M. & Epstein, Alan N. (Hrsg.): Progress in psychobiology and physiological psychology. New York 1976, S. 123-134.

102 Tulving, Endel & Lepage, Martin: Where in the brain is the awareness of one´s past? In: Schacter, Daniel L. & Scarry, Elaine (Hrsg.): Memory, brain, and belief. Cambridge, MA. Havard University Press 2000, S. 208-228.

103 Boyer, Pascal: Und der Mensch schuf Gott. Stuttgart 2004.

nen wollen, so würden wir bei unserer „Rechnerleistung" wahrscheinlich Stunden damit verbringen, über einfache Probleme und Entscheidungen nachzudenken. Von unseren Ahnen haben sich daher die durchgesetzt, die mit unvollständigem Wissen operierten. Wer schätzt, glaubt und sich auf erlernte Vorurteile verlässt, hat zwar nicht immer recht, aber dafür einen Zeitvorteil. Und Zeit ist ein wesentlicher Faktor, wenn die Konkurrenz oder ein Raubtier ins Spiel kommen. Es reicht aus, wenn die ich-bezogenen Denkschemata sagen können, welche Informationen für uns in dieser Situation notwendig sind. Erkenntnisse erlangen wir nur, wenn wir die Zeit haben, alle Fakten zu erkennen und zu berücksichtigen. Die meiste Zeit aber glauben wir bloß und verlassen uns auf Vorurteile über unsere Umwelt. Und damit liegen wir im Alltag meistens gar nicht so schlecht. Untersuchungen an gläubigen und nicht gläubigen Versuchpersonen zeigten Unterschiede darin, wie sie ihre Umgebung wahrnehmen. Der Psychologe Bernd Hommel fand heraus, dass gläubige Menschen kleine geometrische Figuren deutlich schneller wahrnehmen konnten als ihre nicht gläubigen Versuchmitstreiter.[104] Glauben hat etwas mit intuitiv schnellem Erkennen von Zusammenhängen zu tun und schlägt sich wahrscheinlich in der Art nieder, wie wir die Welt sehen.

Aber wie kommen wir zu unseren Entscheidungen? Ein einfacher Organismus muss sich bei der Futtersuche fragen: „Wo bin ich?", „Wo muss ich hin?" und „Was ist der beste Weg dorthin?". Unsere Unterprogramme sind ähnlich einfach aufgebaut. Wir suchen nach dem Ausgangspunkt, dem Endpunkt und dem Weg zwischen beiden. In der formalen Logik nennen wir dies Ursache–Wirkung–Gesetz. In der Evolution hat sich daher nur eine Methode des menschlichen Denkens bei den Unterprogrammen durchgesetzt. Unser Gehirn wurde in der Auseinandersetzung mit der Umwelt darauf selektiert, nach Ursache, Wirkung und dem Zusammenhang zwischen beiden zu suchen. Ob dieser Zusammenhang allerdings nachweisbar gesetzmäßig oder nur vermutet gesetzmäßig ist, macht den Unterschied zwischen Wissen und Glauben aus.

Der Diplom-Physiker Martin Urban geht nicht nur davon aus, dass wir fähig sind, Ursache-Wirkungs-Beziehungen zu erkennen, sondern auch davon, dass wir danach süchtig sind, weil unser Gehirn immer nach Ursachen

[104] Colzato, Lorenza S., Wildenberg, Wery van den & Hommel, Bernhard: Losing the big picture: How Religion May Control Visual Attention. PloS ONE 3(11) e3679; doi: 10.371/journal.pone.003679.t001 2008.

sucht, um sich sicher zu fühlen.[105] Und weil uns unser Gehirn Ergebnisse liefern muss, um uns Sicherheit zu geben, arbeiten wir als Dünnbrettbohrer gerne mit dem Glauben. Diese Art zu Denken ist halt schneller und bequemer, wie der Neurologe Vilayanur Ramachandran feststellt.[106]

2.1.2 Konzepte zum Wiedererkennen und Assoziieren

Wer mit Kindern zu tun hat, ist oft überrascht, wie schnell und mühelos Kinder Sachen und Sachverhalte korrekt zuordnen können.[107] Sie haben zwar kein Fachwissen, wohl aber die Fähigkeit in Konzepten zu denken, mit denen sie die Umwelt zu erfassen vermögen. Was ein Konzept für das menschliche Denken bedeutet, kann erst ermessen werden, wenn man mit Hilfe der künstlichen Intelligenz versucht hat, Robotern Konzepte nahe zu legen. Ein Roboter soll eine Tür erkennen und bekommt von seinem Programmierer die Daten, mit denen er die Tür von der Wand unterscheiden soll. Er fährt hin, öffnet die Tür und fährt durch. Dann klebt der Programmierer ein Kreuz mit Heftstreifen auf die Tür. Die Folge ist, dass der Roboter die Tür nicht mehr als Tür erkennen kann. Er hat keine Ahnung, was sich hinter dem Begriff Tür verbirgt. Er kennt nur die vorgegebenen Daten. Wird er mit anderen Daten konfrontiert, für die er keine programmierten Vorgaben findet, so ist er nicht in der Lage, auf den neuen Sachverhalt zu schließen. Kinder dagegen erlernen Konzepte mühelos.

Die Psychologen Lawrence Hirschfeld und Susan Gelman nennen dies essentialistisches Denken.[108] Für Kinder ist eine Kuh eine Kuh, weil sie kuhmäßig aussieht. Der amerikanische Anthropologe Scott Atran stellte fest, dass Kinder alle Tiere anhand ihres Habitus identifizieren und zuordnen können.[109] Ein Insekt ist ein Insekt, ein Säugetier ein Säugetier usw. In der Natur sind Konzepte vollkommen selbstverständlich, weil kein In-

---

105 Urban, Martin: Warum der Mensch glaubt – Von der Suche nach dem Sinn. Frankfurt 2005.

106 Ramachandran, Vilayanur, S.: Die blinde Frau, die sehen kann: Rätselhafte Phänomene unseres Bewusstseins. Reinbek 2002.

107 Gopnik, Alison & Meltzoff, Andrew N.: Words, Thoughts and Theories. Cambridge / MA. MIT-Press 1997.

108 Hirschfeld, Lawrence A. & Gelman, Susan A.: How biological is essentialism? In: Medin, Douglas L. & Atran, Scott (Hrsg.): Folkbiology. Cambridge, MA. MIT-Press 1999, S. 403-446.

109 Atran, Scott: From folk biology to scientific biology. In: Olson, David R. & Torrance, Nancy (Hrsg.): The handbook of education and human development: New models of learning, teaching and schooling. Oxford 1996, S. 646-682.

dividuum ein anderes Individuum aus der gleichen Entfernung und dem gleichen Blickwinkel ein zweites Mal zu sehen bekommt. Wer keine Konzepte erkennen kann, ist in einer hochkomplexen und variablen Umwelt vollkommen verloren. Für einen Jäger muss eine Antilope eine Antilope sein, egal wo, vor welchen Hintergrund und wie sie sich bewegt. Konzepte sind Grundmuster zu Klassen, die gemeinsame Merkmale aufweisen. Also eine Form der Verallgemeinerung zur Wiedererkennung von damit verbundenen Assoziationen. Konzepte lassen uns aber auch Zusammenhänge sehen, die eventuell nicht vorhanden sind, sich aber durch unsere bisherigen Erfahrungen aufdrängen.

2.1.3 Kontraintuitive Gedanken für Veränderungen

Die Natur hat uns nicht nur ein Ursache-Wirkungs-Denken und ein paar Vorfilter zum schnelleren Erkennen von überlebenswichtigen Ereignissen mitgegeben, sondern auch eine Software-Ausstattung, damit wir auf bisher unbekannte Situationen und Ereignisse entsprechend zu reagieren vermögen. Alles, was in der Umwelt anders ist, als wir es gewohnt sind, zieht erst einmal unsere Aufmerksamkeit und Neugierde an, damit wir uns damit beschäftigen und eine Gefahrenanalyse durchführen können.

Der Psychologe Pascal Boyer weist darauf hin, dass dies nicht nur auf der Ebene der natürlichen Umwelt gilt, sondern auch auf der kognitiven Ebene, unseren Gedanken. Das intuitiv Normale wird durch das kontraintuitiv Nicht-Normale getoppt. Wenn uns jemand sagt, da steht ein Mann oder eine Frau, nehmen wir dies zur Kenntnis. Wenn es heißt, da steht ein nackter Mann oder eine nackte Frau, dann wird es schon interessanter. Aber es ist noch nichts Weltbewegendes. Beinhaltet die Information jedoch etwas, was wir gar nicht erwartet haben, wie zum Beispiel ein nackter Mann mit Pferdefuß oder eine nackte Frau mit Fischunterleib, dann behalten wir diese Information als etwas ganz Außergewöhnliches wesentlich länger im Gedächtnis als die Ausgangsinformationen. Außergewöhnliche Gedanken üben auf unser Denken und Handeln den gleichen Reiz aus wie außergewöhnliche Früchte auf Schimpansen.[110]

2.1.4 Was ist denken?

Denken ist die Beschäftigung unseres Gehirns mit den aus den Wahrnehmungen gewonnenen Informationen, deren Unterscheidung, Vergleich und

---

[110] Boyer, Pascal: Und der Mensch schuf Gott. Stuttgart 2004.

Verarbeitung, um sie zu ordnen und zu werten.[111] Das Lexikon differenziert zudem zwischen reflexiven, konstruktiven sowie dem spekulativen Denken. In den vorangegangenen Kapiteln wurde beschrieben, dass Denken das Ergebnis der Zusammenarbeit mehrerer parallel arbeitender Module oder Operanten ist, die durch körpereigene oder körperfremde Reize ihre jeweiligen Informationsinhalte situationsbedingt in den Vordergrund unserer Aufmerksamkeit stellen können. Das Grundmuster unserer Denkvorgänge ist die Suche nach Ursache-Wirkungs-Mechanismen. Durch die Fähigkeit zur Konzepterkennung und durch kontraintuitive Informationen kann unsere Aufmerksamkeit schneller auf bestimmte Objekte und Situationen gelenkt werden. Das erfolgreiche Zusammenspiel aller Komponenten sowie deren „Vorverdrahtungen" unterlag in der Evolution der Selektion auf Wiedererkennung, Neuerkennung und der ultimativen Frage, was diese Informationen für den Träger bedeuten. Das, was wir Denken nennen, ist die Verarbeitung von körperinternen und -exteren Informationen mit Hilfe von mehr oder weniger ich-bezogenen Denkschemata, die nach Ursache und Wirkung zwischen den Informationen fragen.

Denken ist eine Methode, die je nach Qualität und Quantität der internen und externen Datenlage sowie je nach der objektiven Nachvollziehbarkeit der beobachteten Realität zu zwei verschiedenen Ergebnissen führen kann. Bei optimaler und objektiv nachvollziehbarer Datenlage und der Bekanntheit der Wechselwirkungen von Ursache und Wirkung sprechen wir von Wissen. Bei unvollständiger Datenlage oder fehlendem Wissen über die gesetzmäßigen Zusammenhänge sprechen wir von Glauben.

2.2 Glauben

2.2.1 Zwischen Wissen und Glauben

Unsere funktionalen Software-Unterprogramme arbeiten aufgrund ihrer ich-bezogenen Denkschemata die meiste Zeit mit unvollständigem Wissen über die Umwelt. Sie kürzen die Denkprozesse ab, sobald sie eine für ihr Ego genehme Interpretation der Umweltbedingungen gefunden zu haben. Der Unterschied zwischen externer Realität und zum Überleben ausreichen-

[111] Stadler, Michael / Kruse, Peter & Carmesin, Hans Otto: Erleben und Verhalten in der Polarität von Chaos und Ordnung. In: Küppers, Günter (Hrsg.): Chaos und Ordnung. Formen der Selbstorganisation in Natur und Gesellschaft. Stuttgart 1996.

der ich-bezogener Halbwahrheit liegt daher in der Nachvollziehbarkeit der Fakten und der sich aus diesen ergebenden logischen Schlussfolgerungen. Zwischen Wissen und Glauben gibt es daher graduelle Abstufungen, die mit Hilfe der Entfernung zur Realität definiert werden können:

Wissenschaft schafft Erkenntnisse, die objektiv nachvollziehbar und für jeden anderen Menschen reproduzierbar sein sollten. In der Wissenschaft werden durch Experiment und Logik einzelne Erkenntnisse gewonnen. Die gesetzmäßigen Zusammenhänge dieser Erkenntnisse schlagen sich in Arbeitshypothesen und Theorien nieder, die jeweils so lange Gültigkeit haben, bis sie durch neue Erkenntnisse widerlegt oder verbessert werden. Wissenschaft ist daher ein Prozess, eine Methode, die sich selber immer wieder hinterfragt und dadurch in kleinen Schritten Erkenntnis um Erkenntnis anhäuft und die Zusammenhänge als Gesetzmäßigkeiten deutlich macht.

Stellen wir uns die Erkenntnisse als Knotenpunkte und die gesetzmäßigen Zusammenhänge als Kanten in einem Netz vor. Im Laufe der Jahrhunderte wächst durch die Methode Wissenschaft das Netzwerk an und verbindet verschiedene Teildisziplinen miteinander, so dass heute Physik, Chemie, Biochemie, Biologie und andere Disziplinen zwar noch nicht vollständig, aber doch schon hinreichend zusammenhängend darstellbar sind. Sie bilden ein mehrdimensionales Netzwerk mit mehr oder weniger großen Wissenslücken zwischen sich.

Rund um diese festen zusammenhängenden Stücke des Netzwerkes gibt es einzelne Erkenntnisse, von denen noch nicht bekannt ist, wie sie exakt in das Ganze passen. Wissenschaftler haben aber aufgrund ihrer Erfahrung mit den Naturgesetzen eine Erwartungshaltung, wie diese Teile höchstwahrscheinlich zu integrieren sind. In einem gewissen Sinne kann man diese letzte Unsicherheit außerhalb des gesicherten Wissens als Glauben bezeichnen. Allerdings behandelt diese Form des Glaubens Erkenntnisse, die real messbar sind. Es ist nur eine Frage der Zeit, bis aus Glauben Wissen wird.

Daneben gibt es noch Messergebnisse, von denen auch die Wissenschaftler nicht wissen, ob und wie sie in das Netzwerk des Wissens zu integrieren sind. Häufig sind es Einzelergebnisse, deren Gesetzmäßigkeiten noch unbekannt sind. Die Kosmologie liefert zur Zeit hiervon genug. Auch hier dürfen Wissenschaftler glauben. Aber dieser Glauben hat immer noch eine andere Qualität als der rein spekulative Glauben.

Der rein wissenschaftlich spekulative Glauben bezieht sich auf Sachverhalte, von denen unbekannt ist, ob es sie überhaupt gibt. Als Beispiel sind hier Annahmen zu außerirdischen Lebensformen aufzuzählen, von denen wir weder wissen, ob es sie gibt, noch, wie sie wohl aussehen werden. Nur die Wahrscheinlichkeit spricht dafür, dass es sie irgendwo gibt. Wir können sie postulieren.

Selbstverständlich finden sich auch Mischformen zwischen Wahrscheinlichkeit und Glauben. Nämlich immer dann, wenn mehrere Aspekte zu berücksichtigen sind.

Hinter dieser Form des Glaubens existiert nur noch der als religiös bezeichnete Glauben. Er basiert auf der Annahme, dass jenseits des Messbaren und Vorstellbaren noch etwas existiert, von dem wir weder wissen, was es ist, noch, wie es sich in unser Weltbild integrieren lässt. Wir nennen diese Sphäre außerhalb des sinnlich Erfahrbaren und des physikalisch Messbaren das Jenseits. Für das Jenseits gelten keine logischen Ursache-Wirkungs-Folgen. In einigen Religionen gelangt man nicht durch Verdienste auf Erden, durch Verträge, Bemühungen oder Taten in den Himmel, sondern einzig und allein durch eine Gnade, die jedem zu Teil werden kann, aber nicht muss. Diese Gnade ist weder Zufallsereignis noch gesetzmäßig. Damit ist sie nicht einmal statistisch als Wahrscheinlichkeit zu erfassen und somit außerhalb jeglicher Wissenschaft.

2.2.2 Die Früchte des Glaubens

Höhepunkt des Postulates „Jenseits“ stellt der Begriff Gott dar, eine Wesenheit, die für uns weder erkennbar noch per Definition definierbar ist. Wäre Gott definierbar, so wäre er als Produkt so begrenzt wie unsere Phantasie. Und da er mehr sein sollte, als wir uns überhaupt vorstellen können, kann er nur über das Nicht-Definierbare definiert werden.

Von dem Begriff Gott zu unterscheiden ist das Gottesbild, welches einzelne Religionen anbieten, sowie die persönlichen Ausschmückungen, die individuellen Gottesvorstellungen. Je nach religiöser Interpretation ist dieses Nicht-Definierbare ein Teil unseres Universums, ein Teil außerhalb unseres Universums oder ein integraler Bestandteil alles Messbaren in diesem Universum. Einig sind sich die meisten Interpreten des Nicht-Definierbaren im Gottesbild nur darin, dass „Gott“, die „höhere Macht“ oder die „Existenz“ ewig ist und sich nicht verändert. Im Gegensatz zum dynamischen Prozess der Wissenschaft repräsentiert das Jenseits somit einen Zustand. Und perfekte Zustände und Götter sind biologisch gesehen tot, weil sich Leben über Veränderung und Anpassung definiert.

Die Unterscheidung zwischen Gott, Gottesbild und Gottesvorstellung ist grundlegender Art. Da kein Mensch Gott in seiner Unermesslichkeit sehen oder erfahren kann, sind alle Gottesbilder und -vorstellungen unvollständig und unzureichend. Auch Offenbarungen waren nur für die Propheten erfahrbar. Die Auffassungsgabe eines Normalsterblichen reicht, per Definition, nicht aus, Gott oder eine Offenbarung über ihn richtig zu verstehen. Daher sollen wir uns auch kein Bildnis von ihm machen (sic!). Nichtdestotrotz gibt es viele Menschen, die behaupten, Gott genau so zu sehen und seinen Willen genau so interpretieren zu können, wie die Avatare und Propheten persönlich.

Aus dieser Überlegung wird auch deutlich, dass wir niemals über Gott selbst reden, sondern immer nur über unsere eigenen Vorstellungen von ihm. Auch sein „Willen“ und sein „Handeln“ sind immer nur unsere persönlichen Interpretationen. Religionen streiten daher nicht für Gott oder eine „Macht hinter allem“, sondern Menschen und Meinungsmacher versuchen andere von ihren persönlichen – unzureichenden – Vorstellungen zu überzeugen.

2.2.3 Mit den Göttern sprechen und Stimmen hören

Gibt es nun ein Etwas jenseits unserer irdischen Erkenntnis? Können wir es nur nicht erkennen oder gib es dieses Etwas wirklich nicht? Durch die oben genannten Definitionen von Erkenntnis und Glauben kann verständlich gemacht werden, wie Diesseits und Jenseits miteinander zu interagieren vermögen. Wechselwirkungen zwischen der materiellen Welt und dem Jenseits, die wir überhaupt als Interaktionen bezeichnen und erkennen können, bedürften der Gesetzmäßigkeit von Ursache und Wirkung. Die Materie muss physikalisch aktiviert werden, wenn etwas verändert oder erschaffen werden soll. Unsere Sinne brauchen physikalischen Input. Selbst ein nicht messbarer telepathischer Kontakt müsste in Aktionspotentiale unserer Neuronen umgesetzt werden, weil wir ihn sonst nicht wahrnehmen könnten. Jedes Geistwesen, jedes Nicht-Definierbare muss daher eine messbare Interaktion mit unserer Welt des Diesseits vollbringen, um etwas zu bewirken. Es muss in unserer Realität handeln und damit selber Realität werden. Aufgrund von Ursache und Wirkung ist dieses Wesen dann aber auch über seine Auswirkung im Diesseits für uns messbar. Daher wird jedes Wesen des Jenseits für uns ein messbarer Bestandteil des Universums, wenn es versucht, etwas in unserer Welt zu erschaffen oder zu bewirken.

Dies gilt übrigens in beide Richtungen. Wenn jemand betet, dann versucht er mit den physikalischen Mitteln (Gedankenprozesse), die ihm zur Verfügung stehen, eine Ursache zu erschaffen, die eine Wirkung im Jenseits hervorbringen soll. Genauso muss ein Geistwesen des Jenseits auf diese Ursache reagieren, um eine Ursachen-Wirkungs-Folge als Erhörung des Gebetes zu initiieren. Durch diese logische Folge einer Kontaktaufnahme rückt das Jenseits immer ans Diesseits heran und unterliegt so einer Messbarkeit. Hierdurch wird deutlich, dass wir niemals mit einem Geistwesen oder einem Gott kommunizieren können, ohne sie aus dem Jenseits und ihrer Nicht-Definierbarkeit herauszuholen.

Sollte irgendjemand das Gefühl haben, dass er aus dem Jenseits eine Botschaft oder eine Vision empfängt, die nicht durch eine physische Interaktion mit seinem Gehirn zustande gekommen ist, so muss die Frage geklärt werden, wie dies geschehen sein sollte. Am wahrscheinlichsten ist eine Halluzination oder Projektion, bei der der Betroffene denkt, dass die Botschaft von außerhalb käme. Manche Gläubige behaupten sogar, dass unser Gehirn extra dafür geschaffen wurde „Gott" zu erkennen. Wenn das stimmen würde, dann würden wir alle dasselbe glauben und die Propheten wären umsonst gekommen. Auch wenn von Illusionen die Rede ist, so bedeutet dies nicht, dass es nicht jenseits unserer Welt doch noch etwas geben könnte. Es bedeutet nur, dass wir es entweder irgendwann messen können oder dass es uns für immer verborgen bleibt. Dies gilt auch für die Hypothese „Gott".

Die substanzialistische Definition des Begriffes Religion kann sich daher niemals auf die postulierte Substanz aller Religionen, einen „Gott" oder eine „Macht" im Jenseits, beziehen. Sie ist daher auch niemals im eigentlichen Sinne substanzialistisch. Die „Substanz", die wir definieren können, ist unsere eigene Vorstellungswelt bzw. das Produkt dieser.

2.2.4 Was ist glauben?

Denken ist als Methode immer von Daten abhängig. Die Frage ist also nicht, ob Daten vorhanden sind. Das sind sie immer, selbst wenn sie aus der Erinnerung stammen oder extra phantasievoll generiert werden. Die Frage ist, ob diese Daten und die gesetzmäßigen Zusammenhänge zwischen diesen auch von anderen Personen objektiv nachvollziehbar oder logisch zu erschließen sind.

Auf den ersten Blick sieht es so aus, als ob es zwei Arten von Glauben gibt. Einen wissenschaftlichen Glauben (die erwähnte wissenschaftliche Spekulation) mit sehr wenig Bezug zur Realität sowie einem religiösen Glauben, der frei von jedem Bezug zur objektiv nachvollziehbaren Realität ist. Dies ist aber ein Irrtum. Weder der religiöse Glaube noch das postulierte Jenseits können frei von einer objektiv nachvollziehbaren Realität existieren. Wie gesagt ist das Denken als Methode von Daten abhängig, die irgendwoher stammen müssen. Auch religiöser Glaube basiert somit immer auf Daten, die wir aus der Erinnerung holen und in neue Zusammenhänge stellen. Religiöser Glauben ist daher nicht das „Erkennen" oder „Wissen" einer anderen Realität, sondern das unbewusste phantasievolle Neuordnen von bereits bekannten Daten, die aus der „wirklichen" Realität stammen.

Mit den Unterscheidungen zwischen Denken, Wissen und Glauben können wir uns nun einige biologische Adaptionen näher ansehen. Evolution greift immer am Individuum an und daher müssen alle vererbbaren Voraussetzungen, die zur Entwicklung einer Religion notwendig sind, auch auf der Individualbasis nachweisbar sein. Eine wesentliche Voraussetzung zur Religion ist die Fähigkeit zur Spiritualität: das individuelle Wahrnehmen von Kräften und Zusammenhängen in der Umwelt.

2.3 Individuelle Erfahrung

Internationalen Studien zufolge haben ein Drittel bis die Hälfte aller Menschen schon einmal Erfahrungen gemacht, die sie als spirituell oder mystisch bezeichnen.[112] In Deutschland geben rund 32 Prozent der volljährigen Bundesbürger an, über religiöse oder spirituelle Erfahrungen zu verfügen. Nach einer Umfrage von TNS-Infratest haben aber auch 14 Prozent der Bundesbürger gar keine Erfahrungen mit solchen Erlebnissen.[113] Der amerikanische Psychologe und Philosoph William James charakterisierte Spiritualität als die auf das Göttliche bezogenen Gefühle, Handlungen und Erlebnisse von einzelnen Menschen.[114] Im Gegensatz zur Religiosität, die gemeinsam erlebt werden kann, ist Spiritualität ein individuelles Erfahren.

Sie lässt sich grob in zwei Bereiche einteilen, die bei vielen Menschen jedoch parallel nebeneinander existieren und Überschneidungen aufweisen können. Ein Bereich ist die Suche nach dem verloren gegangenen Paradies, dem Urzustand, dem Nirwana, das „Einswerden" und „Verschmelzen" mit der Existenz, nach der Erleuchtung und dem Austritt aus dem Rad des Lebens und der Leiden. Bei dieser Suche werden Erfahrungen mit der

---

[112] Passie, Torsten / Peschel, Thomas: Phänomenologie und Neurobiologie mystisch-ekstatischer Erfahrungen. In: Matthiesen, Stephan / Rosenzweig, Rainer (Hrsg.): Von Sinnen. Paderborn 2007, S. 67-98; Stace, Walter T.: Mysticism and philosophy. Philadelphia 1960.

[113] TNS-Infratest: Sozio-ökonomisches Panel (SOEP). 2010. www.statista.org.

[114] James, Williams: The varieties of religious experience. New York 1997.

Transzendenz von Raum und Zeit und neuen Bewusstseinszuständen gemacht. Wir erleben diese Innenwelt, wenn wir in Meditation sind.

Der andere Bereich ist die Verbindung und die Stellung des Ichs mit und in der Außenwelt. Hier erleben wir die Kräfte und die Zusammenhänge in der Umwelt. Hier sehen wir vermeintliche Wesen wirken und spüren den Einfluss von Zeichen, Geistern und Dämonen um uns herum. Kurz: Die mystischen Mächte der Außenwelt.

2.3.1 Die Innenweltsuche

Beginnen wir mit der Innenweltsuche. Alle Menschen leiden an den Folgen einer Mutation: der Neotenie. In vielen Tierarten gibt es in der Kindheit und Jugend Phasen, in denen die Jungtiere Verhalten spielerisch ausprobieren und lernen. Diese Lernprozesse werden mit Eintritt in die Reife eingestellt und das Gelernte muss für den Rest des Lebens reichen. Beim Menschen führte die Neotenie dazu, dass diese Spiel- und Lernphasen immer länger wurden und wir nun Zeit unseres Lebens hinzu lernen können. Biologisch gesehen sind wir somit Kinder, die zu früh geschlechtsreif werden. Dass wir ein Leben lang lernen können, ist ein wesentlicher Faktor für unseren Erfolg in der Evolution. Diese Erkrankung, die heute den Normalzustand darstellt, betrifft aber neben dem anatomischen Aufbau auch die funktionale Entwicklung unseres Gehirns. Wir bleiben zeitlebens in der kindlichen Phase der Informationsbeschaffung und Informationssortierung stehen. Das abschließende Zusammenfügen aller Informationen und deren ganzheitliche Betrachtung im Rahmen der Reife entfällt. Daher arbeiten wir immer für morgen. Morgen werden wir genug Geld haben, morgen werden wir glücklich sein, morgen... Nur das Hier und Jetzt der Reife kennen wir nicht mehr. Wir arbeiten darauf hin, als ob die Reife eintreten könnte. Sie wird aber nie eintreten, weil die vererbbare Erkrankung Neotenie dies verhindert.

Aufgrund unserer Ursache-Wirkungs-Software und den Erzählungen anderer „Fast-Erleuchteter" suchen viele Menschen auch nach dem Grund, wofür sie ihre Informationen und Erkenntnisse sammeln. Sie forschen nach der Gewissheit, dem verloren gegangenen Paradies, dem Himmel, eben diesen letzten Zustand, in dem wir nicht mehr nachdenken und lernen müssten, sondern nur noch wie unsere Ahnen auf den Bäumen zu agieren brauchten. Und weil die meisten Menschen diesen Zustand der Reife nicht kennen, füllen sie ihre Vorstellung darüber mit den infantilen Wünschen eines Kindes auf. Nur wenigen Menschen gelingt es, durch meditative Übungen neuronale Verbindungen zu reaktivieren, die dem Zustand der

Reife nahe kommen. Wir sprechen hier von „Erleuchtung“, der ganzheitlichen Betrachtung im Hier und Jetzt, dem Verschmelzen mit der Existenz, dem Erkennen von Gott. Biologisch ausgedrückt: dem Rückfall in eine prähominide Verstandeswelt, in der wir nicht nachdenken, sondern einfach wissen und handeln.

Menschen, die glauben „Gott“ erkannt zu haben und mit ihm verschmolzen zu sein, sind von der „Freiheit“ dieses Zustandes so fasziniert, dass sie hierin die Lösung aller Probleme sehen. Sie fühlen die Sicherheit ihres „Wissens“ ohne nachdenken zu müssen. Sie sind aber nicht frei, sondern im Gegenteil vollständig in ihrer Glaubenswelt gefangen, weil sie die selbstgeschaffenen Informationen ihres Gehirns als reale Informationen aus der Außenwelt interpretieren.[115] Dies können sie dann aber nicht mehr erkennen, weil sich unser Gehirn nicht selber bei der Arbeit zusehen kann.[116] Außenstehende nehmen jedoch einen Zustand wahr, der mitunter an eine Psychose erinnert.

Eine weitere Beobachtung, die von Menschen in Extremsituationen gemacht werden kann, sind die Nahtod-Erfahrungen. Kurz vor dem Hirntod, während die meisten Körperfunktionen langsam herabgefahren werden und auch das Gehirn sich langsam verabschiedet, sehen Menschen das berühmte Licht am Ende des Tunnels. Sie erleben noch einmal im Schnelldurchlauf ihr Leben mit allen markanten Punkten und „treffen“ bekannte Personen. Systematische Untersuchungen von Zalika Klemenc-Ketis von Universität Maribor in Slowenien zeigten, dass bei Herzinfarktpatienten in allen Fällen, in denen solche Erlebnisse berichtet wurden, zuvor der Kohlendioxidgehalt des Blutes drastisch anstieg.[117] Dies ist zwar kein Beweis, aber ein deutliches Indiz auf den Zusammenhang von Körperfehlfunktionen und Sinneseindrücken, die vom Gehirn selber produziert werden. Gläubige Menschen und meditierende Mönche wissen ebenfalls von solchen „Gottesschauen“ zu berichten, wenn sie ihren Körper systematisch malträtieren. Dass es sich dabei um selbst initiierte Wahrnehmungen des Gehirns handelt, legt die

[115] Vergl. Northoff, Georg / Matthiä, Christian: Die Neurobiologie der Religion. In: Muenter, N. (Hrsg.): Religion und Neurowissenschaften. Bonn 2007.

[116] Northoff, Georg / Musholt, Kristina: Können wir unser eigenes Gehirn als Gehirn erkennen? In: Reichertz, Jo / Zaboura, Nadia (Hrsg.): Akteur Gehirn – oder das vermeintliche Ende des handelnden Subjekts. Wiesbaden 2006.

[117] Klemenc-Ketis, Zalika / Kersnik, Janko / Grmec, Stefek : The effect of carbon dioxide on near-death experiences in out-of-hospital cardiac arrest survivors: a prospective oberservational study. Critical Care 2010, 14:R56 vom 8. April 2010. http://news.bbc.co.uk/2/hi/health/8607660.stm.

Beobachtung nahe, dass immer nur die Götter gesehen werden können, die den „Sehenden“ vorher bekannt gewesen sind. Der einzig „wahre Gott“ sieht immer so aus wie das, was wir als Kind gelernt haben.

2.3.2 Imaginalität sowie mystisches Erfahren und Erleben

Jesse Bering und sein Team von der Queen's University in Belfast zeigten in Experimenten, dass kleine Kinder den Tod ausklammern und die Existenz von nicht sichtbaren Akteuren vorauszusetzen scheinen.[118] Die Forscher spielten den Kindern ein Theaterstück vor, in dem ein Krokodil eine Maus auffraß. Danach wurden die Kinder befragt, wie es der Maus nun gehe. Die meisten Kinder sagten aus, das die Maus wohl tot sein dürfte. Fast gleichzeitig äußerten sie aber auch, dass die Maus wohl Heimweh hätte. Sie postulierten somit eine mentale Aktivität in eine für tot erklärte Maus. In anderen Experimenten wurden die Kinder scheinbar in einem Raum allein gelassen. Nur die Kamera überwachte, ob sie der Anweisung der Forscher folgen und eine Schachtel nicht öffnen würden. War eine „unsichtbare Prinzessin Alice“ anwesend, so folgten sie der Anweisung häufiger. Der Gießener Soziobiologe Eckard Voland stellt fest, dass Kinder konsequent teleologisch denken: „Es gibt Wolken, damit es regnen kann, es regnet, damit Blumen gedeihen können, und es gibt Blumen, damit wir uns daran erfreuen können.“ Manche Autoren interpretieren solche Ergebnisse als angeborenen Gottesinstinkt und behaupten, dass Kinder von Natur aus an eine unsterbliche Seele glauben, einen allmächtigen Gott als Aufpasser hinter sich wissen sowie von Natur aus die Schöpfung teleologisch richtig interpretieren. Etwas nüchterner lassen sich drei Punkte festhalten: Erstens können sich Kinder den Zustand „tot“ nicht vorstellen. Zweitens fühlen sie sich beobachtet. Drittens suchen sie nach Erklärungen und denken teleologisch, also zielgerichtet in ich-bezogenen Denkschemata. Biologisch betrachtet handelt es sich hier um drei verschiedene Arten von evolutiv positiv selektierten Denkschemata. Für die fehlende Einsicht in den eigenen Tod gilt, dass sich in unserer Evolution nur Softwareprogramme durchgesetzt haben, die sich nicht mit ihrem eigenen Ende beschäftigen. Wahrscheinlich sind solche Programme zu depressiv oder zu „absturzgefährdet“. Un-

[118] Bering, Jesse M., / Bjorklund, David F.: The natural emergence of reasoning about the afterlife as a developmental regularity. Developmental Psychology, 40 (2004), S. 217-233; Bering, Jesse M. / Hernández-Blasi, Carlos, / Bjorklund, David F.: The development of 'afterlife' beliefs in religiously and secularly schooled children. British Journal of Developmental Psychology, 23 (2005), S. 587-607.

sere Software springt vorher auf andere Programme um. Zweitens fühlen sich Kinder beobachtet und behütet, damit ihre Software Neugierverhalten ausprobieren kann, ohne auf Feinde achten zu müssen. Kinder verlassen sich darauf, dass erwachsene Artgenossen sie im Auge haben und rechtzeitig warnen. Der Ausruf „Schau mal, was ich hier mache!“ hat biologische Wurzeln. Teleologisch wird in dieser juvenilen Entwicklungsphase gedacht, weil der Aufbau eines Wissensnetzwerkes über die Umwelt und dessen bewusste Abfrage zunächst über die eigenen, naheliegensten Erfahrungen geschieht, die für mich persönlich relevant sind.

Biologisch notwendige Denkschemata lassen sich aber nicht nur bei Kindern feststellen und untersuchen. Auch Erwachsene können über mystische Erfahrungen berichten, die auf biologisch adaptierten Modulen und Operanten basieren. So sehen Menschen, die aufgrund einer Erkrankung langsam erblinden, häufig Trugbilder und Visionen, zwergenhafte Gestalten, Feen und spontane Besucher in ihrer Nähe. Diese, als Charles-Bonnet-Syndrom (CBS) bezeichnete, Erkrankung lässt erahnen, was unser Gehirn an Lösungen vorschlägt, wenn die notwendigen Sinnesdaten nicht in ausreichender Form vorliegen und möglichst sinnvoll ergänzt werden müssen. Die Regelmäßigkeit, mit der in vielen Fällen Figuren wahrgenommen werden, deutet auf angeborene mentale Grundrezepte hin, die für unsere Interpretation der Umwelt notwendig zu sein scheinen. Diese mentalen Konzepte führen auch dazu, dass Gesichter in unbelebter, aber bewegter Materie gesehen bzw. hinein interpretiert werden. Bereits der Anthropologe und Ethnologe Stewart Elliott Guthrie wies darauf hin, dass Menschen in Wolken Gesichter zu sehen glauben.[119] Peter Brugger von der neurologischen Klinik des Universitätsspitals in Zürich fand heraus, dass Menschen auch in den Zufallsmustern im Rauschen von Computermonitoren Gesichter wiedererkennen. Die Wahrscheinlichkeit, etwas darin wiederzuerkennen, erhöhte sich in den Versuchen, in denen die Probanden die Dopaminvorstufe L-Dopa eingenommen hatten. Der Überschuss an Neuro-Botenstoff führte zu diesen Assoziationen in der rechten Hirnhälfte.[120] Dopamin scheint ein heißer Kandidat zu sein, wenn es gilt, spirituelle Erscheinungen biochemisch zu erklären. Solche Befunde werden so interpretiert, dass die Gruppe der Artgenossen die stärkste selektive Kraft auf die Entwicklung unseres Gehirns war und Menschen daher wesentlich ausgeprägter Gesich-

[119] Guthrie, Stewart E.: Faces in the clouds. A new theory of religion. New York, Oxford University Press 1993.

[120] Brugger, Peter: „Meaningful“ patterns in visual noise. Psychopathology 26 (1993), S. 261-265.

ter und menschliche Züge in Materie hineininterpretieren als die tatsächlichen mechanische Prozesse.[121]

Wie stark die Artgenossen als Selektionsfaktor auf die Entwicklung unserer Psyche gewirkt haben belegt auch das Phänomen, dass sich Kinder imaginäre Freunde zum Spielen vorstellen. Untersuchungen von Majorie Taylor zeigten, das die Kinder hierbei zu erlernendes Sozialverhalten durchspielen, wenn keine realen anderen Kinder da sind. Sie lernten, dass sie mit den Artgenossen zusammen agieren konnten. Ein Schaden war anschließend bei den phantasievollen Kindern nicht festzustellen. Sie waren genauso weit entwickelt wie andere Kinder und zeigten das notwendige Spektrum von Sozialverhalten.[122]

Wie mentale Grundkonzepte durch Imagination auf das Erlernen von Verhalten einwirken, wissen die meisten von uns aber auch aus eigener Erfahrung. Wir hatten als Kinder Angst vor Geistern und Monstern, die sich unter unseren Betten versteckten und uns fressen würden, wenn auch nur ein Körperteil unter der Bettdecke hervorschien. Biologisch gesehen handelt es sich hierbei um die Software-gesteuerte Auseinandersetzung mit Artgenossen. Eine häufige Todesursache bei jungen Schimpansen ist das unbedarfte Spiel der anderen Jungtiere und der Infantizid durch Artgenossen.[123] Jungtiere mussten sich früher im Fell der Mutter festklammern und durften kein Körperglied heraushängen lassen. Sie hätten sich sonst im Unterholz verfangen können oder den spielenden Artgenossen einen Zipfel zum Festhalten und Wegziehen angeboten. Unsere Software rät uns als Kindern auch heute noch, alle Gliedmaßen dicht beieinander zu halten, wenn die Monster und Geister draußen herumlaufen. Viele Menschen können sich auch vage noch daran erinnern, dass ihnen als Kinder die Onkels und Tanten recht befremdlich vorkamen. Fremde Gesichter, die sich über uns beugten, machten uns Angst. In jungen Jahren brauchten wir nur wenige Vertrauenspersonen, die wir an Stimme und Geruch erkennen konnten. Vor anderen war Vorsicht geboten und man musste seine Mutter durch Schreien auf Hilfe aufmerksam machen, wenn etwas bedrohlich wirkte.

Ein weiteres Themengebiet der Mystik sind die Tiergestalten. Überwiegend sind es Raubtiergestalten, die furchteinflößend sind. Auch sie basieren

---

[121] Guthrie, Faces in the clouds.

[122] Taylor, Majorie: Imaginary companions and the children who create them. New York 1999.

[123] Townsend, Simon W. / Slocombe, Katie E. / Thompson, Melissa E. & Zuberbühler, Klaus: Female-led infanticide in wild chimpanzees. Current Biology Vol. 17 (2007), S. 355-356.

auf den ich-bezogenen Denkschemata, die uns blitzschnell vor Angreifern warnen mussten. Schon der Züricher Altphilologe Walter Burkert sah die Spuren der biologischen Vergangenheit in unseren religiösen Motiven.[124] Der Oxforder Anthropologe Justin Barrett geht von einer hyperaktiven Aktivitätserkennung aus, aus der religiöse Ideen geboren werden.[125] Sein amerikanischer Kollege Clark Barrett sieht zwei Ursprünge religiöser Vorstellungen in der menschlichen Vergangenheit:[126] Einerseits war der Mensch selber Beutetier und brauchte Warnmechanismen und entsprechende Denk-Schemata. Andererseits war er aber auch Jäger und versuchte, sich in seine Beute hineinzuversetzen und sie zu beschwören.

Aber auch hier kann jeder aus eigener Erfahrung schöpfen. Gespenster und Monster leben nicht nur unter dem Bett. Wenn ein Jogger durch den Wald läuft, dann sieht er nicht nur Blätter und Äste, die sich im Winde wiegen, sondern auch Baumstümpfe, die in diesem Wechselspiel von Licht und Schatten wie Tiere aussehen und sich scheinbar bewegen. Erst beim Näherkommen, wenn er Einzelheiten exakter erkennen kann, entpuppt sich das Gesehene als optische Täuschung. Auch kennt jeder, der schon einmal nachts durch den Wald gegangen ist, die Überinterpretation von Geräuschen. Alles hört sich näher, lauter und bedrohlicher an. Das Rascheln einer Amsel im Laub wird zu einem Anpirschen eines Tigers. Unsere Vorfahren überlebten einst in der Wildnis, weil sie lieber einmal zuviel als einmal zuwenig Termitenhügel als Raubtiere interpretiert und einen Sicherheitsabstand eingehalten haben. Und wer sich beim lauten Rascheln im Unterholz nicht nach einem Angreifer umsah und aufsprang, der war schneller gefressen als er es mitbekam. Wer einmal zuwenig vorsichtig war, vererbte seine Art der Umweltinterpretation nicht in die nächste Generation.

Ein anderes Softwareprogramm lässt uns vor der Fortbewegungsart von Schlangen und Spinnen gruseln. Damit „lernen" (wissen) wir, dass wir auf Distanz gehen sollen, ohne eine erste tödliche Erfahrung machen zu müssen. Andere Fortbewegungart bedeutet andere Spezies[127] und daher

[124] Burkert, Walter: Creation of the sacred: Tracks of biology in early religions. Cambridge, MA. Harvard University Press 1996.

[125] Barrett, Justin L.: Exploring the natural foundations of religion. Trends in Cognitive Science, 4 (2000), S. 29-34; Barrett, Justin L.: Why would anyone believe in God? Lanham, MD, 2004.

[126] Barrett, Clark H.: Human cognitive adaptations to predators and prey. University of California, Santa Barbara 1999.

[127] Atran, Scott: From folk biology to scientific biology. In: Olson, David R. / Torrance, Nancy (Hrsg.): The handbook of education and human development:

sollte man lieber vor Furcht erstarren und Abstand halten, als das fremde Tier zu berühren oder gar zu reizen. Wir spielen solche Szenarien daher in unserer neuronalen Simulationswelt – sprich Phantasie – durch, um für eventuelle reale Treffen gewappnet zu sein. Die Fähigkeit, mit Phantasien alle Eventualitäten durchzuexerzieren, hält ein Leben lang an. Auch in unseren Träumen gehen wir Erlebnisse und Eindrücke durch, die wir kurze Zeit vorher hatten und noch nicht bewusst aufgearbeitet haben. Verdrängtes holt uns hier wieder ein.

Die Anzahl der gefährlichen Geister und Götter in Tiergestalt ist „erschreckend" hoch. Nicht nur in animalistichen Religionen geht es tierisch zu, selbst Gottes Sohn Jesus, der heilige Geist und die Evangelisten sind oft durch Tiere dargestellt. Tiere und tierische Fähigkeiten werden von uns immer mit Aufmerksamkeit bedacht und mit Furcht oder Niedlichkeit assoziiert.

Art und Aussehen unserer religiösen Phantasieprodukte haben eine sehr lange Tradition in unserer Evolution. Stellen wir uns einen unserer Vorfahren vor, der zur Nahrungssuche vom Baum auf die Erde herabkam. Dort hörte er irgendetwas und erschrak. Er wollte sofort flüchten. Was ist das Zeichen, welches auch bei kopfloser Panik den sichersten Weg auf den nächsten Baum angibt? Es ist das Licht! Licht bedeutet immer oben, Dunkelheit bedeutet unten. Auch wenn wir vor Panik nicht mehr nachdenken können, Licht gibt uns das Gefühl der Sicherheit, weil es uns den Weg weist. Dort oben auf den Ästen ist man vor Raubtieren sicher. Dort oben warten auch die Artgenossen. Und Artgenossen, die oben auf dem Baum sitzen, erkennt man daran, dass sie eine Aura um den Kopf tragen. Zumindest, wenn man gegen das Licht schaut. Strahlenkränze um die Köpfe der Gruppenmitglieder zeigten schon den Affen einst den Weg, die Erlösung vom Übel. Unten auf dem Waldboden wartete das Raubtier, das aus dem Dunkel kam und alle Merkmale aufwies, die uns erschrecken ließen. Es war größer als man selbst, dunkelfarbig, muskulös, roch nach Fleischfresser und hatte lange Reißzähne. Und da es immer überraschend auftauchte, musste es wohl aus der Erde, der Hölle kommen, es war immer hinterhältig, gemein und mindestens genauso intelligent wie unsere Vorfahren selber. Aufgrund unserer Vergangenheit, die wir auf den Bäumen verbrachten, assoziieren wir auch heute noch oft Licht mit dem „Guten", oben mit dem Himmel, das „Böse" mit der Hölle. Mit etwas kulturellem Feinschliff wurden aus diesen doch sehr alten Vorstellungen menschenähnliche „Engel"

New models of learning, teaching and schooling. Oxford, 1996, S. 646-682.

und wunderschöne „Lichtwesen" sowie nicht menschliche „Teufel" und hässliche „Schattenwesen".

Und aus dieser Zeit stammen auch die Interpretationen von fliegenden „Lichtwesen". Wer sich von Ast zu Ast schwingt, hat in den Schwebephasen das Gefühl zu fliegen. Dieses Gefühl vermittelt mehr Sicherheit als das Gehen am Boden, weil die Wahrscheinlichkeit auf Feinde zu treffen in den Baumkronen geringer ist. Artgenossen, die von Ast zu Ast hangeln, zeigen dem verängstigten Bodenbesucher wieder, wo sich ein sicherer Zufluchtsort befindet. Aufgrund dieser prähistorischen Baumvergangenheit strecken wir die Arme in dem Himmel, um zu beten (den rettenden Ast zu erreichen).

Während wir im Kindesalter vorwiegend auf Denkschemata zurückgreifen, die unserem Selbsterhaltungstrieb dienen, kommen mit zunehmendem Alter auch Programme dazu, die unser Sozialverhalten beeinflussen. Als Gruppentiere hatten wir nicht nur Angst vor der natürlichen Umwelt, sondern auch und vor allem vor unserem stärksten Selektionsfaktor, unseren Artgenossen. „Gut" und „Böse" wird daher gern mit menschlichen Zügen assoziiert. Untersuchungen des Teams um Jordan Grafman mittels fMRT-Hirn-Scans zeigten, dass bei gläubigen und nicht gläubigen Menschen dieselben Hirnareale benutzt werden, wenn spirituelle Themen verarbeitet werden. Einige dieser Areale teilen wir auch mit unseren nächsten verwandten Primaten. Bei persönlichen Gottesvorstellungen wurden Hirnareale aktiv, die auch die Absichten von anderen Menschen interpretieren. Auch göttliche Eigenschaften, wie zornig oder gnädig, wurden neuronal vermenschlicht.[128] Das Team um Uffe Schjødt von der Aarhus Universität fand heraus, das sich Menschen ihre Götter im Gebet als reale Personen denken.[129] Unser Gehirn projiziert uns unsere Sternbilder, Geister, Dämonen und Götter nach unseren angeborenen Softwareprogrammen. Wir personifizieren aber auch unserer Ängste und Probleme, personifizieren sogar technische Dinge wie Computer, Autos usw. und schreien sie an, als wären sie Artgenossen. Und weil wir Angst vor unseren Artgenossen haben, unterstellen wir ihnen auch böse Absichten. Wir sehen überall Geister und Kräfte, die wirken.

[128] Kapogiannis, Dimitrios / Barbey, Aron K. / Su, Michael / Zamboni, Giovanna / Krueger, Frank & Grafman, Jordan: Cognitive and neutral foundations of religious belief. Proceedings of the National Academy of Sciences USA, 2009.

[129] Schjødt, Uffe / Roepstorff, A. / Stødkilde-Jørgensen, H. / Geertz, A.W.: Highly religious participants recruit areas of social cognition in personal prayer. 2009, Social Cognitive and Affective Neuroscience (Online 2009), Nr. 2, S. 199-207.

Unsere sozialen Denkschemata sind so stark, dass selbst das Wissen um den Tod sie nicht abschalten kann. Ahnenkulte entstammen unserer kindlichen Erfahrung, dass unsere erwachsenen Vorfahren uns als Kindern allwissend erschienen und jederzeit auf uns aufpassten. Wir halten Zwiegespräche mit Verstorbenen und reden heute noch am Grab mit ihnen, um Meinungen und Ratschläge zu „erfragen", als seien sie anwesende Vertrauenspersonen. Unsere verstorbenen Familienmitglieder gelten uns für die Hüter von Moral und Ethik, weil uns ein angeborenes Programm sagt, dass wir in unserer Umwelt, unserem Revier, am erfolgreichsten überleben, wenn wir uns genau so verhalten, wie unsere erfolgreichen Ahnen. Konservatives Verhalten ist eine Übernahme von erfolgreich getestetem Verhalten.

All diese angeborenen Adaptionen hatten einst und haben immer noch den Zweck, uns sicher durch eine Umwelt zu bringen, deren kompletten Informationsgehalt wir mit unserer Software weder erkennen noch berechnen oder begreifen können. Sie dienen dazu, eine individuelle Anpassung zu initiieren und zu gewährleisten. Die Suche nach dieser bestmöglichen Anpassung resultiert auch in der Suche nach dem, was wir später als Sinn, Halt und Ordnung interpretieren. Die biologische Fähigkeit, sich mit Hilfe neuronaler „Software" altersbedingte, temporäre und ausbaufähige Konzepte, Bilder und Vorstellungen von seiner artinternen und artexternen Umwelt zu generieren, wird als Imaginalität bezeichnet. Die resultierende individuelle Ausprägung kann zu dem werden, was als Spiritualität bezeichnet wird.

2.3.3 Spiritualität

Eine sehr offen gehaltene und allgemeine Definition von Spiritualität lautet: „Ein Sinn für Bedeutung und Zweck; ein Sinn für das 'Selbst' und seine Beziehung zu dem, was größer ist als man selbst."[130] Spiritualität, als individuelle Interpretation der Innenwelt und dem, was wir in unsere Umwelt hineininterpretieren, ist dem Menschen angeboren. Kinder haben die Fähigkeit, menschliche Eigenschaften in ihre Puppen, in Tiere und in Phantasiegestalten hinein zu interpretieren,[131] und sie hören innere Stimmen,[132] mit denen sie kommuni-

---

130 „A sense of meaning and purpose; a sense of self and of a relationship with 'that which is greater than self'."

131 Elman, Jeffrey L. et al.: A connectionist perspective on development. Cambridge, MA. MIT-Press 1996; Millikan, Ruth G.: A common structure for concepts of individuals, stuffs and real kinds: More Mama, more milk, more mouse. Behavioral & Brain Sciences, 21 (1998), S. 55-100.

132 Bartels-Velthuis, Agna A. / Jenner, Jack A. / Willige, Gerard van de / Os, Jim van / Wiersma, Durk: Prevalence and correlates of auditory vocal hallucinati-

zieren. Untersuchen mit Halluzinogenen, Drogen und Magnetfeldern zeigten, dass auch erwachsene Menschen unterschiedlich schnell und unterschiedlich stark bereit sind, spirituelle Bilder im Gehirn zu generieren und als reale Erfahrungen zu akzeptieren.[133] Und jeder weiß aus eigener Erfahrung, dass es ein „Staunen“ vor der Existenz gibt und das intuitive „Wissen“, irgendwie mit dem „Ganzen“ verbunden zu sein. Nach dem Soziobiologen Eckard Voland[134] erfüllen die biologischen Voraussetzungen zur Spiritualität damit die drei Kriterien, die für Adaptionen notwendig waren. Sie sind vererbbar, sie sind positiv im Laufe der Evolution selektiert worden und sie waren für die ersten Träger ein Vorteil in ihrer jeweiligen Umwelt. Spiritualität ist somit eine emergente Erscheinung des Zusammenspiels mehrerer Adaptionen. Selbst Naturwissenschaftler und hartgesottene Atheisten wissen von solchen spirituellen Erfahrungen zu berichten.[135]

Unsere Art zu Denken schafft Lücken, die mit Annahmen gefüllt werden müssen. Einige Menschen halten diese Interpretationen ihrer ich-bezogenen Denkschemata allerdings für die Realität, weil ihre Programme die Suche nach Ursache und Wirkung abgebrochen haben und sich mit der vorläufigen Interpretation der Informationen zufrieden gaben. Viele Menschen kultivieren solche spirituellen Vorstellungen auch als Maßnahmen zur Angstbewältigung.[136] Es ist einfacher, wenn man sich die Bedrohungen als Tier oder als Person vorstellt, auf die man beschwörend Einfluss nehmen kann. Wissenschaftler und Atheisten hinterfragen aber auch die Interpretationen, die ihnen ihr eigener Verstand vorschlägt und geben sich nicht mit transzendenten Gefühlen, Geistern und Göttern als Erklärung zufrieden. Sie wissen, wovon sie reden, und darum verwerfen sie diese prähominiden Hilfsvorstellungen.

---

ons in middle childhood. The British Journal of Psychiatry (2010) 196, S. 41-46. doi: 10.1192/bjp.bp.109.065953

133 Panhke, Walter N.: Psychedelic drugs and mystical experience. International Psychiatry Clinics 5 (1969), S. 149-162; Persinger, Michael A.: Experimental simulation of the god experience. In: Joseph, Rawn (Hrsg.): Neuroethology. San José 2003, S. 267-284.

134 Voland, Eckart: Evaluating the Evolutionary Status of Religiosity and Religiousness. In: Voland, Eckart / Schiefenhövel, Wulf (Hrsg.): The Biological Evolution of Religious Mind and Behavior. Berlin, Heidelberg 2009.

135 Comte-Sponville, André: Woran glaubt ein Atheist? Spiritualität ohne Gott. Zürich 2009.

136 Vergl. Frazer, James Georg: Der golden Zweig. Frankfurt 1977; Persinger, Michael A.: Experimental simulation of the god experience. In: Joseph, Rawn (Hrsg.): Neuroethology. San José 2003, S. 267-284.

Was ist nun Spiritualität aus dem biologischen Blickwinkel heraus? Aufgrund der oben beschriebenen Funktionsweise des menschlichen Gehirns kann eine Definition folgendermaßen lauten:

Spiritualität ist die neuronale Generierung individueller Antworten zu generellen Ursache-Wirkungs-Mechanismen des bekannten Universums unter unbewusster Zuhilfenahme von ich-bezogenen Denkschemata.

2.4 Synchronisierte Erfahrung

Werden die Adaptionen berücksichtigt, die als Grundlage für die menschliche Spiritualität dienen, so ist anzunehmen, dass auch andere sozial lebende Tierarten bereits einfache Formen der Spiritualität besitzen müssten. Wahrscheinlich könnte sie schon bei Schimpansen festgestellt werden, wenn man sie danach fragen könnte oder Experimente dementsprechend anlegt. Beobachtungen schottischer Forscher um James Anderson von der Stirling University in Schottland legen den Verdacht nahe, dass Schimpansen den nahenden Tod von Artgenossen spüren können und sich ihnen gegenüber fürsorglicher und ruhiger verhalten. Zudem bleiben nahe Angehörige längere Zeit in der Nähe des sterbenden und toten Tieres. Für das Bewusstsein des Todes sprechen bei diesen Beobachtungen die veränderten Verhalten aller Gruppemitglieder vor, während und nach dem Sterben eines Artgenossen.[137] Auch Beobachtungen an weiblichen Schimpansen und ihren toten Kindern legen nahe, dass die Mütter die Situation des Todes als solche wahrnehmen.[138] Schimpansen vermögen sich aber untereinander nicht sehr detailliert über ihre individuellen Erfahrungen und Eindrücke auszutauschen. Sie können sich, wenn sie ihre Umwelt interpretieren, nur gegenseitig ihre Gefühle durch Mimik, Gestik und Laute zeigen. Die Sprachforschung wird in Zukunft zeigen, wie differenziert sie sich über definierte Sachverhalte der Spiritualität „unterhalten" können.

Religion beinhaltet aber im Gegensatz zur Spiritualität Bestandteile, die ohne Kommunikation und Sprache nicht denkbar wären. Die beiden

---

[137] Anderson, James R. / Gillies, Alasdair / Lock, Louise C.: Pan Thanatology. Current Biology, Vol. 20 Nr. 8, 27. April 2010.

[138] Biro, Dora / Himle, Tatyana et al.: Chimpanzee mothers at Bossou, Guinea, carry the mummified remains of their dead infants. Current Biology, Vol. 20 No. 8, 27. April 2010.

folgenden Abschnitte über Religion und Religiosität sollen diese Unterschiede verdeutlichen.

2.4.1 Religion

Neben den Grabbeigaben sprechen vor allem die Höhlenmalereien in Lascaux für spirituelle oder religiöse Kulte in unserer Entwicklungsgeschichte. Ein Vogelkopf auf einer Stange, ein Bison und ein Mensch mit Ithyphallus bilden nach Meinung des Archäologieprofessors Horst Kirchner[139] einen Schamanen während einer Séance ab. Folgt man dieser Interpretation und geht davon aus, dass die Menschen damals ähnlich empfanden wie wir heute,[140] so waren schon vor 13.000 Jahren Kontakte zu spirituell erlebten Geistwesen ein Bestandteil der Kultur unserer Vorfahren. Beerdigungen, Animismus und Schamanismus müssen jedoch noch keine organisierten Religionen sein. Sie sind sowohl noch Teil einer individuellen spirituellen Vorstellungswelt als auch bereits schon Teil einer Welt, auf die sich die Teilnehmer geeinigt haben. Animisten sehen alle Lebewesen als beseelt an. Ein Schamane geht in Trance in sich, um durch diesen Zustand das Wissen seines Unterbewusstseins anzuzapfen. Er fühlt sich empathisch in erkrankte Menschen oder in die Beutetiere ein, um etwas über sie zu erfahren. Und da alle Menschen den gleichen funktionellen Aufbau des Gehirns haben, ist es sehr wahrscheinlich, dass er ähnliche Sachen „sehen“ und „empfinden“ kann wie die betroffenen Individuen. Schamanismus gleicht eher dem Versuch, sich die spirituelle Welt eines Anderen zu erschließen und anhand dessen, was man selber körperlich dabei spürt, Rückschlüsse auf den Zustand des Anderen zu treffen.

Es ist aber selbstverständlich, dass die individuelle spirituelle Erlebniswelt mit niemandem vollständig geteilt werden kann. Genauso, wie zwei Menschen nicht dasselbe träumen können, können sie auch nicht dieselben Vorstellungen und Gedanken zu dem spirituell Gesehenen haben. Selbst ein Gespräch über den Traum würde dazu führen, dass nur eine ungefähre Idee von dem Traum vermittelt würde. Im Detail würden sich die Vorstellungen jedoch unterscheiden. Daran ändern auch unsere ererbten Konzeptvorstellungen nichts. Wörter, die zur Beschreibung der realen Welt geschaffen wurden, können die Innenwelt nicht exakt wiedergeben. Und auch die dabei empfundenen Emotionen und Motivationen können nur nachempfun-

---

[139] Kirchner, Horst: Ein archäologischer Beitrag zur Urgeschichte des Schamanismus. Anthropos 47 (1952), S. 244-286.

[140] Halverson, John: Paleolithic art and cognition. Journal of Psychology, 126 (1992), S. 221-236.

den, aber nicht als identisch vermittelt werden. Unsere neuronale Vorstellungswelt bleibt auf immer unser persönliches Geheimnis.

Nichtsdestotrotz erzählen uns andere Menschen, dass sie denselben Glauben haben wie wir. Sie zeigen uns bunte, selbst gemalte Bilder ihrer Götter, vom Himmel, von der Hölle und legen uns schöne Worte in den Mund, die dazu dienen sollen, unsere individuellen Vorstellungen zu synchronisieren. Es wird uns beigebracht, was wir im Inneren zu sehen und zu glauben haben. Solche Glaubensgemeinschaften bestehen daher auch nicht aus Menschen, die das gleiche glauben, sondern aus Menschen, die glauben, dass sie das gleiche glauben. Selbst die Vorstellung von Gott, der per Definition nicht zu definieren und damit auch nicht darzustellen ist, wird versucht, den Gläubigen als Gottesbild zu vermitteln. Diesen kulturellen Versuch, eine gemeinsame Vorstellungswelt von dem zu erschaffen, was keiner definieren und vermitteln kann, nennen wir Religion. Es ist eine Beschränkung verschiedener Innenwelten auf Wörter, die zur Verfügung stehen und auf die man sich geeinigt hat, also ein Wort-Glauben. Oder um es auf „biologisch" auszudrücken:

Religionen basieren auf artifiziellen Konzepten spiritueller Vorstellungen.

Mit diesem kleinsten gemeinsamen Nenner aller Religionen kann nun auch die Anwendung der Spiritualität in der Realität diskutiert werden: das religiöse Verhalten – die Religiosität.

2.4.2 Religiosität

Kein Mensch kann alleine überleben, wenn er von seiner Gruppe ausgeschlossen wird. Menschen brauchen eine intakte soziale Umgebung, um zu überleben. Nicht nur wegen der Arbeitsteilung, sondern auch, weil unsere Psyche im Laufe der Jahrmillionen darauf selektiert wurde in Gruppen zu leben. Isolation ist psychische Folter und in vielen Fällen ein Todesurteil. Wir brauchen aber nicht nur die physische Gegenwart unserer Artgenossen, wie in einer Herde. Wir brauchen auch Kooperation zum Überleben.[141] Eine der Hauptaufgaben innerhalb der Gruppen unserer Vorfahren war es, sich vor Feinden zu warnen. Gemeinsam sehen und hören wir mehr als der Einzelne jemals sehen oder hören kann. Wir fühlen uns nur sicher und wohl, wenn die Artgenossen unsere Informationen aus der Umwelt bestäti-

[141] Tooby, John / De Vore, Irven: The reconstruction of hominid behavioral evolution through strategic modeling. In: Kinzey, Warren (Hrsg.): Primate models of hominid behaviour. State University New York Press 1987, S. 23-36.

gen. Glauben wir etwas gehört zu haben, so fragen wir zuerst die anderen, ob sie den Verdacht bestätigen. Wir sind auf die Informationswelt der anderen angewiesen.

Auch bei der Jagd benötigen wir Informationen, wie die einzelnen Gruppenmitglieder zur Zeit agieren. Wir brauchen nicht nur einfache Ortsangaben von anderen, sondern darüber hinaus komplexe Informationen über ihr Innenleben, über ihre Stärken und Schwächen. Wir müssen sie und damit ihr mögliches Einsatzspektrum richtig einschätzen können, um eventuelle Fehler frühzeitig zu erkennen und auszugleichen.[142] Dieses Einschätzen gilt für alle Lebensbereiche in der Gruppe. Wir müssen wissen, wer was vorhat und welche Folgen dies für unsere eigenen Bedürfnisse innerhalb der Gruppe haben könnte. Egoistische Planungen der anderen müssen wir richtig vorhersehen und einschätzen, um sie zu durchkreuzen. Damit ist der Mensch selbst ein wesentlicher Selektionsfaktor auf die Prognosefähigkeit und Intelligenz der menschlichen Art.[143]

Religiosität wird häufig so interpretiert, als ob der Mensch ein angeborenes Bedürfnis hätte, sich über die Geister und Götter zu unterhalten oder durch Rituale eine innere Einstellung zu Geistern kund zu tun. Diese Aussage ist so biologisch nicht zu halten. Menschen haben das Bedürfnis, sich mit anderen Menschen auszutauschen, um sich selber Gewissheit und Sicherheit über eine Situation zu verschaffen. Sie haben auch das Bedürfnis, sich empathisch und logisch in die Innenwelt des anderen hinein zu versetzen, um ihn besser zu „verstehen".

Weiterhin haben Menschen das Bedürfnis, ihre Emotionen durch Handlungen zum Ausdruck zu bringen. Dies kann als Kommunikation nur sinnvoll geschehen, wenn die anderen Gruppenmitglieder diese Zeichen verstehen und richtig interpretieren können. Allgemein anerkannte und akzeptierte Bewegungsmuster und Verhaltenssequenzen nennt man Rituale.

---

[142] Barton, Robert A.: Primate brain evolution. Cognitive demands of foreaging or of social life? In: Boinski, Sue / Garber, Paul A. (Hrsg.): On the move: How and why animals travels in groups. University of Chicago Press 2000, S. 204-237; Krebs, John R. & Inman, Alistair J.: Learning and foraging: Individuals, groups, and populations. In: Real, Leslie A. (Hrsg.): Behavioral mechanisms in evolutionary ecology. University of Chicago Press, 1994, S. 46-65.

[143] Byrne, Richad W. / Whiten, Andrew (Hrsg.): Machiavellian Intelligence: Social expertise and the evolution of intellect in monkeys, apes, and humans. Oxford University Press 1988; Povinelli, Daniel J. / Preuss, Todd M.: Theory of mind: Evolutionary history of a cognitive spezialization. Trends in Neurosciences, 18 (1995), S. 418-424.

Sie sind bei vielen Tierarten anzutreffen. Diese entwicklungsgeschichtlich sehr alten Bedürfnisse werden dann auch selbstverständlich auf die spirituellen und mystischen Erfahrungen der Artgenossen angewendet. Erzählungen mit spirituellen und mystischen Inhalten fallen natürlich auf fruchtbaren Boden. Sie geben das „Gesehene“ in artgerechten Personifizierungen bzw. Animalisierungen wieder, die einen gewissen Wiedererkennungswert haben. Immerhin haben die anderen Gruppenmitglieder eventuell schon einmal ähnliches gedacht und „gesehen“. Sie haben ja auch die gleichen Konzepte als Erkennungsmuster vererbt bekommen. Weiterhin sind die Erzählungen kontraintuitiv. Die Artgenossen können sich das Abstruse eher merken als die bekannte langweilige natürliche Umwelt, die sie jeden Tag zu sehen bekommen. Und je ausgeschmückter die Geschichte erzählt wird, desto wichtiger ist das „Gesehene“ und auch die Person, die erzählt.

Eine treibende Kraft, sich mit anderen über mögliche Geisterwelten auszutauschen, ist die Angst vor dem Tod. Studien von Ara Norenzayan und Ian Hansen von der University of British Columbia zeigen, dass die Angst vor dem Tod auch religiöse Wunschvorstellungen hervorruft.[144] Was passiert hier? Die Auseinandersetzung mit dem Tod führt zu Angstgefühlen. Spirituelle Personen mit stark ich-bezogenen Denkschemata denken hierbei auch an ihr persönliches Ende. Diese Frage kann aber nicht mit den vorhandenen Denk-Schemata befriedigt werden, so dass Sicherheit vortäuschende Informationen von außerhalb herangezogen werden oder Übersprunghandlungen stattfinden müssen, bis das Angstgefühl sich verringert hat. Die spirituelle Person begeht Handlungen oder tauscht sich über ihre Vorstellungen über den Tod aus und erwartet ein neues oder altbewährtes Konzept, welches ihr die Angst vor ihrem eigenen Tod verringern soll. Hierbei spielt es keine Rolle, ob ihr ihre ego-bezogene Angst bewusst ist oder nicht. Im Prinzip ist Religiosität somit ein Ausleihen von bewährten Konzepten, um sich sein spirituelles Weltbild wieder zurecht zu biegen oder zu bestätigen, ganz gleich ob es sich dabei um Rituale, Riten, Gespräche oder „Glaubensgewissheiten“ handelt, solange dadurch nur das egoistisch-spirituelle Weltbild aufrecht erhalten werden kann.

---

144 Norenzayan, Ara / Hansen, Ian G.: Belief in supernatural agents in the face of death. Personality and Social Psychology Bulletin, 32 (2006), S. 174-187; Norenzayan, Ara / Dar-Nimrod, Ilan / Hansen, Ian G. / Proulx, Travis: Mortality Salience and Religion: Divergent Effects on the Defense of Cultural Values for the Religious and the non-Religious. European Journal of Social Psychology 39 (2009), S. 101-113.

Bei der Betrachtung von Religiosität sollte auch berücksichtigt werden, dass die Evolution von Verhalten auf der Individualebene stattfindet. Es gibt insofern keine biologische Evolution der Religiosität,[145] sondern eine biologische Evolution der Spiritualität und einen innerartlichen Selektionsdruck auf akzeptable Konzepte, die kommuniziert und tradiert werden können. Mit Sicherheit dient Religiosität aber dazu, dass sich Individuen vor anderen darstellen können. Aus der Sicht des Gen-Egoismus muss der Übergang von individueller Erfahrung hin zum zur Schau gestellten Verhalten biologisch wie folgt definiert werden:

Religiosität ist nach Bestätigung suchende Spiritualität.

2.4.3 Zwischen Individualisierung und Synchronisation

Viele Leser werden jetzt vielleicht der strikten Trennung von Spiritualität, Religiosität und Religion widersprechen. In der Tat sind die Übergänge fließend. Reine Spiritualität, als ausschließlich individuelles Erleben, ist für die meisten Menschen sehr selten. Selbst in Klöstern und Meditationskursen gibt es einen Austausch über das, was man erlebt bzw. gesehen haben könnte und wie es zu interpretieren ist. Mit diesen Begriffen und den damit verbundenen Vorstellungen werden die Innenwelten beim nächsten Mal dann wiederum neu erlebt und interpretiert. Wir können nicht ohne Begriffe und Konzepte kommunizieren, die nicht vorher in der sichbaren Welt für den gemeinsamen Gebrauch definiert wurden. Jeder Sucher nach dem Individuellen übernimmt auch die persönlichen Erfahrungen anderer. Zudem fangen die meisten Sucher erst in einem Alter an ihre Spiritualität bewusst zu erleben, in dem sie bereits die gesellschaftlichen Vorstellungen und Begriffe übernommen haben. Die Kunst eines guten spirituellen Lehrers besteht daher darin, einem Schüler alles wegzunehmen, was sowieso nicht zu seiner eigenen individuellen Vorstellungswelt gehört und dem Schüler das zu geben, was er sowieso schon vorher hatte. Die meisten individuellen Sucher finden aber immer genau das, was andere ihnen als illusionäres Ziel oder als gesellschaftlich definierten Begriff vorgeben. Sie sind somit mehr religiöse Träumer als ehrliche Sucher.

Aber auch eine reine Religion, als einheitlichen abstrakten Konsens, kann es nicht geben. Jedes Gottesbild wird durch die individuelle Vorstel-

[145] Vaas, Rüdiger / Blume, Michael: Gott, Gene und Gehirn. Warum Glaube nützt. Die Evolution der Religiösität. Stuttgart 2009.

lungswelt der Gemeindemitglieder akzeptiert oder verworfen.[146] Die spirituell möglichen Vorstellungswelten sind die selektive Messlatte für die offiziellen Gottesbilder. Manipulatoren, die eine gemeinsame Vorstellungswelt erzwingen wollen, tun daher gut daran, ihren zukünftigen Gemeindemitgliedern so früh wie möglich Begriffe und Konzepte nahezulegen, die die individuellen Erfahrungen in eine bestimmte Richtung lenken. Da dies nicht immer gelingt, gibt es in vielen Religionen eine geduldete Nische für Mystiker und spirituell Begabte. Im einfachsten Fall werden Interpretationen, die zu individuell sind, als Aberglauben bekämpft. In den meisten Fällen sagen die Gläubigen aber „Ja und Amen" zu den offiziellen Darstellungen und haben ihre Ruhe.

Wird der Spiritualität ein gesellschaftlich akzeptierter Ausdruck gegeben, so sprechen wir von Religiosität oder religiösem Verhalten. Weichen wir in der Auslebung von der gesellschaftlich akzeptierten Norm ab, so wird häufig von Spiritualität oder Esoterik gesprochen. Religiöses Verhalten spielt sich damit immer im Spektrum zwischen Individualisierung und Synchronisation ab.

Bevor aber in Kapitel 3 die Funktionen der Religion diskutiert werden, soll in diesem Kapitel zum Abschluss eine substanzialistische Definition des Phänomens Religion vorgestellt werden.

2.5 Eine substanzialistische Definition des Phänomens Religion

Eine substanzialistische Definition des Phänomens Religion kann sich nicht auf die Substanz „Gott", das „Machtvolle", die „kosmische Ordnung" oder den „Kern der Existenz" beziehen. Niemand weiß, was das alles ist. Es wäre geradezu eine blasphemische Anmaßung, eine Aussage über „Gott" oder die „Wahrheit" treffen zu wollen. Aufgrund der dazu notwendigen, aber eigentlich ausgeschlossenen Wechselwirkung von Diesseits und Jenseits können Gläubige und „Gott" sich nicht gegenseitig suchen und finden. Religionen sind für die Suche nach „Gott" gänzlich ungeeignet.

---

146 Rappaport, Roy A.: Ritual and Religion in the Making of Humanity. Cambridge 1999.

Es gibt daher nur eine Suche nach unserer eigenen Vorstellung von „Gott“.[147] Aber auch unsere individuellen Vorstellungen sind nicht für eine substanzialistische Definition zu verwenden. Aufgrund unserer Suche nach Ursache-Wirkungs-Mechanismen und unseren angeborenen Software-Programmen zur Animalisierung und Personifizierung von Problemen haben alle Menschen irgendwelche Vorstellungen und Ideen. Auch Atheisten, Agnostiker und Skeptiker verfügen über eine Vorstellung oder eine Idee von „Gott“ oder der „Macht“. Nur sie negieren diese Vorstellung, weil sie ihnen nicht glaubwürdig genug ist. Sie haben einen mehr oder weniger begründeten Verdacht, dass sie dieser Schöpfung des Gehirns nicht vertrauen sollten.

Gläubige Menschen sind daher die Menschen, die die Lösungsvorschläge ihres Gehirns als wahre Vorstellungen akzeptieren wollen oder gar müssen. Wahrscheinlich ist, dass sie aufgrund der archaischen ich-bezogenen Denkschemata gar nicht merken können, dass sie solche Vorschläge als „Wahrheiten“ zu glauben gezwungen sind. Ihre Denk-Schemata biegen viele Erkennnisse so um, dass sich ihr Ego sicher und ernst genommen fühlt. Eine substanzialistische Definition muss sich daher auf das Bedürfnis nach einer akzeptablen Vorstellung von „Gott“ oder der „Macht“ beziehen. Zudem können auch Gläubige als biologische Egoisten erkennen, dass ihre Vorstellung von einem „himmlischen Herrscher“ oder der „ultimativen Ursache allen Seins“ ihre realen Probleme nicht zu lösen vermag. Der Wunsch nach kognitiver oder materieller Bedürfnisbefriedigung ist vom Prinzip Hoffnung getragen. Die einzig mögliche wissenschaftliche Aussage ist daher die, dass es sich bei allen diesen kognitiven Repräsentationen um irrationale Vorstellungen handelt, die ihre religiöse Bedeutung erst durch ihre Unüberprüfbarkeit gewinnen, damit die Hoffnung nicht stirbt. Das Gemeinsame aller Religionen ist nicht der Inhalt, sondern der Wunsch nach einem genehmen und nicht hinterfragbaren Inhalt. Weiterhin entstehen Religionen erst durch Kommunikation über die Wünsche und individuellen Erfahrungen. Sie stellen als Wort-Glauben einen Minimalkonsens innerhalb der Gruppe dar, die sich über ihre Wünsche austauscht. Die substanzialistische Definition kann daher lauten:

[147] Ramachandran, Vilayanur S.: Die blinde Frau, die sehen kann: Rätselhafte Phänomene unseres Bewusstseins. Reinbek 2002; Watzlawik, Paul: Die erfundene Wirklichkeit: wie wissen wir, was wir zu glauben wissen? München, Zürich 1994.

Religionen beschäftigen sich mit dem sozialen Minimalkonsens der durch ich-bezogene Denkschemata einseitig korrigierten Vorstellungen zu der Stellung des Menschen in seiner Umwelt.

Hierbei ist der Wunsch nach einer Lösung der Ursache-Wirkungs-Fragen biologisch durchaus rational. Auch die Tatsache, dass das Gehirn einen Lösungsvorschlag präsentiert, ist rational. Ebenso dass der Vorschlag scheinbar zum Problem passt, weist eine biologische Rationalität auf, solange ein Überleben gewährleistet ist. Und durch archaische Denkschemata mit Ich-Bezug ist gerade das Überleben in einem gewissen Umfang gesichert, solange es nicht zu ego-zentriert wird. Auch das Prinzip Hoffnung macht biologisch Sinn, wenn dadurch die Software nicht abstürzt. Sogar die Kommunikation über gemachte Erfahrungen ist biologisch sinnvoll.

Nur die Verbindung von ich-bezogenen Denkschemata mit den Fragen nach dem großen Kontext ist leider ein Fehlläufer der Evolution. Diese Welt wurde nicht für uns oder unser Ego erschaffen. Und unbewusst generierte Wunschvorstellungen einzelner und deren pandemische Ausbreitung verhindern leider eine realistische Auseinandersetzung mit unserer Umwelt und einen kritischen Blick auf unser Verhalten.

3. Die Funktionen im Alltag

Religiös motiviertes Handeln kann sich auf fast alle Bereiche des täglichen Lebens erstrecken. Stark religiöse Menschen neigen daher dazu, aus ihrem Blickwinkel nahezu jedes Handeln als religiös geprägt anzusehen. Sie kommen dann auch zu dem – für sie folgerichtigen – Schluss, dass „Religionen" oder „Götter" das Leben bestimmen. Aus dem biologischen Blickwinkel lässt sich feststellen, dass sich jedes Verhalten eines sozial lebenden Individuums mehr oder weniger auf das Verhalten seiner Artgenossen und Fortpflanzungspartner auswirkt und bei diesen entsprechende Reaktionen auslöst. Dies ist unabhängig davon, ob es religiös motiviert ist oder nicht. Einige Verhalten werden aber dennoch wesentlich häufiger mit Religionen in Verbindung gebracht. Theologen und Religionswissenschaftler sprechen von Funktionen, die die Religionen in unseren Gesellschaften erfüllen. Die häufigsten Interpretationen gehen davon aus, dass Religionen (1.) einen Einfluss auf den Gruppenerhalt haben, dass sie (2.) angstminimierende Aufgaben erfüllen, dass sie (3.) Wissen und „Wahrheit" tradieren, dass sie (4.) Mitmenschen dazu bewegen moralisch und ethisch zu leben, und dass sie (5.) dem Leben einen „höheren" Sinn bzw. einen irdischen Zweck zu geben. Beginnen wir mit dem Einfluss auf die Gruppe.

3.1 Individuum und Gruppe

3.1.1 Gruppenselektion

Eine alte Streitfrage der Biologie ist es, ob es in der Evolution auch eine Gruppenselektion gibt[148] oder nur eine Selektion auf Individuen. Kann eine

---

148 Wynne-Edwards, Vero C.: Animal Dispersion in Relation to Social Behaviour. Edinburg 1962.

Gruppe als Ganzes durch ein neues Verhalten einen Vorteil haben, ohne dass einzelne Mitglieder unter diesen Selektionsfaktoren einen größeren Vorteil für sich erzielen könnten? Und gilt dies auch noch, wenn nicht verwandte Individuen als Gruppe agieren? Manche Autoren sagen hierzu ja und sehen die Religion als ein bindendes Glied beim Menschen an, welches die Gruppe als Ganzes zusammenhält und gegenüber anderen Gruppen durch Kooperation effektiver macht.[149]

Viele Biologen sind aber eher skeptisch. So räumt der südafrikanische Physiologe und Humanbiologe Johan Koeslag zwar ein, dass eine Gruppenselektion entstehen kann. Dies allerdings nicht als eigenständiger Mechanismus, sondern als emergente Erscheinung der Individualselektion.[150] Der Soziobiologe Edward O. Wilson sieht bei Insekten zwar durchaus die Staatenbildung und die resultierende Selektion auf alle Individuen. Er verweist jedoch auch auf die Verwandtschaftsgrade unter den staatenbildenden Individuen, die durch artspezifische Erbgänge höher liegen.[151] Andere Biologen sehen gruppendynamische Prozesse als Folge von Multi-Level-Selektionen.[152] Eine – im Sinne der Definition richtige – Gruppenselektion konnte aber bis heute unter nicht verwandten Tieren noch nicht nachgewiesen werden.

Biologisch gesehen sind die Gruppen unserer Vorfahren und auch heutige Gruppen kein Selbstzweck. In einer Gruppe interagieren mehr oder weniger verwandte Egoisten mit- und gegeneinander. Anpassungsfähige Egoisten nutzen die Gemeinschaft, solange sie Vorteile bietet. Ist die Anzahl von Mitgliedern ein Vorteil gegenüber Raubtieren oder anderen Gruppen, so tun Egoisten alles, um die Gruppengröße beizubehalten oder zu vergrößern. Egoisten werden aus Eigennutz sozial. Werden die Ressourcen zum Überleben knapp, so fangen Egoisten an, andere Gruppenmitglieder auszuschließen, um sich selber das Überleben zu sichern oder sich selber

149 Vaas, Rüdiger / Blume, Michael: Gott, Gene und Gehirn. Warum Glaube nützt. Die Evolution der Religiösität. Stuttgart 2009.

150 Koeslag, Johan H.: Evolution of cooperation: cooperation defeats defection in the cornfield model. Journal of thoretical Biology 224 (2003), S. 399-410.

151 Wilson, Edward O.: Kin selection as the key to altruism: Its rise and fall. Social research 72 (2005), S. 159-166.

152 McAndrew, Frank: New evolutionary perspectives on altruism – multilevel-selection and costly-signaling theories. Current Directions in Psychological Science 11 (2002), S. 79-82; Wilson, David Sloan / Sober, Elliott: Reintroducing group selection to the human behavioral sciences. Behavioral and Brain Sciences 17 (1994), S. 585-654.

größere Anteile anzueignen. Anpassungsfähige Egoisten werden aus Eigennutz auch unsozial. In jeder Gruppe existiert daher eine gewisse Grundspannung zwischen den Extremen, dass man die Anderen beizeiten braucht und dass man die Anderen beizeiten loswerden möchte.

Wie könnte eine Gruppenselektion stattfinden? Nehmen wir als Extrembeispiel zwei Gruppen, die versuchen, sich gegenseitig auszulöschen.[153] Die Männchen einer Gruppe überfallen die andere Gruppe aufgrund eines göttlichen Befehls und töten alle Männchen und männlichen Jungtiere der ungläubigen Gruppe. Danach vergewaltigen sie alle Weibchen und Töchter und ziehen sich mit der Beute in ihr Revier zurück. Auf den ersten männlichen Blick hin hat nun eine Gruppenselektion stattgefunden. Auf den zweiten, mehr weiblichen, Blick hin fällt auf, dass sich die Gene der männlichen Sieger mit den Genen der Töchter der Verlierer vermischt haben. Die meisten Gene der Verlierer sind daher nicht ausgelöscht, sondern mit erfolgreichen Genen gekreuzt worden. Aussterben tun allerdings die Y-Chromosome, die nur vom Vater auf den Sohn vererbt werden. Die Selektion trifft also nur die Verlierer in diesem Beispiel besonders hart, die keine Töchter hatten. Solange es folglich keinen vollkommenen Genozid für eine geschlossene Menge von verwandten Genen gibt, gibt es auch keine Gruppenselektion, sondern immer nur eine Selektion von Individuen.

Der Eindruck der Gruppenselektion kann auch entstehen, wenn ein Individuum die anderen Gruppenmitglieder für seine Ziele benutzt. Aber auch dann haben nicht alle etwas davon. So werden in dem oben genannten Beispiel auch von den Siegern nicht alle Nachwuchs mit den Töchtern der Verlierer gehabt haben. Wahrscheinlich profitierte nur der Chef, der den Überfall mit „Gottes Willen“ initiierte. Hier hat also nicht eine Gruppe über die andere Gruppe gewonnen, sondern ein Individuum hat seine Gruppe taktisch für seinen persönlichen Vorteil verwendet.

Religionen können auch als kultureller Kitt innerhalb von Gruppen nicht als Selektionsvorteil für die ganze Gruppe gelten. Dies wird schon dadurch deutlich, dass man zu den meisten Religionen konvertieren oder einheiraten kann. Man muss nicht gleich aussterben. Dies bedeutet aber auch, dass Religionen ihre biologischen Selektionsvorteile nur auf der Individualebene haben können. Auch in religiösen Gemeinschaften ist die Gruppe daher nur ein Mittel zum Zweck, damit Einzelne ihre Vorteile wahrnehmen können. Es ist selbstredend, dass andere Gruppenmitglieder

[153] Vergleiche 4. Mose (Numeri) Kap. 31.

dafür draufzahlen müssen. Opferbereitschaft ist daher in vielen Religionen eine Tugend und auch in den Himmel kommt man nur alleine.

Wissenschaftlich kann der vermeintliche Vorteil von Religionen für Gruppen in der Realität überprüft werden. Hätte der christliche Glaube Selektionsvorteile, die sich in der technologischen Entwicklung des Abendlandes und seiner Vormachtstellung widerspiegeln würden, so müsste eine Kontrollgruppe dies bestätigen. Christliche Gemeinden im vorderen Orient, in Asien und in Afrika müssten über den gleichen Zeitraum den gleichen technologischen und wissenschaftlichen Stand erreicht haben. Die Realität zeigt aber, dass die christliche Religion nicht der ausschlaggebende Faktor für die weitere Entwicklung der Gemeinden gewesen sein kann. Der Einfluss der Religionen auf die Vormachtstellungen und damit auf eine vermeintliche Gruppenselektion konnte bisher nicht nachgewiesen werden. Der Erfolg des Abendlandes basierte auf neugierigen und egoistischen Individuen, die sich nicht mit dem Status Quo des Glaubens und der Unwissenheit zufrieden gegeben haben.

Ein weiteres Indiz gegen den vermeintlichen Vorteil von Religionen für den Gruppenzusammenhalt zeigen die Gruppengrößen. Bei unseren Vorfahren wurden Gruppen durch die Verwandtschaft der Mitglieder stabilisiert. Großgruppen mit über 150 Mitgliedern weisen jedoch schon eine solche Anonymität und einen so geringen Verwandtschaftsgrad aus, dass sie leicht wieder in Untergruppen zerfallen. Hätten Religionen einen Einfluss auf den Zusammenhalt, so müsste es eine direkte Korrelation zwischen Gruppengröße und Religiosität geben. Dies würde bedeuten, je größer ein Staat ist, desto größer ist die Religiosität seiner Bürger. So etwas ist bis heute nicht gemessen worden. Im Gegenteil, je religiöser die Mitglieder sind, desto kleiner und persönlicher sind die Sekten. Zudem zeigen die europäischen sekularen Staaten, dass die Stabilität von Gesellschaften nicht mit der Religiosität ihrer Mitglieder assoziiert ist.[154] Religionen scheinen daher keine biologisch notwendige Rolle in der Entstehung und Erhaltung von Gruppen und Gemeinden zu spielen.

Es sind nicht die Religionen, die die Gruppen stark machen und die Vorteile bieten. Starke Individuen und Gruppen setzten sich in der Geschichte durch und haben ihre Religionen mit ihrer Expansion ausgebreitet. Es ist nicht das Bessere, welches gewinnt, sondern das, was gewinnt, behauptet anschließend das Bessere zu sein. Die Frage sollte daher lauten, warum die Sieger bestimmte Glaubensinhalte zur Rechtfertigung ihrer ego-

[154] Norenzayan, Ara / Shariff, Azim F.: The Origin and Evolution of Religious Prosociality. Science Vol. 322, Nr. 5898 (2008), S. 58-62.

istischen Vorteilsnahme bevorzugen. Evolvieren Glaubensinhalte mit ihrer Nützlichkeit für die Anwender? Kaschieren manche Glaubensinhalte den Egoismus besser?

Hierfür spricht auch der Unterschied zwischen den Konfessionen, die als soziales Band der Gruppenzugehörigkeit genannt werden, und dem Glauben, dem die Individuen in Wirklichkeit nachgehen.

3.1.2 Der tatsächliche Glaube

Die großen Religionen benutzen ihre Mitgliederzahlen gerne als Aushängeschild. Damit wollen sie zeigen, wie viele Menschen zu ihnen gehören und damit wollen sie implizit mitteilen, dass sich doch so viele Menschen nicht irren können. Gleichzeitig machen sie ihre Ansprüche in Politik und Gesellschaft dadurch geltend, dass sie auf ihre Anteile in der Bevölkerung hinweisen. Repräsentative Befragungen werfen jedoch ein ganz anderes Licht auf die Aussagen der Institutionen. Während die beiden großen Kirchen in Deutschland behaupten, dass sie circa Zweidrittel der Bevölkerung vertreten, zeigten diese Befragungen Ergebnisse, die das Christentum zu einer Minorität erklären. So glauben nur 12 Prozent der Bevölkerung an einen persönlichen Gott,[155] der für den Monotheismus allerdings eine Voraussetzung ist. Und bloß 45 Prozent hielten an ein Leben nach dem Tode fest.[156] An die Auferstehung der Toten glauben lediglich noch 29 Prozent der 60 Prozent der Bevölkerung, die überhaupt an etwas glauben.[157] Laut dieser Studie sind aber auch nur noch 12 Prozent von der Existenz einer Hölle überzeugt. Da darf man schon fragen, wofür Jesus überhaupt gestorben ist. Ohne Hölle und Teufel gibt es ja auch keinen Erlöser! Wovon denn? Nach einer anderen Studie sehen 43 Prozent der über 30-Jährigen und 55 Prozent der über 60-Jährigen Gott in der Natur.[158] Auch hier ein krasser Widerspruch zur Definition der monotheistischen Gottesvorstellung der Christenheit, in der Gott getrennt von Mensch und Natur existiert. Unser Gehirn scheint eher für den Monismus geschaffen zu sein. Werden Überschneidungen der Gruppen in den verschiedenen Untersuchungen vorausgesetzt, so stimmen mindestens 88% der befragten Bevölkerung in Deutschland nicht mit den Kernaussagen des Christentums überein. Chris-

155 Focus: Woran die Deutschen glauben. Focus Heft 14, 3. April 1999.

156 Spiegel: Gläubige, verzweifelt gesucht. TNS-Infratest Studie erschienen in Spiegel 33/2005.

157 Institut für Demoskopie Allensbach, 2008. www.ifd-allensbach.de

158 Emnid: Was glauben die Deutschen? Emnid-Umfrage im Auftrag des Sonntagsblatts 1997. www.tns-emnid.com.

ten, die wissen, was sie als Christen glauben sollen und exakt dies auch glauben, sind eine Rarität. Die großen religiösen Institutionen vertreten daher nicht den religiösen Glauben der Mehrheit der Bevölkerung, sondern nur ihre eigenen Idealvorstellungen.

Für die Interaktion zwischen Individuen und ihren konfessionellen Institutionen bleibt festzuhalten, dass sich Christen als Christen bezeichnen, weil sie einer Konfession angehören wollen oder weil sie es von klein auf so gewohnt sind. Die Inhalte spielen für sie aber anscheinend eine untergeordnete Rolle. Dieser Egoismus bei der Auswahl der Glaubensinalte ist auch bei der Etablierung von Mythen festzustellen.

3.1.3 Mythen

Mythen haben zwei Funktionen: die Überlieferung von Wissen und Wahrheiten sowie das Sich-Erkennen der Wissenden.

Familienangehörige, die zusammen groß geworden sind, erkennen sich ihr Leben lang wieder. In größeren sozialen Verbänden, die sowohl aus verwandten als auch aus nicht verwandten Individuen bestehen, werden neue Merkmale benötigt, mit denen sich die Gruppenmitglieder identifizieren können. Glaubensinhalte und Mythen sind relativ sichere Indikatoren, dass Individuen aus einer Gruppe stammen und gemeinsame Vorstellungen haben. Im Gegensatz zu Kleidung und einfachen Ritualen, die man abschauen kann, sind sie nicht so leicht zu fälschen. Die meisten religiösen Geschichten werden schon in der Jugend übermittelt und durch die Kenntnis der Inhalte zeigt der Wissende, dass er zur gleichen Gruppe gehört und die Inhalte als wahr vermittelt bekommen hat. Das Kennen der Mythen spiegelt somit auch eine höhere Wahrscheinlichkeit wider, mit den anderen Mitwissenden verwandt zu sein. Und um diese nicht-biologische als biologische Verwandtschaft auszugeben, existieren meist mythische Urahnen, die sogar personifiziert eigene Namen haben. Hier spielen die Mythen auf das älteste Band an, welches es in der Evolution gibt: die Verwandtschaft der Gene.

Je weiter dic Geschichten und die Tradition zurückreichen, desto wertvoller sind die Mythen. Sie beweisen, dass die mythischen Regeln seit Anbeginn im Überlebenskampf erfolgreich waren und dieser – und nur dieser – Gruppe geholfen haben. Tradition ist die Übernahme von Verhalten, die sich in der Lebensumwelt der jeweiligen Gruppe bewährt haben. Religionen knüpfen mit den Ahnenkulten an das als erfolgreich getestete Wissen der Ahnen über diese Umwelt an. Und dieses Wissen wird in Mythen weiter erzählt. Wer fremde Mythen erzählt, ist zwar nicht gleich ein Feind, aber er hat Überlebensregeln gelernt, die nicht in die eigene Umwelt passen. Eine Paarung mit Individuen, die nicht die heimatliche Umwelt und das Verhalten der ortsansässigen Artgenossen richtig erlernt haben, scheint zumindest biologisch suboptimal zu sein.

Mythen erzählen aber nicht nur die eine „Wahrheit" über die jeweilige Umwelt. Sie beinhalten auch Verhaltensregeln für jede erdenkliche Situation. So verwundert es nicht, dass sich viele Glaubensinhalte einer Religion gegenseitig widersprechen. Egoisten brauchen Verhaltensvorschläge, um sich in jeder Situation ihre Vorteile sichern zu können. Und zum Nachlesen, wer innerhalb der Gruppe mehr Recht hat und die richtigen Werte vertritt, gibt es die heiligen Bücher und Schriften. In allen Religionen dürfen diese Schriften offiziell nur auf eine Art interpretiert werden. In Wirklichkeit können diese Texte und Mythen so gelesen werden, wie man will. Für jeden, der ein Argument sucht, steht an irgendeiner Stelle schon das Passende. Die Religionsvertreter selber haben ihre Schriften im Laufe der Geschichte immer wieder anders interpretiert. Tausende von Glaubensgemeinschaften interpretieren die gleichen Texte höchst unterschiedlich. Jede Sekte ist eine eigene Interpretationsschule dieser Texte. Heilige Schriften sind in sich so widersprüchlich, damit jeder Gläubige exakt das Argument findet, welches er als biologischer Egoist gerade braucht, um mal wieder Recht zu haben. Heilige Schriften sind Offenbarungen, die das Ganze so erklären, dass man als Kenner der Schriften immer seinen Egoismus durchsetzen kann. Es scheint so, als ob die Götter mit ihren Offenbarungen die gläubigen Egoisten auf der Welt bevorzugen wollten. Oder waren die Schriften vielleicht von denselben Egoisten geschrieben worden, die gerade ein paar Argumente brauchten, um ihr Handeln zu begründen? Mythen entstehen immer im Nachhinein, weil scheinbar „logische" Zusammenhänge erst gesehen werden können, nachdem die Ereignisse stattgefunden haben und die zu verknüpfenden Informationen bereits bekannt sind. Sie beinhalten somit auch immer eine psychologische Verarbeitung und nachträgliche Rechtfertigung für bestimmte Verhalten sowie eine gewisse gruppenspezifische Färbung.

3.1.4 Zusammenfassung des Abschnitts 3.1

Biologische Egoisten fördern den Gruppenzusammenhalt, wenn sie die Gruppe zum Überleben brauchen, und sie nehmen sich ihre Vorteile auch gegen die Interessen der Gruppe, wenn dies für sie besser ist. Daran können auch die Religionen nichts ändern. Es gibt keine Gruppenselektion, die allen Gläubigen in gleichen Maßen Vorteile beschert. Es gibt nur eine Selektion auf gut angepasste Egoisten. Religionen stellen daher Glaubensinhalte zur Verfügung, unter denen Egoisten sich versammeln können, und sie stellen gleichzeitig widersprüchliche Inhalte zur Verfügung, damit die argumentativ besten Egoisten Vorteile für sich herauszunehmen vermögen.

Religion ist ein Konzept. Individuen bekennen sich zu diesem Konzept, wenn sie die Gruppe brauchen, ansonsten glaubt und macht jeder, was er will. Mythen betonen die gemeinsame Herkunft aller Gläubigen, um den Gruppengeist zu beschwören, und bieten gleichzeitig widersprüchliche Argumente, damit die individuelle Interpretation je nach Situation möglich bleibt.

Das biologische Wechselspiel von Individuum und Gruppe wird von den Religionen nicht aufgehoben. Es wird durch Mythen und „Wahrheiten" auf der kognitiven Ebene fortgesetzt und durch die Tradition argumentativ verfeinert.

Dass Menschen, die offensichtlich als Verlierer aus dieser Evolution hervorgehen, trotzdem mitspielen, hat seine Gründe in den individuellen Auslösern für den religiösen Glauben.

3.2 Auslöser für religiöses Verhalten

3.2.1 Beten, Rituale und Gefühle

Unsicherheit und Angst führen dazu, dass unser Gehirn etwas schneller mit seinen ich-bezogenen Denkschemata Vorschläge generiert, die wir als spirituelle Lösungen akzeptieren. In Wiederholungsfällen fühlen wir uns jedoch sicherer, wenn auch unsere Artgenossen unser „Sicht" der Dinge bestätigen. Mit den synchronisierten Vorstellungen und Erfahrungen anderer Artgenossen machen wir uns dann auf die Suche nach unseren „Helfern", „Geistern", nach „Gott" oder der „letzten Macht" hinter allem. Ob diese Vorschläge und Wunschvorstellungen in Wirklichkeit Scheinlösungen sind, spielt keine Rolle, solange die Suchenden von der Richtigkeit überzeugt sind. Wir brauchen solche Erklärungen zu unserer eigenen emotionalen Selbstbefriedigung. Und mit der gelungenen emotionalen Befriedigung lernen wir auch diese Vorstellungen als Lösungen zu akzeptieren. Das erfolgreiche Abstellen oder Verdrängen von negativen Gefühlen äußert sich zusätzlich in Glücksgefühlen und subjektiver Glückseligkeit. Untersuchungen des Sozialpsychologen Michael Inzlicht von der Universität Toronto am anterioren singulären Cortex (ACC) – der Hirnregion, die intellektuell für Fehlersuche zuständig ist – zeigten, dass gläubige Menschen sich wahrscheinlich eher Fehler im Denken gönnen als Nicht-Gläubige.[159] Dies beruhigt sie und lässt sie angstfreier leben. Sie haben weniger Stress mit ihrer Umwelt und ihrer immer fragenden Software im Gehirn. Weniger Stress bedeutet aber auch weniger körperliche Anspannungen, einen kühleren Kopf und ein besseres Immunsystem.

In der Medizin ist zudem der Placebo-Effekt bekannt. Ein Medikament hilft, weil man daran glaubt, dass es hilft. Glauben und Beten schaffen Lösungsvorschläge, mit denen sich unser Gehirn anscheinend zufrieden gibt. In diesem Kontext ist Religion, als tradierter Lösungsvorschlag, laut dem Forscher Gregory Paul[160] vor allem eine künstliche psychologische Reaktion, welche die tägliche Hilfe und den Schutz von übernatürlichen Wesen anstrebt, um Stress und Anspannung zu vermindern, die durch eine hinreichend dysfunktionale soziale und vor allem durch eine hinreichend dysfunktionale ökonomische Umwelt erzeugt werden.

Messungen mit Magnetresonanz-Tomographen zeigten weiterhin, dass bei Nonnen, die religiöse Gefühle im Gebet erlebten, die gleichen Hirnareale aktiviert waren wie bei anderen Versuchspersonen, die ein starkes Gefühl für Glück, Liebe und Sicherheit empfanden.[161] Solche religiösen Vorstellungen führten in anderen Untersuchungen auch dazu, dass gläubige Menschen weniger Schmerzen bei Stromstößen empfanden als eine Kontrollgruppe. Verantwortlich scheint hierfür eine Aktivierung des so genannten ventro-lateralen-präfrontalen Cortex, einem Hirnareal im Frontallappen der Großhirnrinde, zu sein. Beten und religiöse Vorstellungen helfen demnach zumindest immer einem: dem biologischen Egoisten, der betet. Eine solche Selbstbefriedigung kann auf verschiedene Weisen hervorgerufen werden. Den Umgang mit unseren eigenen Unsicherheiten und Emotionen nennen wir je nach Art der Bewältigungsmethode Meditation, Beten, Fürbitten oder Ritual.

Eine Bewältigungsstrategie, um aus den Unbilligkeiten des Alltags herauszukommen, ist die Meditation. Es werden zwei Arten unterschieden. Mit einen Objekt der Aufmerksamkeitslenkung, z.B. einer Kerze, dient die

---

159 Inzlicht, Michael et al.: Neural markers of religious conviction. Psychological Science, 20 (2009), S. 385-392.

160 Paul, Gregory S.: The Chronic Dependence of Popular Religiosity upon Dysfunctional Psychosociological Conditions. Evolutionary Psychology, 2009, 7 (3), S. 398-441.

161 Beauregard, Mario / Paquette, Vincent: Neural correlates of a mystical experience in Carmelite nuns. Neuroscience Letters 405 (2006), S. 186-190.

Meditation der Konzentrationsübung und stellt somit eine Methode dar. Ohne Aufmerksamkeitslenkung ist sie dies aber nicht, weshalb nicht von meditieren, sondern von „in Meditation sein“ gesprochen werden sollte. In diesem Zustand kann der innere Beobachter des Bewusstseins dem Gehirn beim Denken und Fühlen „zuschauen“. Mit etwas Übung kann man beobachten, welche Gefühle und Gedanken vorhanden sind. Solange man dies wertungsfrei geschehen lässt, vermag man seine Emotionen und Motivationen zu erkennen und sich davon zu distanzieren. Schließlich ist der Beobachter nicht der Ärger und die Freude, die er wahrnimmt. Dadurch, dass man seine Emotionen beim Namen nennen und distanziert damit umgehen kann, kommt es zu einer deutlichen und in medizinischen Untersuchungen messbaren Stresslinderung. Einige Meditations-„Methoden“ werden daher auch bei der Behandlung von Bluthochdruck und anderen Zivilisationskrankheiten eingesetzt.[162] Meditation ist aber kein Zwiegespräch wie das Gebet. Es ist ein zur Ruhe kommen, bei der man sich nicht in der Gruppe der Artgenossen, sondern in der „Existenz“ selber verankert. Und da sich der Beobachter im Gehirn nicht selbst beobachten kann, kommt es zu dem Wechsel auf andere Denkprogramme, die einem das Gefühl des Verschmelzens mit der Existenz vorgaukeln. Medizinische Untersuchungen zur Hirnaktivität zeigten, dass bei Mönchen in Meditation die Hirnareale inaktiv waren, die für das Wahrnehmen der physischen Grenzen unseres Körpers sowie zur Vermittlung der Informationen über Zeit und Raum zuständig sind. Sie erreichten so das Gefühl der Ewigkeit und Endlosigkeit.[163] Dies sind schöne Zustände, mit denen man kurze Zeit das Leid des Lebens überwinden kann.[164] Die Meditierenden stehen ihren Emotionen gelassener gegenüber und lassen sich nicht von der hektischen Welt hinreißen. Sie leben bewusster. Eine Eigenschaft, die vielen Menschen zu gönnen ist und

---

162 Newberg, Andrew / Dáquili, Eugene / Rause, Vince: Der gedachte Gott: Wie Glaube im Gehirn entsteht. München, Zürich 2005.

163 Lutz, Antoine /, Greischar, Lawrence L. / Rawlings, Nancy B. / Ricard, Matthieu / Davidson, Richard J.: Long-Term meditators self-induce high-amplitude gamma synchrony during mental practice. Proceedings of the National Academy of Sciences USA 101 (2004), S. 16369-16373; Brefczynski-Lewis, Julie / Lutz, Antoine / Schaefer, Harald S. / Davidson, Richard J.: Neural correlates of attentional Expertise in long-term Meditation practitioners. Proceedings of the National Academy of Sciences USA 104 (2007), S.11483-11488.

164 Lutz, Antoine / Brefczynski-Lewis, Julie / Johnstone, Tom / Davidson, Richard J.: Regulation of the Neural Circuitry of Emotion by Compassion Meditation: Effects of meditative Expertice. Public Library of science, One 3 (3):e1897 (2008), S. 1-10.

sicherlich viele Konflikte lösen könnte. Aber alle Probleme der Welt sind dadurch halt doch nicht zu lösen.

Eine weitere Methode zur Bewältigung von negativen Gefühlen und Ängsten ist das Beten. Die Wirkung von Gebeten auf das eigene oder auf das Leben andere Personen ist leicht zu überprüfen. Alle Gläubigen beten für irgendetwas, und Wissenschaftler messen vorher und hinterher, ob etwas verändert wurde. Solche Experimente zum Einfluss von Gebeten wurden bereits durchgeführt. In diesen Experimenten ließ man für Herzpatienten im Krankenhaus beten. Die untersuchenden Mediziner konnten allerdings keine signifikanten Einflüsse auf die Genesung der Herzpatienten feststellen. Nur in der Kontrollgruppe, welche wusste, dass für sie gebetet wurde, ging es den Beteiligten signifikant schlechter als vorher. Dies erklärte man mit dem psychischen Stress, den die Patienten erlebten, wenn sie wussten, dass bereits für sie gebetet wurde.[165] Größere Experimente lassen sich aber auch ganz leicht von allen Gläubigen auf der Welt durchführen. Sie müssen nur dafür beten, dass es keine Kriege, keinen Hunger und kein Elend mehr auf der Erde geben soll. Die Nachrichten der Tageszeitung zeigt ihnen dann schon bald die Ergebnisse ihrer Bemühungen. Solchen „primitiven" Untersuchungen wird von Gläubigen natürlich widersprochen. Ihre Götter haben einen eigenen Willen und entscheiden selbst, wann sie uns helfen.

Trotzdem zeigen Gebete Wirkung: und zwar auf den, der betet. Wollen wir Einfluss auf unsere Umwelt nehmen oder unserem Gehirn zumindest vorspielen, dass wir auf unsere Umwelt Einfluss nehmen könnten, so haben wir die Möglichkeit der Fürbitte. Wir beten für Sachen, die uns emotional beschäftigen. Wir haben Angst vor dieser Situation und ihren Folgen, davor, dass wir selber davon betroffen sein könnten. Die Angst, involviert zu werden, führt in uns als empathische Artgenossen zu Emotionen, die sich in Handlungen ausdrücken wollen. Doch können sie dies in den meisten Fällen nicht. Unser Bedürfnis aktiv zu werden wird daher in eine Übersprunghandlung überführt. Beten ist dann immer noch besser als nichts zu tun. Eine Vorform des Gebetes kennt jeder aus eigener Erfahrung. Wenn etwas Schreckliches passiert und wir unvorbereitet damit konfrontiert wer-

---

[165] Krucoff, Mitchell W. / Crater, Suzanne W., et al.: Music, imagery, touch, and prayer as adjuncts to interventional cardiac care: the Monitoring and Actualisation of Noetic Trainings (MANTRA) II randomised study. The Lancet, Vol. 366 (2005), S. 211-217; Benson, Herbert et al.: Study of the Therapeutic Effects of Intercessory Prayer (STEP) in cardiac bypass patients: a multicenter randomized trial of uncertainty and certainty of receiving intercessory prayer. American Heart Journal 151 (4/2006), S. 934-942.

den, dann ist eine häufige Reaktion das Zusammenzucken und das kurze Stoßgebet: „Oh Gott, oh Gott".

Eine andere Form der Angstbewältigung ist das Zwiegespräch mit den imaginären „Helfern". Es ist psychologisch und biologisch sehr interessant, da nach Meinung der meisten Gläubigen ein Gott oder eine allumfassende Macht sowieso alles weiß. Die logisch konsequente sowie einfachste und ehrlichste Art zu beten wäre daher ein schlichtes „Dankeschön" oder ein ergriffenes Staunen. Denn alle Wünsche und Gedanken sind schon bekannt, bevor wir sie in Worte fassen könnten. Auch nehmen Gläubige für das Gebet eine ritualisierte Haltung ein, als ob ihr Gott nicht wissen könnte, dass sie jetzt beten. Zudem werden häufig Symbole mit in die Handlungen einbezogen, die den religiösen Kontext unterstreichen sollen. Bei dieser Art des Gebetes werden häufig zwei Sachen mit einander vermischt. Das eine ist das Ritual, mit dem wir unseren Artgenossen etwas signalisieren wollen. Das andere ist die Rückkopplung der ritualisierten Handlung auf unser Wohlbefinden und unsere seelische Verfassung. Die Zwiegespräche selber sind häufig vorgeschlagene Tauschhandel: „Lieber Gott, wenn ich in der Mathearbeit eine x habe, dann mache ich für Dich..."

Betrachten wir zuerst das Ritual. Biologisch gesehen sind Rituale festgelegte Reihenfolgen von Verhalten, wobei sowohl die einzelnen Verhalten als auch die richtige Reihenfolge eine Rolle spielen. Solche festgelegten Reihenfolgen von Verhalten lassen sich bereits bei Schimpansen beobachten. Wenn Schimpansen etwas von anderen haben wollen, müssen sie sich an die Gesetze der Gruppe halten. Man kann einem anderen nicht einfach das Futter wegnehmen, vielmehr muss man die Besitzverhältnisse akzeptieren und höflich um den gewünschten Gegenstand bitten. Gleichzeitig geht man die Gegenverpflichtung ein, sich bei Gelegenheit zu revanchieren.[166] Hierzu ist ein unterwürfiges Annähern notwendig, bei dem man sich kleiner macht und vielleicht eine bettelnde Geste und ein paar freundliche Grunzer mit Lächeln, mit denen man auf eine länger anhaltende Freundschaft hinweist. Könnte ein Schimpanse reden, so würde sich ein Tauschhandel folgendermaßen anhören: „Alpha-Tier unser, ..." Dann müssen die Hierarchien und Besitzverhältnisse akzeptiert werden: „...dein Territorium... dein Wille..." Dann wird mit dem Finger auf das Wunschobjekt gezeigt und angefragt: „...täglich Banane gib...". In der Regel erfolgt noch eine Demutsgeste, um seine eigene schwache und die mächtige Position

166 Brosnan, Sarah F. / Grady, Mark F. / Lambeth, Susan P. / Schapiro, Steven J. / Beran, Michael J.: Chimpanzee Autarky. PloS ONE 3 (1):e1518: doi:10.1371/Journal.pone.0001518. 2009.

des Gebers zu unterstreichen: „… vergib uns …“. Durch das Versprechen einer Gegenleistung wird das Tauschgeschäft abgerundet: „… wie auch wir…“. Zum Schluss wird darauf hingewiesen, dass man solche Geschäfte jederzeit wiederholen möchte: „… in Ewigkeit…“.

Sollten Sie das Gefühl haben, dass Ihnen der Text irgendwie bekannt vorkommt, so haben Sie Recht. Diese Analogie weist darauf hin, dass auch unsere heutigen Tauschhandel nur auf dem basieren können, was uns unser Primatenerbe als ritualisierte Handlungsabläufe vorgibt. Zudem sind Rituale biologisch teure Signale, weil sie mehr Informationen beinhalten als uns bewusst ist und wir bewusst steuern können. Biologische Signale dienen nicht nur der Information sondern auch der Manipulation.[167] Die Handlungssequenzen der Rituale wurden in der Evolution daher innerhalb der Artgenossen darauf selektiert, wie viel Information nötig und wie viel Manipulation möglich ist. Gebetsrituale sind daher überall auf der Welt als solche zu erkennen.

Ähnlich wie bei Primaten die Häufigkeit und Dauer der Fellpflege mit Ranghöheren etwas über die soziale Stellung eines Tieres aussagt, so sagen auch religiöse Rituale etwas über den sozialen Status der Betenden aus. Wer sitzt in der ersten Reihe beim Ritual? Wer bittet regelmäßig zum Alpha-Tier? Wer bittet am längsten und am lautesten? Wer hat den besten Draht zum Alpha- oder Beta-Tier? Wer bringt die größten Opfer oder Spenden? Wer zum imaginären Alpha-Tier bettelt, der bettelt auch um die Gunst der Zuschauer und um die eigene gesellschaftliche Anerkennung. Öffentliche Rituale dienten schon bei unseren Vorfahren lediglich als Fellpflegestunde in der archaischen Hierarchie, in der die höherrangigen Tiere auf ihre Sonderstellung aufmerksam machen konnten.

Nun sind aber nicht alle Rituale religiös. Auch auf dem Sportplatz werden Rituale zelebriert. Aufstehen, setzen, Arme hoch und runter, singen und kniend bangen. Wer schreit am lautesten Befehle übers Spielfeld? Wer hat etwas zum Spiel zu sagen? Wer singt am lautesten? Der Unterschied zwischen einem Fußballspiel und einer Messe liegt in der Vorstellung. Erst wenn wir religiöse Gefühle haben wollen, bekommen wir auch diese.

---

[167] Cronk, Lee: That complex whole: Culture and the evolution of human behavior. Boulder CO, 1994; Dawkins, Richard / Krebs, John R.: Animal signals: information or manipulation? In: Krebs, John R. / Davies, Nicholas B. (Hrsg.): Behavioral Ecology: an evolutionary approach. Oxford 1978; Palmer, Craig T. / Wadley, Reed L.: Local environmental knowledge talk and skepticism: using ‘LES’ to distinguish ‘LEK’ from ‘LET’in Newfoundland. Human Ecology 35 (2007), S. 749-760.

Rituale alleine lösen keine religiösen Gefühle aus. Sie können diese aber unterstützen und verstärken. Damit sind wir bei dem zweiten Aspekt der ritualisierten Handlungen angekommen: der positiven Rückkopplung auf unser seelisches Wohlbefinden und unser Sicherheitsgefühl.

Als soziale Tierart sind wir auf eine gut funktionierende Gruppe und deren Zusammenhalt angewiesen. Wenn alle Gruppenmitglieder vor einem Feind in eine Richtung fliehen, dann suchen wir besser Anschluss. Wir sind Mitläufer, weil die Gruppe als Ganzes mehr sieht und hört als der einzelne. Wenn alle das gleiche tun, dann fühlen wir uns sicherer als wenn sich alle widersprechen. Rituale sind für uns Rituale, weil sie bereits von den Artgenossen positiv selektiert wurden. Wir wissen intuitiv, dass diese Art der Kommunikation verstanden wird und Wirkung zeigt. Rituale, die von allen in der Öffentlichkeit praktiziert werden, geben uns das Gefühl, dass wir als vollständige Gruppenmitglieder verstanden und akzeptiert werden. Wir gehören dazu und werden mit dem psychologisch wertvollen Wir-Gefühl belohnt. Und da Kommunikation durch die Wirkung definiert ist, wissen wir auch, dass wir mit dieser Art des manipulativen Verhaltens eine Wirkung erzielen können. Rituale geben uns ein zusätzliches Gefühl der Sicherheit beim Gebet.

Religiöse Dienstleister haben sich dieses Verhalten zunutze gemacht, indem sie regelmäßig Veranstaltungen anbieten, in denen genau dieses Gruppenerlebnis und Gemeinschaftsgefühl durch Rituale geboten wird. Schon im Kindergarten wird beigebracht, das Gruppengefühl mit dem Gebet zu assoziieren. Wir trainieren in der Gruppe und nehmen die Gebete und das Gruppenzugehörigkeitsgefühl mit nach Hause. Und mit etwas Übung tritt dieses Sicherheitsgefühl auch auf, wenn wir die Rituale für uns allein wiederholen. Wir wiegen uns selber in dem Glauben, jetzt wieder in der Gruppe und von wunderbaren Mächten geborgen zu sein. Angstbewältigungsrituale haben aber noch andere biologische Funktionen. Sie sind auch ein kulturell verwendeter biologischer Indikator.

3.2.2 Angst als biologischer Indikator

Sehen wir uns zunächst einige Studien bzw. Umfragen an.

Konservativismus, Autoritarismus und Religion sind im menschlichen Verhalten stark miteinander verbunden. Jeder Mensch hat eine mehr oder wenige starke Ausprägung dieser drei Eigenschaften. Gerard Saucier, Laura Koenig und Thomas Bouchard nennen diesen Zusammenhang die „Traditional Moral Values Triad“. Alle drei Bestandteile dieser Triade lassen sich nach Meinung verschiedener Wissenschaftler auf ein Streben nach

Sicherheit zurückführen.[168] Wer etwas hat, möchte es nicht mehr verlieren, und dies soll bis in alle Ewigkeit so weitergehen. Menschen, die etwas ererbt oder erworben haben, verhalten sich politisch konservativer, sind etwas autoritärer in ihren Ansichten und bezeichnen sich selbst auch häufiger als religiöser.

Die ALLBUS-Umfrage aus dem Jahr 2002 zeigt, dass in Deutschland die Mehrheit der religiösen Menschen (bis zu 96% der Frauen, bis zu 78% der Männer) eine Affäre ihres Partners oder ihrer Partnerin als besonders schlimm einschätzen. Bei den Konfessionsfreien halten hingegen nur 79% der Frauen und 59% der Männer einen solchen Ausrutscher für dramatisch.[169] Was spielt hier im Zeitalter der Pille eine Rolle? Die Angst vor nicht ehelichen Kindern wohl kaum. Psychologisch betrachtet ist es auch in diesen Fällen nur die Angst, etwas zu verlieren: seinen Partner oder seine Partnerin, seine Liebe, einen Teil seiner Zukunftsplanung, seine Selbstsicherheit, seine Achtung. Und diese Angst vor Verlust scheint bei religiösen Menschen häufiger anzutreffen zu sein.

In einer Studie der amerikanischen Psychologen Jason Weeden und Douglas Kenrick wurden Testpersonen Bilder von sehr attraktiven gleichgeschlechtlichen Menschen vorgelegt. Anschließend gaben die Testpersonen im Vergleich zu einer Kontrollgruppe an, sie seien religiöser. Was hat hier stattgefunden? Ängste vor der Konkurrenz, ausgelöst durch attraktivere Mitbewerber, scheinen uns religiös empfinden zu lassen.[170]

Eine weitere Angst wurde bereits vorne vorgestellt: die Angst vor dem Tod. Ara Norenzayan und Ian Hansen zeigten in ihren Untersuchungen, dass die Angst vor dem Tod religiöse Wunschvorstellungen hervorruft.[171]

---

[168] Saucier, Gerard: Isms and the structure of social attitudes. Journal of Personality and Social Psychology, 78 (2000), S. 366-385; Koenig, Laura B. / Bouchard, Thomas J.: Genetic and environmental influences on the Traditional Moral Values Triad – Authorianism, Conservatism and Religiousness – as assessed by quantitative behavior genetic methods. In: McNamara, Patrick (Hrsg.): Where god and science meet. Westport 2006, S. 31-60.

[169] ALLBUS: Umfrage in Deutschland. 2002. http://www.univie.ac.at/soziologie-statistik/multi/allbus2002_codebook.PDF.

[170] Li, Yexin J. / Cohen, Adam B. / Weeden, Jason, / Kenrick, Douglas T.: Mating competitors increase religious beliefs. Journal of Experimental Social Psychology. 2009. DOI: 10.1016/j.jesp.2009.10.017

[171] Norenzayan, Ara / Hansen, Ian G.: Belief in supernatural agents in the face of death. Personality and Social Psychology Bulletin, 32 (2006), S. 174-187; Norenzayan, Ara / Dar-Nimrod, Ilan / Hansen, Ian G. / Proulx, Travis: Mortality Salience and Religion: Divergent Effects on the Defense of Cultural Values for

Was haben alle diese Untersuchungen gemeinsam? Die Korrelation von Angst und Religiosität. Je mehr oder je stärker Ängste vorhanden sind, desto höher ist die Wahrscheinlichkeit, dass die betroffene Person auch stärker religiös ist. Aber wie sehen diese Zusammenhänge aus? Sehen wir uns die Phänome Angst und religiöses Verhalten einmal in der Evolution an.

Angst ist eine Emotion, welche Verhalten verhindern oder verzögern soll. Einige Ängste sind angeboren. Dieses Erbe der Evolution kennen wir aus dem täglichen Leben. Wir gehen nicht gerne durch dunkle Straßen und Wälder, wir verspüren Höhenangst oder Angst vor Spinnen. Andere Ängste haben wir durch schlechte Erfahrungen erlernt. Wir drücken uns vor Tätigkeiten, die wir nicht richtig beherrschen, oder meiden offenes Feuer. Emotionen haben unseren Vorfahren früher häufiger das Leben gerettet. Wer Angst hatte im Dunkeln vom Baum zu steigen, ließ es meistens nicht mehr auf eine Überprüfung der Hypothese ankommen, ob unter ihm Raubtiere warteten. Ob die Ursachen für die Angst eingebildet waren oder nicht, spielte eine untergeordnete Rolle. Fortgepflanzt haben sich die Vorfahren, die lieber einmal zuviel als einmal zuwenig vorsichtig waren. Vermeintlich gesehene Geister und innere Stimmen warnten unsere frühen Ahnen.

Mit zunehmender Vernunft und Erfahrung erweiterte sich für unsere Ahnen aber nicht nur ihr Horizont. Sie lernten auch zwischen begründeter und unbegründeter Angst zu unterscheiden. Angsthasen galten als unerfahren, während ein vernünftiges Maß an Besorgnis als Vernunft und Weitsicht gelten konnte. Insbesondere Gruppenmitglieder, die viel zu verlieren hatten, sollten mit wagemutigen Entscheidungen sehr zurückhaltend sein. Wer nichts erbt, der kann im Leben viel ausprobieren. Wer aber ein Revier mit all seinen Reichtümern und Chancen übernehmen soll, der weiß, was er zu verlieren hat, wenn er sich nicht umsichtig genug verhält. Wer etwas besitzt, oder glaubt zu besitzen, der lässt Umsicht walten für seinen Besitz, sein eigenes Leben, das Leben seiner Nächsten und das Leben seiner Kinder. Angst ist sowohl ein Zeichen von unbewusster egoistischer Intelligenz als auch eine Stimulanz, nach Lösungen zu suchen, die diese Angst abstellen.

Es ist selbstredend, dass ein gesundes Maß an Angst und Weitsicht einen Überlebensvorteil darstellt und sich daher auch bei der Partnerwahl niederschlägt. Es war einmal sinnvoll, seinen Partnern mitzuteilen, dass man eine gesunde Portion Angst mit in die Ehe brachte. Aber woran kann

the Religious and the non-Religious. European Journal of Social Psychology 39 (2009), S. 101-113.

eine Frau zwischen einem weitsichtigen Partner und einem Angsthasen unterscheiden? Woran kann ein Mann erkennen, dass seine Partnerin Mut und Angst im richtigen Maße besitzt, um dies an ihre Kinder weiterzureichen?

Ängste, die sich auf die Realität beziehen, können überprüft werden. Hier wird jeder von seinen Artgenossen schnell zum Angsthasen abgestempelt, wenn sich die Vorsicht als falsch herausstellt. Ein Mann, der seinen guten Ruf und seine Chancen beim anderen Geschlecht behalten möchte, tut gut daran, solche Bedenken in Bezug auf die reale Umwelt nicht als Ängste zu thematisieren. Aber welche Themen bleiben übrig, um sich beim anderen Geschlecht als weitsichtig und besorgt darzustellen, ohne dass man sich lächerlich macht? Die Zukunft. Seine „weitsichtigen" und „intelligenten" Ängste über das Zukünftige darf ein Mann äußern, denn das Morgen ist nicht überprüfbar. Womit die Evolution der gesellschaftlich akzeptierten Ängste und ihrer vermeintlichen Lösungen vorgegeben ist: Geister für das wöchentliche Jagdglück, Götter für das Ackerjahr, ein Hauptgott für die Krankheiten bis zum Tode und die ewige Hölle als letzte zugelassene Angst, die ein Mann zeigen darf. Hier ist es erlaubt seine Besorgnis zu äußern, hier darf ein Mann scheitern. Für Angst vor diesem Gegner muss man sich nicht schämen, sie beweist Weitsicht bis weit über den Tod hinaus. Aber auch Frauen müssen „vernünftige" Antworten auf ihre Ängste zeigen: Verschleierung, keusches Verhalten, Gehorsam etc., d.h. alles was belegt, dass sie sich Gedanken darüber gemacht haben, was ihnen passieren könnte, wenn sie sich nicht an die Regeln ihres Clans halten.

Nun gibt es aber, je nach Entwicklungsstand der Gesellschaft, eine dünne Grenzlinie zwischen dummen abergläubischen Angsthasen und nicht abergläubischen „weitsichtigen" Planern. Wer sich individuell und spirituell um die Bekämpfung seiner Ängste kümmert, der weiß nicht, wo er in der Gruppe steht. Und seine Gruppe weiß ebenfalls nicht, wo er mit seiner spirituellen „Erkenntnis" steht. Seine „Weitsichtigkeit" und sein notwendiges Mindestmaß an Angst sind für die Partnerwahl nicht zu erkennen. Und genau hier hilft die Religion weiter. Wer sich öffentlich in der Gemeinde zu seinen Ängsten bekennt, der zeigt allen, dass er „weitsichtig" ist. Er hilft mit, die öffentliche Messlatte aufzuspannen, an der die Weibchen und Männchen sich messen können. Hier wird sichtbar gemacht, wer über und unter dem Durchschnitt liegt, wer infantile und wer „weitsichtige" Einsichten zeigt. Öffentliches Ritual und Beten sind auch eine öffentliche Balz, und der Balzruf lautet: „Vor den Göttern habe ich berechtigte Angst, aber vor den weltlichen Aufgaben nicht."

Wie schon die Gretchenfrage für Doktor Heinrich Faust zeigt, wird Religion und Glauben als ein Indikator für die Partnerwahl angesehen. Wer genauso „denkt" wie ich, der ist auch genauso „umsichtig" und „intelligent" wie ich. Wir möchten ja Partner gewinnen, die sich vorher schon ernsthafte „Gedanken" über die Zukunft machen. Und wo sie keine originellen Zukunftspläne aufbringen können, da sollten sie sich wenigstens an die gesellschaftlich akzeptierten und in dieser Kultur als positiv selektierten Ethikvorstellungen halten. Religiöse und spirituelle Menschen finden ihre Partner daher meistens innerhalb der gleichen religiösen und spirituellen Gemeinschaften.

Dass die Fähigkeit zur Angst und damit auch zum umsichtigen Verhalten und zur „Weitsicht" in der Evolution positiv selektiert wurde, steht außer Frage. Ob allerdings die Planung weit über den Tod hinaus ein Zeichen von überragender Intelligenz und realistischer Angst ist, könnte auch anders interpretiert werden. Die israelischen Biologen Amotz und Avishag Zahavi publizierten 1975 ihre Idee des Handicap-Prinzips.[172] Pfauenmännchen sind bei den Weibchen so begehrt, weil der übermäßig große und hinderliche Schwanz ein nicht zu fälschendes Handicap darstellt. Die Männchen zeigen damit an, dass sie so fit sind, dass sie trotz dieser körperlichen Beeinträchtigung ihren Feinden entkommen können. Zudem demonstriert das glänzende Gefieder, dass ihr Immunsystem mit jedem Parasiten fertig wird. Welches Weibchen würde da nicht schwach werden? Und was zeigen Gläubige damit an, wenn sie über den Tod hinaus planen und sich so gut und ethisch verhalten, dass selbst die Hölle sie nicht schrecken kann? Biologisch demonstrieren sie nur bis ins Unendliche selektierte Partnerwerbeversprechungen. Religion ist in erster Linie ein männliches Werbeverhalten. Dies gilt nicht nur für Patriarchate, sondern auch für Gesellschaften, in denen Männchen die Regeln des Matriarchates zur Partnerwahl akzeptieren.

Ein weiterer Selektionsfaktor bei der Partnerwahl ist die Fähigkeit zur sozialen Anpassung. Leben und Fortpflanzung finden immer innerhalb einer Gruppe und einer Gesellschaft statt. Die Gretchenfrage richtet sich daher auch an die soziale Anpassungsfähigkeit des zukünftigen Partners. Ist er in der Lage sich zu integrieren und sozial zu leben? Oder bricht er irgendwann als Außenseiter aus dem Rahmen aus? Hat der Partner genügend Angst vor dem Ausschluss aus der Gemeinde, der Exkommunikation, um den sozialen Übereinkünften treu zu bleiben? Religion ist eine Über-

[172] Zahavi, Amotz: Mate selection: A Selection for a handicap. Journal of Theoretical Biology 53 (1975), S. 205-214.

einkunft von Glaubensinhalten. Und Partner suchen sich nach gemeinsamen Vorstellungen aus.[173] Wer religiöse Inhalte akzeptiert, akzeptiert damit auch immer die Spielregeln und die Macht der Gemeinde. Und wer heiratet schon einen gesellschaftlichen Außenseiter, mit dem niemand etwas zu tun haben möchte? Wenn Weibchen biologische Fitness suchen, dann auch die Fitness, die dazu beiträgt, sich innerhalb der eigenen Gruppe sozial durchzusetzen.

Ist Religion auch eine biologisch selektierte Form der Angstbewältigung? Nehmen wir an, einer unser Nicht-Vorfahren hätte aufgrund religiöser Lehren keine Angst mehr gehabt. Dann begegnet er einem Löwen und schon wird klar, warum er unser Nicht-Vorfahr ist. Himmlische Angstlosigkeit vererbt sich weder genetisch noch kulturell. Religionen sollten, wenn sie evolutiv nützlich sein sollen, Ängste auf biologisch vernünftige Ziele projizieren und verstärken. Wobei nicht gesagt ist, dass dies Verhalten demjenigen nutzen muss, der die Angst verordnet bekommt. Als unantastbare Lehren können Religionen auch dem Angstmacher von Nutzen sein, wenn er Moral und Ethik zu seinem Vorteil bestimmen kann. Religionen bieten immer ein Doppelpack aus Angst machendem Problem und dessen Lösung an. Moral und Ethik sind die Lösungen für das, wovor wir am meisten Angst haben: dem Egoismus unserer Artgenossen. Hier trachten wir nach Sicherheit und festen Regeln.

Sicherheit und feste Regeln suchen wir aber auch für die sexuelle Reproduktion.

3.2.3 Reproduktion

Studien zur Reproduktionsrate zeigen, dass Menschen, die sich selbst als religiös oder gläubig bezeichnen, mehr Kinder haben als weniger- bis nicht-religiöse Menschen.[174] Solche internationalen Studien sind allerdings

---

173 Grammer, Karl: Signale der Liebe. Die biologischen Gesetze der Partnerschaft. Hamburg 1993; Weeden, Jason / Cohen, Adam B. / Kenrick, Douglas T.: Religious attendance as reproductive support. Evolution and Human Behavior, Vol. 29 (2008), S. 327-334.

174 Blume, Michael: The reproduktive benefits of religiosity. Empirical findings of Religion, Reproduction and female choice towards a sociobiology of Religion. International Conference „Trans-Cultural Universals: Biological Evolution of religiosity“. Hanse-Wissenschaftskolleg (HWK) – Institut for advanced Study, Delmenhorst, Germany, 27. bis 30. September 2007; Enste, Dominik: World Values Survey (1981-2004), 260.000 Interviews in 82 Ländern. Institut der deutschen Wirtschaft, Köln 2007; Vaas, Rüdiger / Blume, Michael: Gott, Gene

sehr vorsichig zu interpretieren. In Ländern, in denen Atheismus, Skeptizismus oder Homosexualität mit dem Tode bestraft werden, sind keine glaubwürdigen Aussagen zur Religiosität zu erwarten. Niemand würde es bei einer Befragung zugeben. Zudem können sich nur Frauen über ihren reproduktiven Erfolg sicher sein. Viele Männer wissen nicht einmal, wie viele nicht-eheliche Kinder sie haben. Eine vermeintliche Korrelation zwischen Glauben und Fortpflanzung ist folglich in vielen Ländern der Erde nicht ohne weiteres zufriedenstellend zu messen.

Bezogen auf europäische Länder, in denen jeder seine Überzeugungen (mehr oder weniger) frei äußern kann, sprechen diese Studien allerdings für eine Korrelation zwischen Glauben und erhöhter Kinderzahl. Allerdings ist hierbei nicht gesagt, um welche Art der Korrelation es sich handelt. Nehmen wir zunächst ein einfaches Beispiel: Eine wissenschaftliche Studie besagt, dass im Frühjahr die Anzahl der Störche zunimmt, wenn sie aus ihren Winterquartieren zurückkommen. Diese Studie besagt auch, dass kurze Zeit später die Anzahl der Jungtiere anderer Tierarten zunimmt und auch beim Menschen ein geringer, aber signifikanter Anstieg in der Geburtenrate zu verzeichnen ist. Weiterhin konnte festgestellt werden, dass mit dem Rückgang der brütenden Paare von Störchen in den sechziger Jahren des letzten Jahrhunderts auch die Geburtenraten beim Menschen zurückgingen.[175] Kann daraus geschlossen werden, dass die Klapperstörche die Kinder bringen?

Menschen, die sich selbst als gläubig bezeichnen, haben mehr Kinder als Menschen, die sich selbst als weniger bis gar nicht gläubig bezeichnen. Erfolgreiche Fortpflanzung und Vermehrung gilt in der Biologie als Selektionsvorteil. Kann daraus geschlossen werden, dass Religion einen Selektionsvorteil beinhaltet oder gar einer ist? Wenn zwei Parameter miteinander korrelieren, bedeutet dies nicht zwangsläufig, dass der eine die Ursache des anderen ist. Beide Parameter können auch eine gemeinsame Ursache haben. Ebenso ist es möglich, dass Religion und Kindersegen auf vielfältige Weise miteinander zusammenhängen.

Betrachten wir die Situation unserer Ahnen in einem Territorium. Jede Gruppe von Hominiden lebte in einem begrenzten Lebensraum, ihrem Revier. In diesem Revier konnten nur so viele Gruppenmitglieder leben, wie

und Gehirn. Warum Glaube nützt. Die Evolution der Religiösität. Stuttgart 2009.

175 Bässler, Ulrich: Irrtum und Erkenntnis. Fehlerquellen im Erkenntnisprozeß von Biologie und Medizin. Berlin, Heidelberg, New York, London, Paris, Tokyo, Hong Kong, Barcelona 1991.

das Habitat an Nahrung hergab. War die Grenze erreicht, so musste für jedes Individuum, welches geboren wurde, ein anderes gehen. Ein Weibchen, welches sich entschloss ein Kind zu haben, konnte also davon ausgehen, dass ihre Kind in Konkurrenz zu einem anderen Gruppenmitglied treten würde. Sie tat gut daran, sich schon vorher Verbündete zu suchen, die ihr anschließend dabei halfen, den Nachwuchs großzuziehen und ihn gegen andere Gruppenmitglieder zu verteidigen. Gleichzeitig konnte sie davon ausgehen, dass ihr reproduktiver Erfolg und Vorteil ein tödlicher Nachteil für jemand anderen in der Gruppe war. Reproduktiver Egoismus ist daher bei kognitiven Lebewesen mit Vorsicht, Umsicht, Rückhalt in der Gruppe und mit Angst vor Rache verbunden. Und biologische Egoisten verbünden sich mit Gleichgesinnten, die ihre Vorstellungen von „richtig" und „falsch", „ich darf das" und „Du nicht" teilen. Denn diese Gleichgesinnten schützen ihre Interessen gegenseitig auf Kosten der schwächeren Gruppenmitglieder.

Was hat dies mit Religion zu tun? Jede Frau zeigt heute noch exakt dieses Verhalten, wenn sie die Absicht hat Kinder zu bekommen oder wenn sie weiß, dass sie bereits schwanger ist. Sie sucht den Schutz von Verwandten und Gleichgesinnten. Und sie meidet den Kontakt zu Personen, die ihr Kind skeptisch betrachten. Da wird der Ehemann dreimal geprüft, da muss er erst das Eheversprechen ablegen, da muss er erst genügend Geld verdienen, da muss er die Gretchenfrage richtig beantworten. Es werden klare Aussagen von seiner Familie für die Zukunft eingefordert. Das Kind wird herumgezeigt und alle müssen es sich ansehen, es akzeptieren und unterstützende Geschenke mitbringen. Ein Millionen Jahre altes Programm sagt ihr, dass ihr reproduktiv egoistisches Verhalten den Platz eines anderen Lebewesen beansprucht und dass sie die Unterstützung von Gruppenmitgliedern braucht, die ihr Verhalten gutheißen, sie verteidigen und ihren Egoismus rechtfertigen. Und wer mehr Kinder als alle anderen hat oder in Zukunft haben möchte, der braucht auch wesentlich mehr Schutz, Hilfe und Versorgung. Hoher biologischer Egoismus geht auch mit hoher biologischer Angst, Vorsicht, Umsicht und Vorsorge einher. Und die gleiche Angst lässt Egoisten auch nach Gruppen Ausschau halten, die ihnen eine klare Zusage zu ihrem Verhalten machen. Sie wollen eine klare verbindliche Zusage, wer was wann darf, wer Rückendeckung bekommt und wer zum Abschuss freigegeben wird. Es ist die Angst, die Egoisten vorausschauend zu religiösen Wünschen treibt.[176] Religionen sind nicht die Ursache dafür, dass Egoisten

[176] Rees, Tom: Atheist nations are more peaceful. Wednesday, 3 June 2009, http://bhascience.blogspot.com/2009/06/atheist-nations-are-more-peaceful.html.

sich fortpflanzen. Religion und Kindersegen haben eine gemeinsame Ursache: den ängstlichen und vorsichtigen Egoismus auf Kosten anderer.

Wenn sich einige Egoisten nun verstärkt reproduzieren, müssen andere den Kürzeren ziehen oder noch besser, freiwillig darauf verzichten. Der Zölibat ist die theoretisch folgerichtige Konsequenz, um den durchsetzungsfähigeren Egoisten zu helfen. Biologisch wird er daher auch mit dem Nesthelfersyndrom in Verbindung gebracht. Aber biologische Zölibate halten nicht ein Leben lang und jeder auch noch so kleine Egoist versucht gegen den Willen der Stärkeren ein Stück vom Kuchen der Fortpflanzung abzubekommen. Zudem entstehen sie nur unter ganz bestimmten Umweltbedingungen und machen auch nur unter diesen Sinn. Das Wort Zölibat wird in der Gesellschaft heute häufig so gebraucht, dass man glauben muss, Zölibat bedeute lebenslangen Verzicht auf Sexualität, Kinder und Ehe. Dies ist ein Ideal, welches wohl selten erreicht wird. Zölibat bedeutet nur Ehelosigkeit im Sinne einer Versorgungsgemeinschaft. Von einem Verzicht auf Sexualpartner, Freundschaften oder Kindern ist da auch nicht die Rede. Und so ist es eine prinzipielle Frage des Glaubens, ob wirklich tausende von Männern und Frauen zeitlebens zölibatär leben, wie es immer erzählt wird. In den meisten Religionen spielt der Zölibat eh keine Rolle. Ein Onkel von mir, selber katholischer Priester, äußerte sich skeptisch gegenüber der Behauptung, dass seine Kollegen Heilige sind. Zahlen zu Strafversetzungen und nicht ehelichen Kindern werden aber von der Kirche nicht bekannt gegeben.

3.2.4 Zusammenfassung des Abschnitts 3.2

Angst aktiviert unsere ich-bezogenen Denkschemata und führt zu schnellen Ergebnissen bei der Suche nach Lösungen zur Angstbewältigung. Wobei schnell bedeutet, dass an der Logik vorbei abgekürzt wurde. Wir geben uns mit imaginären „Helfern“ zufrieden. Meditation, Gebete und Rituale unterstützen dabei, mit Angstgefühlen fertig zu werden. Gebete helfen immer, und zwar dem biologischen Egoisten, der betet. Rituale geben uns zusätzlich das Gefühl, in einer Gruppe verankert und auf einer gemeinsamen Wellenlänge zu sein.

Angst ist eine sinnvolle Einrichtung der Natur, die uns zur Vorsicht und Umsicht ermahnt. Verhalten, mit dem die Fähigkeit zur sinnvollen Auseinandersetzung mit dieser Emotion gezeigt werden kann, dient als Indikator für Weitsicht, Planung und Selbsterkenntnis. Ritualisierte Darstellung von Angst dient daher auch als Indikator beim Balzverhalten.

Menschen, die egoistisch handeln wollen, zeichnen sich durch ängstliches und vorsichtiges Verhalten aus. Sie wissen, dass sie Artgenossen schädigen können und rechnen mit entsprechenden Reaktionen. Sie treffen Vorsorge, indem sie Gleichgesinnte suchen, die ihr egoistisches Verhalten gut heißen und unterstützen werden. Egoisten, die sich überdurchschnittlich fortpflanzen wollen, gehören daher häufig Gruppen an, die Fortpflanzung definitiv gut heißen und fördern.

Religion begünstigt nicht die Fortpflanzung, sondern Egoisten, die sich stärker fortpflanzen wollen, nutzen den religiösen Kontext einer Gruppe, um sich selbst Sicherheitsgefühle und den Schutz von Gleichgesinnten zu erschleichen.

3.3 Tradierung

3.3.1 Die egoistischen Gene

Was sind und was tun egoistische Gene?[177] Unter Genen werden Informationseinheiten im Strang der Desoxy- oder Ribonukleinsäuren verstanden, die in Proteine übersetzt werden und spezifische Aufgaben für den Organismus erfüllen können. Aber dies soll kein Buch über Molekularbiologie werden. Das Zusammenspiel aller Gene führt zur Erscheinung eines Organismus, dessen einzige Aufgabe es ist, sich durch permanenten Energieumsatz gegen die Entropie selbst zu erhalten. Gene sind nicht egoistisch im menschlichen Sinne. Sie können nichts anders als sich die Vorteile zu nehmen, die sich aufgrund ihrer Bauanleitungen ergeben. Aus menschlicher Perspektive erscheint dies egoistisch und Biologen haben diesen Begriff übernommen, um nicht immer im Passiv reden zu müssen. Gene entstehen aber nicht irgendwo und irgendwann. Alle Gene stammen höchstwahrscheinlich von einem einzigen Ausgangsgen ab, das sich seit fast vier Milliarden Jahren ununterbrochen selbst am Leben erhält. Seine Kopien weisen von Generation zu Generation geringfügige Modifikationen auf, die wir heute in Form der Artenvielfalt bewundern können. Um Reparaturen auszuführen und Modifikationen zuzulassen, kopieren sich die Gene von Zeit zu Zeit selbst in die nächste Generation. Dieser Prozess wird als Fortpflanzung und das Ergebnis als Kinder bezeichnet. Kinder sind daher etwas ganz besonders. Nämlich die Fortsetzung eines Genstranges, der

[177] Dawkins, Richard: Das egoistische Gen. Reinbek 2000.

sich so verhält, als wäre er der Mittelpunkt des Universums. Daher haben sich im Laufe der Evolution Individuen durchgesetzt, die sich besonders um ihre Kinder kümmern. Bei weniger komplexen Organsimen geschieht dies rein genetisch. Bei höher komplexen Lebewesen gibt es auch ererbte Fähigkeiten, die das außergenetische Übertragen von Informationen erlauben. Wir sprechen dann von Kultur und Tradition. Alles, was das Trägervehikel der Gene – sein Körper – für sein eigenes Überleben für wichtig hält, versucht er auch auf seine Kinder zu übertragen, damit sie die gleichen Vorteile im Leben haben. In Umwelten, die sich nicht verändern, ist dies prinzipiell positiv. Umwelten bestehen aber neben den abiotischen Faktoren auch aus anderen Genträgern, die sich kontinuierlich verändern. Sie stellen sich für jede Generation in Art und Zusammensetzung etwas anders dar. Zur optimalen Anpassung an die aktuelle Umwelt der Kinder gehört daher die Fähigkeit, soviel Tradition wie nötig, soviel Neuerlerntes wie möglich aufzunehmen. Und hier beginnt der Konflikt zwischen dem, was die älteren Genstücke gerne hätten, und dem, was für die Weiterentwicklung und Anpassung der Gen-Kopien in ihrer neuen Umwelt wünschenswert ist.

3.3.2 Frühkindliche Indoktrination

Es gehört zu unserer genetischen Grundausstattung, dass wir eine neuronale Software haben, die es uns erlaubt, in definierten Altersklassen mit Hilfe von Emotionen und Motivationen nach Erfahrungen zu suchen und aus diesen zu lernen.[178] Wir brauchen Belohnung und Bestrafung, Bezugspersonen, Rollen und Spiele sowie kindgerechte Themen, um uns als soziales Tier optimal an die jeweilige artinterne Umwelt anzupassen. Passt das Thema der Lerninhalte mit den altersspezifischen Entwicklungsschritten zusammen, so merken die Kinder nicht einmal, dass sie etwas lernen und was sie dabei lernen. Solche Lerninhalte werden nahezu unbewusst abgespeichert. Das Christkind, der Weihnachtsmann und der Osterhase sind als Konzepte in einer bestimmten Altersklasse erfolgreich. Es ist selbstredend, dass mit zunehmendem Wissensstand über die Hintergründe dieses Rollenbild nicht aufrecht erhalten werden kann und der Glaube der Kinder an die Wundermächte schwindet. Wir wissen alle aus eigener Erfahrung, dass sich nahezu alle Vorstellungen, die wir haben, im Laufe unseres Lebens mit zunehmendem Fachwissen relativieren oder revidieren lassen. Wir müssen nur bereit sein, dazu zu lernen. Selbst unser Gottesbild ändert sich von einer kindlich naiven Vorstellung über verstandesmäßige Konstrukte bis

[178] Maslow, Abraham H.: Motivation and Personality. New York 1954.

hin zu erfahrenem Nicht-Wissen oder zum Atheismus aus Reaktanz. Wir können daher davon ausgehen, dass die Vorstellungen, die wir uns heute machen, in zehn Jahren für uns zum Schmunzeln sind.

Die Vorstellungen, die wir haben, sind aber nur die Oberfläche des Problems. Darunter liegt eine Psyche, die von der Evolution so konstruiert wurde, dass sie sich mit einem Selbsterhaltungstrieb über Wasser halten kann. Werden wir psychisch verletzt, so versuchen wir den Schaden zu reparieren und unser Selbstbild wieder herzustellen. In einem Alter, in dem Kinder von Natur aus „Geister" unter dem Bett sehen, sucht die Psyche nach Lösungen für diese Bedrohung. Und je traumatischer diese Bedrohung empfunden wird, desto schwerer ist die Verletzung und desto tiefer sitzt die Angst. Unter natürlichen Bedingungen existieren selten extreme psychische Bedrohungen, so dass Kinder ein gesundes Selbstbewusstsein, frei von Ängsten, entwickeln können. Unter kulturellen Bedingungen können diese Lernphasen jedoch durch Belohnungs- und Bestrafungsphantasien aktiv durch Erzieher verstärkt werden, so dass sich die Kinder immer weiter in diese Vorstellungen hineinsteigern. Die Folge sind dementsprechend tief sitzende Ängste, die Lösungen und Hilfe von außen erfordern. Wer früh eine Angst vor der Hölle nahe gelegt bekommt, der sucht auch später nach einer Rettung vor der „ewigen Verdammnis". So entstehen Probleme, die es ohne diese Erziehungsinhalte und -methoden gar nicht gäbe.

Ist das Kind erst einmal auf ein Thema sensibilisiert und das Bedürfnis nach Hilfe geweckt, so ist es schwierig, den Prozess umzukehren. Je schwerer die Bedrohungen empfunden werden und je tiefer die Ängste sitzen, desto mehr klammert sich die Psyche an Hilfsvorstellungen, die ihr das Gefühl von Sicherheit geben. Und mit der gleichen kindlichen Phantasie werden auch irrationale Hilfsvorstellungen in die Psyche integriert. Wir füllen die Verletzungen und Wunden unserer Psyche mit Phantasien auf. Solche Hilfskonstrukte gegen die eigene Hilflosigkeit, Ohnmacht und Unvollständigkeit der Psyche sind unsere Errettungsphantasien. Womit nicht gesagt sein soll, dass Kinder von alleine an Götter glauben. Sie stellen sich personifizierte Mächte vor, die ihnen helfen. Der Begriff „Gott" wird ihnen von anderen als Konzept nahegelegt, so dass sie lernen, dieses Wort für ihre Eindrücke und psychischen Hilfskonstruktionen zu benutzen. Eine solche Hilfskonstruktion zu negieren, anzugreifen und damit den Finger in die Wunde zu legen, bedeutet, das Selbstbild und den biologischen Selbsterhalt der Psyche anzugreifen. Dementsprechend emotional und heftig sind die Reaktionen auf einen solchen Angriff.

Die Stärke der frühkindlichen Traumata lässt sich durch zwei Parameter messen.

Wie stark die Psyche der meisten Menschen in der Kindheit verletzt wurde und wie bedroht sie sich deshalb fühlen, zeigt die Anzahl der Länder, die die Beleidigung religiöser Gefühle oder die Gotteslästerung unter Strafe stellen. Ein Angriff auf den psychischen Selbsterhalt wird als so bedrohlich empfunden, dass manche Staaten die Todesstrafe dafür verhängen. Aber auch in gemäßigten Ländern ist die Beleidigung religiöser Gefühle ein Straftatbestand, der mit Gefängnis und Geldstrafen belegt werden kann. Wie stark muss eine Psyche geschädigt sein, wenn der „böse Blick" ausreicht, um einen Menschen zu töten? Wie stark ist die Furcht, wenn eine wissenschaftlich korrekte Frage mit Gefängnis bestraft wird? Dass ein allwissender und allmächtiger Gott nicht von einem Menschen beleidigt werden kann, ist selbstredend. Aber gerade dies belegt, dass es nicht um Gott, sondern unsere eigenen Hilfsvorstellungen von ihm geht. Die Aufnahme dieser Tatbestände in die Gesetzbücher zeigt daher auch, wie sehr religiöse Vorstellungen eine Gesellschaft spalten können und wie viel Angst religiöse Menschen vor anderen Gläubigen und anderen Vorstellungen haben. Zu einem friedlichen Zusammenleben tragen daher nicht alle Glaubensinhalte bei.

Der zweite Parameter ist Festigkeit unserer Überzeugung. Je tiefer die Wunden in der Psyche sind, desto mehr klammern sich Menschen an ihre Vorstellung von Rettung. Und je überzeugter sie davon sind, dass dies gut für sie ist, desto überzeugter sind sie von der Richtigkeit ihrer Phantasien. Tiefe Wunden führen daher auch zu der felsenfesten Überzeugung, andere Menschen mit den richtigen Vorstellungen beglücken zu müssen. Missionierung ist das Bedürfnis, anderen Menschen seine Lösungsvorschläge für die selbst erlebten Gefahren des Lebens vorzuschlagen. Am besten werden gleich die Kinder der Mitmenschen auf diese Gefahren aufmerksam gemacht. Das ist gut gemeint. Aber gut gemeint bedeutet noch lange nicht, dass es für alle gut ist.

Nach Richard Dawkins[179] und Daniel Dennett[180] verhalten sich unsere Glaubensinhalte wie Viren, welche wir als Meme[181] kulturell weiterreichen. Dies ist nur die Hälfte der Wahrheit. Damit ein Virus von uns Besitz ergrei-

[179] Dawkins, Richard: Der Gotteswahn. Berlin 2007.

[180] Dennett, Daniel C.: Den Bann brechen. Religion als natürliches Phänomen. Frankfurt 2008.

[181] Blackmore, Susan: Die Macht der Meme oder die Evolution von Kultur und Geist. Heidelberg 2005.

fen kann, muss zunächst unser psychisches Immunsystem geschädigt werden. Alle viralen Vorstellungen sind vollkommen wirkungslos, wenn wir ein intaktes psychisches Immunsystem entwickeln können. Es gibt keinen Himmel ohne Hölle, keine Erlösung vom Bösen ohne das Böse und seine Strafen. Wer als Kind keine Hölle erfährt, der braucht auch keine Hilfskonstruktionen zur Erlösung und der glaubt auch später nicht mehr daran.

Die Perfidität dieser Indoktrination wird noch deutlicher, wenn die biologische Realität akzeptiert wird, dass es gar kein „Gut" und „Böse" gibt,[182] wie wir in Abschnitt 3.4.1 sehen werden.

Ein weiterer Punkt, auf den der Biologe Richard Dawkins aufmerksam macht, ist, dass Religionen den Menschen lehren, damit zufrieden zu sein, dass er die Welt nicht versteht.[183] Als Kinder, wenn wir noch nicht über ein ausreichendes Fachwissen verfügen, müssen wir zum Selbsterhalt möglichst viel glauben. Dieser Glauben weicht dann mit zunehmender Lebenserfahrung dem Wissen und den Netzwerken an Erkenntnissen, die wir gewinnen können. Je erwachsener wir werden und je umfangreicher unser Wissen wird, desto mehr verdrängen wir unsere Gottesvorstellungen in Bereiche, über die wir nichts sagen können. Gott fängt an, die Lücken zu füllen. Und da es immer Lücken im Wissen gibt, leben die meisten Menschen zeitlebens in einem Spagat zwischen Wissen und Vernunft sowie dem, was sie noch nicht wissen können und daher glauben müssen. Aus der biologischen Ontogenese heraus betrachtet wird nun aber auch deutlich, dass wir Zeit unseres Lebens Kinder im Geiste bleiben müssen, wenn wir in der kindlichen Phase des Glaubens bestärkt werden, diese Form des Erkenntnisgewinns beizubehalten. Glauben ist daher eine Form, die frühkindlichen Denkgewohnheiten mit in das Erwachsenenalter zu übernehmen.[184] Und Religionen tun genau dies. Sie bestärken die evolutiv angelegte kindliche Form des Denkens und des bei Kindern so beliebten Sicherheitsgefühls.

---

182 Kilian, Andreas: Egoismus, Macht und Strategien. Soziobiologie im Alltag. Aschaffenburg 2009; Schmidt-Salomon, Michael: Jenseits von Gut und Böse. Warum wir ohne Moral die besseren Menschen sind. München 2009.

183 Dawkins, Der Gotteswahn.

184 Bering, Jesse M. / Bjorklund, David F.: The natural emergence of reasoning about the afterlife as a developmental regularity. Developmental Psychology, 40 (2004), S. 217-233; Bering, Jesse M. / Hernández-Blasi, Carlos / Bjorklund, David F.: The development of 'afterlife' beliefs in religiously and secularly schooled children. British Journal of Developmental Psychology, 23 (2005), S. 587-607.

Sie behindern damit die Entwicklung des konstruktiv-wissenschaftlichen Zweifelns.

International angelegte Untersuchungen in 137 Ländern zum Intelligenzquotienten (IQ) von stark, weniger und nicht religiös-gläubigen Menschen zeigen einen linearen Zusammenhang zwischen analytischen Fähigkeiten und Religiosität.[185] Stark religiöse Menschen haben durchschnittlich einen weit geringeren IQ als nicht gläubige. Nach einer Studie der Royal Society glauben 68,5 Prozent der britischen Gesamtbevölkerung an Gott, aber nur 3,3 Prozent der britischen Akademiker. Ein ähnliches Ergebnis zeigt auch eine Untersuchung an amerikanischen Akademikern und Mitgliedern der American National Academy of Sciences. In dieser gaben nur 7 Prozent an, religiös zu sein. Auch unter Jugendlichen lassen sich bereits starke Unterschiede im Intelligenzquotienten je nach Religiosität messen, wie der Entwicklungspsychologe Satoshi Kanazawa von der London School of Economics and Political Science feststellte.[186] Dies bedeutet nicht, dass sie biologisch dümmer sind, sondern es bedeutet, dass Menschen, die gläubiger sind, weniger Interesse an logisch-analytischen Spielen und Aufgaben haben. Daher haben sie bei IQ-Tests, die genau diese Form des streng logischen Denkens abfragen, geringere Chancen auf höhere Punktzahlen. Selbstverständlich gibt es unter gläubigen und weniger gläubigen Menschen auch die Ausnahmen, die die Regel des Durchschnitts bestätigen. Die international durchgeführten IQ-Test können auch nicht erklären, ob der Glauben zu einem geringeren IQ führt, oder ob Menschen ohne Interesse an logisch-analytischen Spielen sich von Religionen stärker angezogen fühlen. Der Entwicklungspsychologe Satoshi Kanazawa begründet es mit eher traditionellen Verhalten auf Seiten der Gläubigen und aufgeschlossen neugierigen Verhalten bei wenig bis gar nicht gläubigen Menschen.

Große religiöse Institutionen argumentieren, dass man den Kindern nicht die Freude am religiösen Leben vorenthalten darf. Wer es mit seinen Kindern gut meint, der bringt ihnen schon früh bei, die Freuden des Lebens in der Glaubensgemeinschaft zu genießen. Und das religiöse Leben und die religiösen Inhalte sind die höchsten Freuden, die das Leben nach ihrer Auffassung zu bieten hat. Es ist sicherlich individuell unterschiedlich, ob und wie viel Freude ein Mensch an diesen Themen haben kann. Einige

---

185 Lynn, Richard / Harvey, John / Nyborg, Helmuth: Average intelligence predicts atheism rates across 137 nations. Intelligence Vol. 37 (2009), S. 11-15.

186 Kanazawa, Satoshi: Why Liberals And Atheists Are More Intelligent. Social Psychology Quarterly. 73 (2010), S. 33-57.

Inhalte der Religionen sind dazu geeignet, das Leben Einzelner zu verbessern, andere Inhalte nicht. Es kommt daher immer vor, dass Vorstellungen vermittelt werden, die später zu Schwierigkeiten führen können. Wer davon betroffen ist, lässt sich leicht feststellen. Fragen Sie sich selber, ob Sie sich emotional angegriffen fühlen würden, wenn ihre Gottesvorstellung lächerlich gemacht oder wissenschaftlich widerlegt würde. Wenn ja, dann gehen Sie der Frage auf den Grund, warum eine sachliche Diskussion über eine andere Person, nämlich Gott, Sie emotional aufregt. Warum ist eine distanzierte Betrachtung so schwierig? Einem Gott kann es doch egal sein, worüber man nachdenkt und zweifelt. Er weiß doch sowieso alles. Warum ist es Ihnen dann nicht egal? Ein solcher Zweifel richtet sich nicht gegen Ihren Gott. Den kann eh keiner definieren und daher auch nicht anzweifeln. Gott ist daher als Gott für uns irrelevant. Der Ärger, den die Menschen sich bereiten, entsteht aus unseren persönlichen Vorstellungen über unsere Götter.

Kinder sollten möglichst früh über die Gefahren religiöser Vorstellungen aufgeklärt werden. Als zukünftige mündige Bürger haben auch Kinder ein Recht darauf, über ihre eigene Erziehung und Manipulation aufgeklärt zu werden. Bei der seelischen Gesundheit von Kindern hört die Religionsfreiheit auf. Schulen sollten in die Pflicht genommen werden können, bestimmte Themen für definierte Altersklassen auszuklammern, um irreparable Schäden zu vermeiden. Und vor allen Dingen werden Studien benötigt, die die Folgen starker religiöser Vorstellungen auf die Psyche untersuchen. Der Psychologe Franz Buggle[187] stellte fest, dass viele seiner Kollegen ihren Lebensunterhalt mit den Folgeschäden der religiösen Erziehung verdienen. In einer mehrjährigen Studie der Universitäten Zürich und Bochum fanden Psychologen mit Hilfe von 328 Schweizer Kirchgängern heraus, dass ein strafendes Gottesbild Ängste und Depressionen hervorrufen kann.[188] Unsere Vorstellungen können sich also negativ auf unsere Psyche auswirken. Weitere Studien über die Häufigkeit und den Umfang solcher Auswirkungen gibt es aber leider noch zu wenig. Mit Hilfe solcher Untersuchungen ließe sich leicht zeigen, welche Inhalte und Erziehungsmethoden aus den Elternhäusern, Schulen und Tempeln verbannt werden müssten. Dies sind wir unseren Kindern schuldig.

---

187 Buggle, Franz: Denn sie wissen nicht, was sie glauben oder warum man redlicherweise nicht mehr Christ sein kann. Aschaffenburg 2004.

188 Krämer, Bernd: Wenn der Glaube an Gott krank macht. Basler Zeitung, März 2009.

Die Frage zur funktionalen Definition des Phänomens Religion muss also lauten: Warum tun gläubige Menschen ihren Kindern so etwas an?

Sehen wir uns aber vorher noch die religiöse Erziehung an.

3.3.3 Erziehung

Richard Dawkins nannte ein schönes Beispiel für Vorurteile: Wenn Ihnen jemand sagt, dass er ein kommunistisches oder kapitalistisches Kind zur Welt gebracht hat, dann würden Sie ihn für verrückt erklären. Und was halten Sie von jemandem, der Ihnen sagt, dass ein zwei Monate altes Kind muslimisch, christlich oder jüdisch ist?[189] Schon die Aufteilung in Religionszugehörigkeiten prägt Schulkindern ein, dass es unterschiedliche Menschen gibt, die unterschiedliche Ethiken vertreten. „Wir sind anders als die anderen, sonst bekämen wir keinen eigenen Lehrer und einen eigenen Unterricht!“ Solche Kinder denken später eventuell auch, dass man unter sich bleiben muss, um nicht von den anderen zur falschen Lehre verführt zu werden. Durch solche Abtrennungen und Definitionen wird der Grundstein zum fehlenden Integrationswillen gelegt, auf allen Seiten. Hier zeigt sich, wer unter sich bleiben und die Macht über die Erziehung der Kinder ausüben möchte. Hier wird eine Gesellschaft schon im Kindergarten und in der Schule gespalten. Kein Kind, kein Mensch würde von sich aus bemerken, dass er spirituell oder religiös anders denkt als andere, wenn man es ihm nicht beibringen würde. Kein Kind käme im Kindergarten auf den Gedanken, dass es eine Hölle mit Teufeln gibt. Kein Kind käme auf den Gedanken, mit Gott zu argumentieren, dass es anders ist als seine Schulkameraden, wenn man ihm dies nicht nahe legen würde. Kein Kind kennt von sich aus den Unterschied zwischen Christen, Muslimen, Juden, sowie zwischen Deutschen, Türken etc. Was wollen die Religionsvertreter damit erreichen? Was bezwecken biologische Egoisten damit, wenn sie ihren leiblichen Genkopien solche impliziten Argumente mit auf den Lebensweg geben? Warum sollen die Kinder später genauso religiös argumentieren wie sie? – Vielleicht, weil es sich um eine gesellschaftlich akzeptierte Form der Vorteilsnahme im Namen Gottes handelt?

Aber was lernen die Kinder wirklich? Da wird von Werten gesprochen, die nicht nur postuliert, sondern auch gelebt und vorgelebt werden sollen. Lehrer, die in Deutschland an einer Schule in christlicher Trägerschaft (römisch-katholisch) arbeiten wollen, müssen ein Zeugnis ihres Priesters vorlegen, das zum Ausdruck bringt, was aus dem Lebenswandel für und

[189] Dawkins, Richard: Der Gotteswahn. Berlin 2007.

was gegen eine Einstellung sprechen würde. Zusätzlich müssen Religionslehrer in Deutschland die Vocation vorweisen, die Berufung und Unterwerfung unter den Willen der Kirche. Die Kirche ist ihr oberster Dienstherr, der Staat ist für diese Lehrer nur der Zahlmeister für das Gehalt.[190] Ein Religionslehrer muss mit Leib und Seele dabei sein, um als Vorbild zu fungieren. Sehen wir uns diese Vorbilder für gelebte Werte genauer an. Mehrere parallele Religionsunterrichte an einer Schule zeigen nur Parallelgesellschaften auf. Religionslehrer verschiedener Glaubensrichtungen in einer Schule belegen nur attestierte Uneinigkeit und gelebte Unvereinbarkeit in der Moral und Ethik. Sie demonstrieren die Unwilligkeit und die Unfähigkeit der Kirchen, sich zu einigen und andere Glaubensgruppen als gleichwertig zu akzeptieren. Was für ein Vorbild ist also ein Religionslehrer, der implizit behauptet, dass andere Religionen falsche Moral und Ethik unterrichten? Was muss ein Kind denken, wenn ihm beigebracht und vorgelebt wird, dass es bessere und schlechtere Menschen, Menschen erster und zweiter Wahl, richtige und falsche Religionen gibt? Das Argument des christlichen Lebens verliert seine Vorbildfunktion, wenn man die Realität betrachtet. Es wäre ehrlicher, wenn der Religionsunterricht durch konfessionsfreien Ethikunterricht ersetzt würde. Was unserer Gesellschaft heute fehlt, ist eine universelle Ethik, die die Konfessionen überschreitet. Wir müssen uns für eine gemeinsame Zukunft auch an Gemeinsamkeiten orientieren. Wir brauchen Übereinkunft durch Vernunft, wo Religionen die Argumente zur Spaltung liefern und egoistische Vorteilsnahmen demonstrieren.

Warum tun religiöse Menschen ihren eigenen und fremden Kindern so etwas an? Biologisch gesehen hält sich jeder Egoist für optimal an seine Umwelt angepasst. Er braucht diese Überzeugung, um sein psychologisches Selbstbild aufrecht zu erhalten. Und was ihm in der eigenen Erziehung nicht geschadet hat, das ist auch für seine Gen-Kopien gut. Daher versucht jeder Egoist, der von sich und seinem richtigen „Denkansatz" überzeugt ist, sein Wissen, seine Erziehung und seine Form der Glückseligkeit auf seine Kinder zu übertragen. Auch auf Kosten anderer, auch gegen Mitmenschen. Wenn ihn andere religiöse „Lösungsvorschläge" beleidigen, dann hat er das Recht sich zu verteidigen und abzugrenzen. Womit das Problem der Abgrenzung und des Andersseinwollens wieder in die nächste Generation getragen wird.

---

[190] Bischöfe, Die deutschen: Grundordnung des kirchlichen Dienstes im Rahmen kirchlicher Arbeitsverhältnisse. Bd. 51. Sekretariat der Deutschen Bischofskonferenz (Hrsg.), Bonn 1993.

3.3.4 Zusammenfassung des Abschnitts 3.3

Die Gruppen unserer Vorfahren lebten über Generationen hinweg immer im gleichen Habitat. Das Wissen und die Erfahrung derer, die bis ins Erwachsenenalter hinein überlebt hatten, war auch gleichzeitig das positiv selektierte Wissen, um in dieser Umwelt zu überleben. Kinder, die dieses Wissen möglichst schnell durch glauben übernahmen, hatten einen Vorteil gegenüber den zweifelnden Altersgenossen. Wer aber von den Erwachsenen selber nicht versteht, wie die Gesetzmäßigkeiten der Umwelt funktionieren, der kann seinen Kindern auch nicht beibringen mit Verstand und Logik an die Probleme der Welt heranzutreten. Er kann nur seine Erfahrungen in Form von nicht überprüfbaren „Wahrheiten" und Geschichten tradieren. Egoisten übertragen daher ihren Kindern ihre für richtig gehaltenen Vorstellungen und Interpretationen von der Umwelt. Schnell glauben ist wichtiger als logisch zu hinterfragen. Ihre Genkopien sollen ja genauso erfolgreich sein wie sie selber.

Und was für das Überleben in der natürlichen Umwelt gilt, das wird auch für kulturelle Erkenntnisse angewendet. Religiöse Inhalte und Mythen bieten argumentative Vorteile gegenüber Artgenossen und sind an die jeweilige Umwelt und Kultur angepasst. Religionen tradieren daher die eigene Argumentationsebene, damit die Vorteile auch von den Kindern genutzt werden können.

3.4 Manipulation

Gute biologische Egoisten verlassen sich nicht einfach darauf, dass sie sich schon ihre Vorteile irgendwann nehmen können. Bei knappen Ressourcen müssen sie auch dafür sorgen, dass andere keine Vorteile haben können bzw. dass andere sogar benachteiligt werden. Gute biologische Egoisten erschaffen daher schon beizeiten eine Ausgangsituation und halten Methoden bereit, mit denen sie die gewünschten Ergebnisse herbeiführen können. Je stärker der Egoismus, desto stärker sind sie sozial manipulativ.

3.4.1 „Gut" und „Böse"

Die Voraussetzung dafür, dass ein Mensch moralisch und ethisch zu manipulieren ist, liegt unter anderem in seiner Fähigkeit, zwischen „Gut" und „Böse" zu unterscheiden. Aber was ist „Gut" und „Böse"? Und was ist diese „Fähigkeit“? In der Biologie gibt es diese Wertung nicht.[191] Es gibt Handlungsfolgen, aus denen für Individuen mehr oder weniger große Vor- oder Nachteile entstehen. Wer will eine Raubtiermutter beurteilen, die für ihre Kinder sorgen muss?

Bezogen auf menschliche Maßstäbe ist die Unterscheidung zwischen „Gut“ und „Böse“ eine rein subjektive Wertung. Das Verhalten anderer wird danach beurteilt, ob es für mich persönlich vor- oder nachteilhaft ist. Dass es sich um rein subjektive Beurteilungen handelt, kann daran beobachtet werden, dass die moralischen Maßstäbe auf andere Lebewesen angewandt werden. Für einen selber gelten in der Regel nicht die gleichen Maßstäbe. Die persönliche Wertung hängt davon ab, wie viel Informationen man zur Verfügung hat. Was mir heute als Nachteil erscheint, kann sich schon morgen als Vorteil herausstellen, wenn ich über mehr Informationen verfüge. Und da bekanntlich der Vorteil des einen immer der Nachteil des anderen ist, wird schnell deutlich, dass es ein objektives und absolutes „Gut“ und „Böse“ nicht geben kann.

Der Urheber dafür, dass ich eine Situation oder ein Verhalten anderer hinsichtlich des Nutzens oder Schadens für mich beurteile, ist natürlich wieder unser biologischer Egoismus. Wir beurteilen die Welt durch unsere ich-bezogenen Denkschemata. Und als vorausschauende Wesen übertragen wir unsere eigenen Maßstäbe auch in das Gruppenleben. Moral ist der subjektive Maßstab und wird in „gut“ und „böse“ gemessen. Ethik ist ein Satz aus Spielregeln, die positiv für das Gruppenleben selektiert wurden. Sie müssen nicht bekannt sein, sie müssen nur gelebt werden. Beispiele für einfachste Spielregeln sind das Herden- oder Schwarmverhalten. Mit der kognitiven Fähigkeit zur Beurteilung wird das Verhalten Einzelner für die Gruppe in „fair“ und „unfair“ unterschieden. Selbstverständlich findet sich in der Biologie keine allgemeingültige Ethik für eine Gruppe oder Art. Es gibt ein Verhalten von Individuen, das sich je nach Situation als vor- oder nachteilig herausstellt, wenn sie sich den etablierten Spielregeln anpassen oder einen Alleingang unternehmen. Allerdings existiert so etwas wie eine Wahrscheinlichkeit für das am häufigsten gezeigte Verhalten in einer Situation, welches wohl als ethischer Maßstab für eine Tierart oder eine Gruppe gelten darf.

Bezogen auf menschliche Maßstäbe wird das Verhalten Einzelner auch im Gruppenkontext gerne als „gut“ oder „böse“ tituliert. Erinnern wir uns

---

[191] Kilian, Andreas: Egoismus, Macht und Strategien. Soziobiologie im Alltag. Aschaffenburg 2009; Schmidt-Salomon, Michael: Jenseits von Gut und Böse. Warum wir ohne Moral die besseren Menschen sind. München 2009.

an die so genannte „Achse des Bösen" und wie sie sich nach heutigen Informationen darstellt. Bei solchen Beurteilungen liegt keine sachliche Darstellung der Situation vor, sondern einzelne Meinungsmacher übertragen ihre individuellen Maßstäbe auf die etablierte Ethik und suggerieren damit eine Gefahr für alle anderen Gruppenmitglieder, die so in der Realität nicht besteht. In der Realität gibt es keine moralischen oder ethischen Probleme. Es gibt nur Fragen und Antworten, wie definierte Situationen für alle Beteiligten am sinnvollsten zu lösen sind. Auch scheinbar extremste Konflikte lassen sich häufig zur Zufriedenheit aller lösen, wenn ein Wille zur Lösung da ist. Was uns allerdings hierfür im Weg steht, ist unser Egoismus, der die Situation zu seinen Gunsten definieren und manipulieren will.

Und unser persönlicher Egoismus ist es auch, der uns manipulierbar macht. Wir wollen das „Gute" für uns und wir sind in der Evolution darauf selektiert worden, dass wir am besten fahren, wenn wir uns den Spielregeln einer Gruppe anpassen und Streit vermeiden. Menschen, die uns manipulieren wollen, können uns aber nicht einfach unser biologisch ererbtes Empfinden für „gut" und „böse" oder „fair" und „unfair" vorschreiben. Untersuchungen zu moralischen Dilemmata zeigen, dass die meisten Menschen auf der Welt ähnliche Vorstellungen von Moral und Ethik besitzen. Religion und Kultur scheinen darauf wenig bis gar keinen Einfluss zu nehmen. Betrachten wir ein Beispiel für ein solches moralisches Dilemmata: Ein Zug rast heran und eine Versuchperson muss entscheiden und handeln. Im ersten Fall rettet sie durch das Umstellen einer Weiche eine Gruppe von fünf Menschen vor dem Tod, so dass der Zug auf dem Alternativgleis nur einen Menschen umfährt und tötet. Im zweiten Szenario rettet sie wieder eine Guppe von fünf Menschen, diesmal allerdings indem sie einen Menschen vor den Zug wirft. Die meisten Menschen beurteilen den ersten Fall als moralisch und das zweite Szenario als unmoralisch. Logisch ist dies nicht. Der finnische Religionswissenschaftler Ilkka Pyysiäinen von der Universität Helsinki und der Psychologe Marc Hauser von der Harvard University diskutierten diese Ergebnisse und weitere ähnliche Studien in der Fachzeitschrift Science.[192] Unterschiede in den Moralvorstellungen von religiösen und nicht religiösen Menschen gab es in keiner Studie. Unsere Beurteilung der Situationen scheint biologisch begründet zu sein.

Menschen, die uns manipulieren wollen, können uns also keine andere Moral und Ethik geben, außer der, die wir schon von Natur aus haben. Sie

---

[192] Pyysiäinen, Ilkka / Hauser, Marc: The origins of religion: evolved adaptation or by-product? Trends in Cognitive Sciences. 2010. doi:10.1016/j.tics.2009.12.007

können nur die Informationen manipulieren, mit deren Hilfe wir unsere moralischen und ethischen Entscheidungen fällen. Religionen tun genau dies: Sie ergänzen die Realität mit Szenarien der himmlischen Belohnung und der ewigen Strafe, damit wir die irdische Situation anders beurteilen und uns anders verhalten. Sehen wir uns an, wozu religiös begründete Moral und Ethik führen.

3.4.2 Moral und Ethik

Religiöse Institutionen rechtfertigen ihre herausragende Stellung in der Gesellschaft unter anderem durch ihr Engagement und ihr Wirken. Sie verändern, nach eigenen Aussagen, die Menschheit zum Positiven hin. Sie behaupten, die Menschen hätten ohne sie keine Moral und Ethik. Diese müssten aus der frommen Vorstellungswelt oder dem Göttlichen hergeleitet werden. Doch was haben uns unsere religiösen Amtsträger und deren Institutionen nun wirklich gegeben? Was ist am so genannten christlichen Abendland so „christlich"? Wenn man den Vertretern der Religionen Glauben schenken will, so ziemlich alles. Wenn man den Vertretern der Aufklärung folgen möchte, fast gar nichts.

Wie sieht es mit unserer Moral und Ethik aus? Zirka fünftausend Kriege in den letzten dreitausend Jahren. Alle aus wirtschaftlichen Gründen, aber die meisten religiös gerechtfertig und erwünscht sowie durch die erzwungene Konformität in der Gruppe erst ermöglicht. Selbst die Kreuzzüge waren wirtschaftlich motiviert, aber von Papst Urban II. mit der Begründung „*Deus vult!*" („Gott will es!") initiiert. Über die Inquisition und andere „kleinere" Verbrechen der Kirche ist die mehrteilige Buchreihe „Die Kriminalgeschichte des Christentums" von Karlheinz Deschner zu empfehlen.[193] Aber auch diejenigen, die nicht für die Kirchen gearbeitet haben und von denen sich die Kirchen am weitesten entfernen wollen, also selbst die meisten Nazischergen, waren „getauft", „gefestigt", gläubig und bekennende Mitglieder ihrer Gemeinden. Heinrich Himmler erklärte 1937 über den Dienst in der SS und im KZ, seine Männer dürften Christen und Kirchenmitglieder sein, das sei ihre Privatsache. Nur Atheisten dürften sie nicht sein. Und wer stand sich in vielen Kriegen gegenüber? Gläubige gegen Gläubige der selben Religionen.[194] Das Wort Zivilisation sollte für die

---

[193] Deschner, Karlheinz: Die Kriminalgeschichte des Christentums. Bd. 1-9. Reinbek 1986-2008.

[194] Lenz, Hans-Friedrich: Sagen Sie, Herr Pfarrer, wie kommen Sie zur SS? Bericht eines Pfarrers der Bekennenden Kirche über seine Erlebnisse im Kirchen-

letzten Jahrtausende unserer Geschichte am besten gar nicht erst verwendet werden.

Einige Leser werden jetzt sagen, es drehe sich hier um eine kurze, nicht repräsentative Episode in der Geschichte weniger Länder eines einzigen Kontinentes. Der Biotechnologe und Wissenschaftsjournalist Tom Rees hat deswegen den *Global Peace Index 2009* näher untersucht.[195] Dieser Index berücksichtigt 23 Kriterien für Friedlichkeit. Darunter werden Kriege mit anderen Ländern, interne Konflikte, die Anzahl von Morden, die Anzahl der Gefängnisinsassen, Waffenhandel, Respekt für Menschenrechte und der Grad an Demokratie zusammengefasst. Das Ergebnis ist einfach und eindeutig: Die friedlichsten Länder auf der Welt sind die „atheistischsten", wie zum Beispiel Neuseeland, Dänemark, Norwegen, Island, Schweden, und andere. Werden die Daten des *World Values Survey* zum Ländervergleich hinzugezogen, so lässt sich sagen, dass der Zusammenhang von Friedlichkeit und Atheismus statistisch hoch signifikant ist.

Und wie sieht es mit der Nächstenliebe aus? Hat sie nicht Europa zu dem gemacht, was es ist? Alle Religionen und auch alle Atheisten der Welt kennen die Nächstenliebe, weil sie als Religionen und Gruppen auf der Bildung von Gemeinschaften basieren. Sie ist meistens nur so selbstverständlich, dass sie nicht weiter erwähnt wird. Erinnern wir uns an die Zeit der Christianisierung. Wer hat denn die christlichen Missionare aufgenommen, durchgefüttert und ihnen Unterkunft gegeben? Wer hat dafür gesorgt, dass sie den nächsten Winter überlebten? Genau die Heiden, deren Moral nicht gut genug sein sollte! Genau die Heiden, denen anschließend beigebracht wurde, gegen Andersgläubige vorzugehen. Hätten diese Menschen damals nicht in Nächstenliebe gehandelt, so wäre das Christentum keine drei Meter weit gekommen. Und was ist mit der christlichen Feindesliebe? Wenn nicht alle Menschen auf der Welt vergessen und vergeben könnten, dann würde jeder Krieg ewig dauern. Alle Menschen, auch Nicht-Christen, waren vorher schon in der Lage ihren Feinden zu vergeben und neu anzufangen, sonst hätte es nie eine Kultur gegeben. Die einzigen, die ihren Feinden und abtrünnigen Sekten nie vergeben, sind die religiösen Institutionen. Oder gibt es jemanden, der glaubt, dass sich die Amish, die Zeugen Jehovas, indische Gurus, Scientology und die katholische Kirche zusammenschließen, um eine neue Religion zu gründen? Es kann Dialog und Toleranz geben,

---

kampf und als SS-Oberscharführer im Konzentrationslager Hersbruck. Gießen 1983; Prolingheuer, Hans: Kleine politische Kirchengeschichte. Köln 1984.

195 Rees, Tom: Atheist nations are more peaceful. Wednesday, 3 June 2009, http://bhascience.blogspot.com/2009/06/atheist-nations-are-more-peaceful.html.

weil dies unser kultiviertes Rechtssystem so vorschreibt, aber eine brüderliche und schwesterliche Vereinigung der Institutionen im Sinne einer alles überwindenden Liebe wohl kaum.

Und wie christlich sind wir heute? Fragen wir uns selbst nach dem Erfolg der christlichen Erziehung. Wenn Sie einem führenden Politiker einer christlichen Partei eine Ohrfeige geben, glauben Sie daran, dass er die zweite Wange hinhält? Als Papst Johannes Paul II. angeschossen wurde, hat er auf eine Strafanzeige verzichtet? Gibt es in Deutschland einen christlichen Richter, der den Grundsatz „Richte nicht, damit du nicht gerichtet wirst" auch praktiziert? Und wie sieht es mit den Empfehlungen von Jesus aus, den Ehebruch nicht zu bestrafen, alles zu verschenken und arm zu sein, nicht zu kämpfen, nicht in die Tempel zu gehen, nicht die strengen Gesetze zu befolgen? Findet sich nach zweitausend Jahren Christentum jemand, der nach der Moral- und Ethiklehre Jesu lebt?

Es gibt Christen, die Bibelverse in die Zielfernrohre von Gewehren drucken lassen, damit sie die Ungläubigen im Irakkrieg und in Afghanistan besser töten können.[196] Noch heute werden Homosexuelle diskriminiert und mit dem Tode bedroht, obwohl bekannt ist, dass Homosexualität biologische Ursachen hat. Die höchsten Selbstmordraten finden sich unter homosexuellen Jugendlichen, weil die Gesellschaft sie nicht so akzeptiert, wie sie von Natur aus sind. Noch heute werden Frauen gesellschaftlich verachtet und verurteilt, weil sie nichteheliche Kinder haben und alleinerziehend sind. Noch heute töten Frauen ihre Kinder, weil sie Angst vor den Folgen haben, weil sie nicht wissen, wie sie in dieser Gesellschaft ihre Kinder groß kriegen sollen. Frauen töten, weil sie Angst vor dieser Gesellschaft und den Folgen dieser gesellschaftlichen Moral haben. Die Gesellschaft verurteilt sie, aber die Moral dieser Gesellschaft ist selber der Grund für diese Tragödien. Und wer verurteilt diese Frauen am meisten? Die Gemeinschaft, die nicht als erste den Stein werfen sollte. Und hier wird deutlich, wozu die Interpretationshoheit über Moral und Ethik in Wirklichkeit dient. Wer festlegen kann, was moralisch und ethisch in einer Gruppe erlaubt ist, der legt fest, wer sich welches Verhalten erlauben darf. Die Macht über die Spielregeln gestattet auch über die Fortpflanzungsrechte zu bestimmen. Wer darf Kinder haben und wer nicht? Die Ressourcen sollen ja für die Egoisten der „richtigen" Gruppe zur Verfügung stehen. Moral ist

[196] Rhee, Joseph / Schone, Mark: Military: It Could Take A Year To Fix ‚Jesus Rifles". U.S. Troops in Afghanistan Still Carrying Guns With Secret Bible Codes. ABC-News, Bericht vom 30. März 2010. http://abcnews.go.com/Blotter/military-year-fix-jesus-rifles/story?id=10106096.

ein Vorwand, um Artgenossen ein Verhalten vorzuschreiben. Und vorgeschrieben wird, was einem selber nutzt und anderen schadet. Daher müssen „unerlaubte" nichteheliche Kinder den „erlaubten" ehelichen Kindern Platz machen. Hierfür werden Mütter unter Druck gesetzt, weil sich seelischer Druck in Infantizid niederschlagen kann.

Diese Doppelmoral innerhalb religiöser Gesellschaften belegen auch wissenschaftliche Untersuchungen. Der Forscher Gregory Paul veröffentlichte Studien zur Frage, wie sich „religiöse" Länder von weniger oder nicht-„religiösen" Ländern unterscheiden. Eine große Häufigkeit des Glaubens an einen Schöpfer und dessen Verehrung korrelieren mit einer großen Häufigkeit von Mord, Jugendsterblichkeit, Sterblichkeit junger Erwachsener, Geschlechtskrankheiten, Teenagerschwangerschaften und Abtreibungen in den wohlhabenden Demokratien.[197] Und was auf Staatsebene zur Kriminalitätsstatistik beiträgt, fängt im Kleinen schon an. Untersuchungen an Kindern zwischen 8 und 16 Jahren zeigten, dass religiöse Kinder genauso häufig schummeln und flunkern, wenn sie meinten dies unbemerkt tun zu können, wie ihre nicht religiösen Altersgenossen. Nur Sonntagsschüler mogelten noch häufiger.[198] Auch religiös orientierte Studenten schummeln nicht weniger als ihre Kommilitonen.[199] Selbst von angehenden Geistlichen, die einen Vortrag über den barmherzigen Samariter halten sollten, halfen in einem vorgetäuschten medizinischen Notfall nicht alle. Nur 40 Prozent boten Hilfe an. Der Rest hielt Vorträge über barmherzige Samariter.[200] In anderen Untersuchungen schätzten sich Gläubige als deutlich barmherziger ein als ihre nicht religiösen Mitmenschen. Als hinterher getestet wurde, ob den Worten auch Taten folgten, schauten die Ergebnisse aber ganz anders aus.[201] Einer Studie von Ben Edelmann zufolge sehen sich regelmäßige

---

[197] Paul, Gregory S.: Cross-National Correlations of Quantifiable Societal Health with Popularity Religiosity and Secularism in the Prosperous Democracies. Journal of Religion & Society 7, S. 1-17, http://moses.creighton.edu/JRS/pdf/2005-11.pdf. Retrieved 2007-04-07; Paul, Gregory S.: The Chronic Dependence of Popular Religiosity upon Dysfunctional Psychosociological Conditions. Evolutionary Psychology, 2009, 7 (3), S. 398-441.

[198] Hartshorne, Hugh / May, Mark: Studies in Deceit. New York 1928.

[199] Perrin, Robin D.: Religiosity and Honesty: Continuing the search for the Consequential Dimension. Review of Religious Research 41 (2000), S. 534-544.

[200] Darley, John / Batson, Daniel: From Jerusalem to Jericho: A study of situational and dispositional variables in helping behaviour. Journal of Personality and Social Psychology 27 (1973), S. 100-108.

[201] Spilka, Bernard et al.: The psychology of religion. New York 2003.

Kirchgänger in der Vereinigten Staaten von Amerika am Sonntag weniger Pornographie an als Atheisten. Dafür konsumieren sie unter der Woche etwas mehr, die Mengen insgesamt sind in etwa ausgewogen. Religiöse Menschen behaupten aber, dass sie so etwas nur selten oder sogar gar nicht tun würden.[202] Eine Studie von Deepak Malhotra zeigt, dass Christen in den USA am Sonntag mehr spenden als Atheisten. Dafür spenden sie unter der Woche wieder viel weniger als Atheisten. Im Durchschnitt ist das Spendenaufkommen in beiden Gruppen in etwa gleich. Nur behaupten Christen wieder etwas anderes. Dafür befürworten 54 Prozent der Protestanten und Katholiken in den USA, die regelmäßig in die Kirche gehen, die Todesstrafe sowie die Folterung von Terroristen. Bei denen, die nicht oder selten in die Kirche gehen, befürworten dies nur 42 Prozent.

Über Moral und Ethik von religiösen Menschen geben auch die Anschläge von Terroristen zu denken. Während politisch weltlich orientierte Terroristen möglichst wenig Menschen umbringen wollen, weil sie auf die Veränderung dieser Gesellschaft hoffen, wollen religiös motivierte Terroristen so viele Menschen wie möglich töten. Glauben erzeugt nicht nur Paradiese und Himmel, die über die menschliche Vorstellungskraft hinausgehen, er erzeugt auch Verhalten und Taten, die nicht mehr menschlich nachvollziehbar sind.

Nach ein paar tausend Jahren Geschichte mit religiösen Hintergrund benehmen wir uns heute noch genauso wie unsere Ahnen in der Eiszeit. Geht es den Menschen gut und haben sie genug zu essen, so sind sie freundlich, nett und aufgeschlossen. Treten Engpässe in der Versorgung auf oder werden wir unter Druck gesetzt, so sitzt das Hemd näher als der Rock und der alte Insectivore zeigt seine Eckzähne. Die Lebensbedingungen und das etablierte gesellschaftliche System bestimmen unser Verhalten. Menschen haben ein natürliches moralisches Gefühl, welches nicht auf Erziehung und Religion basiert. Und dieses moralische Verhalten ist universal. Die wissenschaftlichen Studien zum Verhalten von gläubigen Menschen zeigen lediglich, dass sie sich nur für moralischer und ehrlicher halten. Sie zeigen aber auch, das sie genau dies in vielen Fällen nicht nur nicht sind, sondern dass sie sogar weniger moralisch und ethisch handeln als Nicht-Gläubige. Somit haben sich also mit Hilfe der Religionen nicht neue moralische und ethische Lebensweisen durchgesetzt und etabliert, sondern lediglich die Benutzung von moralischen und ethischen Begriffen, mit denen wir unser immer noch archaisches Verhalten jetzt rechtfertigen.

---

202 Edelmann, Benjamin: Markets Red Light States: Who Buy´s Online Adult Entertainment. Journal of Economic Perspectives, Vol. 23, Nr 1, 2009, S. 209-220.

Religionen verhindern nicht das Elend auf Erden, vielmehr liefern sie ihren Mitgliedern Argumente für ihr egoistisches Verhalten. Religiöse Menschen sind tatsächlich davon überzeugt, dass sie besser und moralischer handeln würden. Sie sind so davon überzeugt, das sie gar nicht merken, was sie anderen damit antun. Dies wirkt auch in die Lebensbereiche Kunst und Kultur mit hinein.

3.4.3 Kunst

Vertreter der religiösen Gemeinschaften behaupten gerne, dass Religionen den Menschen zu Höchstleistungen in der Kunst beflügeln. Wer an die Sixtinische Kapelle, die Dombauten oder an die barocken Orgelstücke denkt, der stimmt dem gerne zu. Sieht man sich jedoch auch den Rest an, so fallen einem häufig nur Kirchen, Tempel und Friedhöfe auf. Religiöse Symbole müssen eine gewisse Simplizität und Monotonie besitzen, damit sie einen Wiedererkennungswert haben.

Und was ist mit den großen Künstlern und ihren Meisterwerken? Haben die religiösen Institutionen nicht Großartiges geleistet? Haben die Kirchen nicht die Kunst und Kultur des Abendlandes geprägt? Die religiösen Institutionen freilich haben gar nichts geleistet. Es sind die Künstler, die diese Werke geschaffen haben, und nicht die Kirchen. Die Institutionen haben nur durch die Geldvergabe bestimmt,[203] wer was produzieren durfte. Die richtige Frage muss daher lauten: Was hätten diese Künstler schaffen können, wenn man ihnen die Themen nicht vorgeschrieben hätte? Wo würde unsere Kultur heute stehen, wenn nicht unzählige Bücher und Kunstwerke auf dem Scheiterhaufen gelandet wären? Haben sie etwa nur die Spreu vom Weizen getrennt? Wenn sie das getan haben, dann liegt der Weizen jetzt in den Kirchen und in den Schweizer Bankkonten. Nicht einmal die Spreu hat das Volk bekommen. Die Spreu wurde verbrannt. Was wir heute sehen, ist nicht die Höchstleistung des christlichen Abendlandes, sondern das, was die religiösen Institutionen haben überleben lassen.

Und was ist mit der Kunst eines Michelangelo und Leonardo Da Vinci? Gegenfragen: Sind die Pyramiden für die Götter oder für die Pharaonen gebaut worden? Wer hat denn da wem ein Denkmal gesetzt? Wo liegen denn die Heiligen und Bischöfe, die Mullahs und Kalifen, die Könige und ihre Frauen begraben? Warum sehen die Gesichter der Heiligen auf den Altargemälden so aus wie die Geldgeber der Bauwerke? Verdanken wir unsere

---

[203] Vergleiche auch Frerk, Carsten: Finanzen und Vermögen der Kirchen. Aschaffenburg 2002.

Kathedralen, Moscheen und Tempel dem Geld der Gläubigen oder dem der religiösen Machthaber? Wollte da jemand schon zu Lebzeiten die Unsterblichkeit erlangen? Religion schafft keine Kunst, sondern gibt Themen vor, mit denen sich Künstler auseinandersetzen können.

Die abschließende Frage lautet also wieder einmal, warum sich biologische Egoisten die Religion als Vorwand genommen haben, um sich der Künstler zu bemächtigen und sich selbst Denkmäler zu setzen.

3.4.4 Kultur

Das zweite große Thema aller Religionen ist die Kultur. Selbstverständlich behaupten viele große religiöse Institutionen, dass sie diese Kultur maßgeblich initiiert und geprägt haben. Dies ist aber nicht einmal die Hälfte der Wahrheit. Kulturen basieren auf dem Lebenserwerb der Bevölkerung, der in den jeweiligen Regionen anzutreffen ist.[204] Ein Land, welches sich hauptsächlich vom Ackerbau ernährt, ist im Jahreszyklus durch die Zeiten der Aussaat und der Ernte festgelegt. Zur astronomischen Bestimmung der günstigsten Zeitpunkte hierfür werden die Sonnenwenden sowie die Tag- und Nachtgleichen beobachtet bzw. berechnet. Gerade in der nördlichen Hemisphäre waren die Daten, an denen die Tage immer kürzer wurden, mit Angst und Hoffnung besetzt. Kurz nach der Wintersonnenwende wird daher das Fest des Lichtes und der Auferstehung gefeiert. Die erste Tag- und Nachtgleiche bestimmt den Frühlingsanfang, der durch die Geburten der ersten Jungtiere gekennzeichnet ist. Davor befindet sich in der Regel eine Fastenzeit, wenn die Reserven des Winters zu Ende gehen. Zudem ist diese Zeit von Fleischlosigkeit zum Schutz der Muttertiere gekennzeichnet. Ende Mai, Anfang Juni ist das erste Erntedankfest für das Wintergetreide, die so genannte Auferstehung der Gemeinde, weil nun die ersten Reserven wieder vorhanden sind. Die Sommersonnenwende legt den Sommeranfang fest. Die zweite Tag- und Nachtgleiche definiert das zweite Erntedankfest und den Beginn der Jagdsaison, die bis zu den Herbststürmen andauert. In den Wochen vor der Wintersonnenwende bleibt man besser im Hause, um das Werkzeug zu reparieren und sich Geschichten zu erzählen. Man erwartet die Ankunft des Lichtgottes drei Tage nach der Wintersonnenwende (25. Dezember), damit das nächste Jahr beginnen kann.

Auf diesen Terminkalender des Ackerbaus setzen viele Religionen einfach auf und versuchen die älteren Licht- und Fruchtbarkeitsgötter zu verdrängen. Dies geht sogar soweit, dass dieselben Religionen je nach

[204] Oerter, Rolf / Montana, Leo (Hrsg.): Entwicklunspsychologie. Weinhein 1998.

Klimazone ihre Feiertage verschieben müssen. Ein schönes Beispiel hierfür ist das Erntedankfest. Durch das Wechselspiel von Sonnen- und Mondzyklen und Wochentagen ist aber auch eine Variation von anderen wichtigen Terminen möglich, die damit um die Eckdaten herum gelegt werden können, ohne dass die Widersprüche gleich auffallen.

Wer die Zeiten zur Aussaat und zur Ernte bestimmen kann, der gebietet auch über das Leben in den Dörfern. Daher sind alle Religionen bemüht, ihre eigene Zeitrechnung zu haben. Selbst die europäische Zeitrechnung basiert auf einem Ideendiebstahl. Papst Gregor XIII. war weder der Entdecker der notwendigen Kalenderreform noch der Erfinder oder der Urheber oder der Mathematiker hinter diesem Kalender. Die eigentlichen Urheber sind Nikolaus von Kues, Nikolaus Kopernikus, Aloisius Lilius und Christopherus Clavius. Auch der Name des Papstes ist somit nur aufgesetzt, um die Allmacht der religiösen Institution zu demonstrieren. Und selbst das Geburtsjahr des „Herrn“ für die Zeitrechnung ist falsch berechnet und willkürlich gesetzt, um die alten Traditionen zu vernichten.

Welchen Einfluss hatten nun die religiösen Institutionen auf die Kultur des Abendlandes? Die religiösen Institutionen haben ihre Vorstellungen von Kultur bis in die Familien hinein ausgebreitet. Alternative Lebensweisen wurden unterbunden, wenn es sein musste mit Gewalt. Die Inquisition und die Religionskriege legen hiervon Zeugnis ab. Und dort, wo dies aufgrund der wirtschaftlichen und machtpolitischen Verhältnisse nicht möglich war, haben sie versucht diese Änderungen als ihre Errungenschaften umzuinterpretieren. Ein Beispiel aus der neueren Zeit sind die so genannten „Sekten“ in den 1970er und 1980er Jahren. Da wurde getanzt, gesungen und meditiert. Wenn es „Sekten“ machten, dann war das Teufelswerk und es wurde von Jugendsekten, Drogensekten, psychischer Abhängigkeit und Geldmacherei geredet. Wie sich hinterher herausstellte, lag das Durchschnittsalter der „Jugendlichen“ bei über dreißig Jahren. Die einzige Droge war meistens nur das Gefühl in der Gruppe. Das Schreckgespenst „psychische Abhängigkeit“ wurde von den Eltern beschworen, die keinen Einfluss mehr auf die „Kleinen“ hatten, und die „Geldmacherei“ war häufig an eine gemeinnützige Institution oder einen Verein gebunden und nicht an eine Privatperson. Trotzdem reichte die Treibjagd und Meinungsmache aus, um einem indischen Guru noch 1986 ein Einreiseverbot in 21 zivilisierte (!) Länder zu verpassen, weil man Angst hatte, dass er die Jugend gefährden könnte.[205] Welche Werte und Moral vertreten die etablierten Religionen,

[205] Shunyo, Ma Prem: Diamanten auf dem Weg. Persönliche Momente mit Osho. Himberg, Österreich 1998.

wenn sie durch das Wort eines einzigen Mannes aus den Angeln gehoben werden können? Und wie war das noch mit dem „Sex-Guru“, der 93 Rolls-Royce besessen haben soll, Uhren mit Brillanten trug und immer in langen Röcken rum lief? Das mit dem Sex war ein guter Verkaufsschlager, um den sich die Presse riss. Die 93 Rolls-Royce waren eine Satire auf unsere Gesellschaft, in der jede Familie mehrere Autos hatte, und sie wurden anschließend wieder verkauft. Immerhin haben auch Religionsfürsten ein Anrecht auf einen Dienstwagen mit eigenem Chauffeur aus Steuermitteln, nur sie verkaufen die Wagen anschließend nicht. Die Brillanten-Uhren waren nicht mehr Luxus als das Gold des Vatikans, nur wurden die Uhren dem Guru geschenkt und von ihm von Zeit zu Zeit wieder weiter verschenkt. Und das mit den merkwürdigen Röcken? Mal ehrlich, wie hat denn ein Heiliger auszusehen? Kann ein einziges Wollkleid schon Gotteslästerung sein? Aber der beste Streich von allen war: Ausgerechnet der Mann, dem die Kirchen nachsagten, er würde sich selbst als Gott bezeichnen, Baghwan genannt Osho, outete sich als Gegner jeglicher Gottesvorstellung.[206] Und das, nachdem man ihn jahrelang als Sektenführer angebetet oder verteufelt hatte.

Doch biologische Egoisten lernen schnell dazu. Als die etablierten religiösen Institutionen gemerkt hatten, dass diese Gruppen mit ihrer gelebten Spiritualität einen guten Zulauf hatten, sah das mit dem Teufelszeug schon ganz anders aus. Plötzlich öffneten sich die Gemeinden für Meditationen, die nach Jahrhunderten des Tiefschlafes plötzlich als urchristlich deklariert und aus dem Hut gezaubert wurden. Da gab es auf einmal Gospel- und Jazzgottesdienste. Da wurden in Gemeindezentren plötzlich Jugenddiskotheken organisiert. Es gab ökumenische Gottesdienste und Taizé-Andachten. Und selbst der Vatikan begann seine Gelder durch Wirtschaftsexperten managen zu lassen. War die Halskette eines Gurus früher Zeichen der Abhängigkeit und Dummheit, so entdeckten die etablierten Institutionen plötzlich, dass man mit T-Shirts, Halstüchern, Papstbildern und sonstigen Utensilien bei Kirchentagen richtig viel Geld machen konnte. Wenn das Wort christlich draufsteht, ist das ja jetzt auch was ganz anderes mit dem alten Teufelszeug! Und Papstbesuche erweisen sich mittlerweile als gute Einnahmequelle. Der Gewinn geht an die Kirche, die Polizei- und Aufräumkosten tragen die Steuerzahler. Fuhren früher Millionen Menschen aus aller Welt zu einem Guru nach Indien, so war das psychische Abhängigkeit und tiefster Aberglaube. Fahren Kinder aus aller Welt heute zum

[206] Osho, Chandra Mohan Rajneesh: Der Gott den es nicht gibt. Westliche Religion und die Lüge von Gott. Berlin 2005.

Weltjugendtag mit Papstbesuch, so ist das tiefster Glaube und ein Zeichen der Hoffnung. Fromme Menschen haben es schon immer verstanden, mit zweierlei Maß zu messen.

Wird bei den heiligen Tugenden der Religionen darauf beharrt, dass diese unveränderlich, unumstößlich und ewig gültig sind, so sieht dies bei den Tugenden zur Geldvermehrung ganz anders aus.[207] Neuerungen, die die Gesellschaft verändern könnten, müssen von ihnen abgelehnt werden, Neuerungen, die das eigene Geschäft beleben, können anscheinend beliebig interpretiert werden. War in der Finanzkrise 2008 noch zu hören, dass sich eine Kirche in Deutschland um mehrere Millionen Euro verspekuliert hatte, so verlautete Anfang 2009 eine andere Kirche, dass der leibhaftige Antichrist hinter allem stehen würde.[208] Als ob sie vorher nicht gewusst hätten, mit wem sie da Geschäfte machen.

Kehren wir noch einmal zur Ausgangsfrage nach den Funktionen der Religionen zurück. Kultur ist als Tradition die Überlieferung und Anwendung von Verhaltensweisen, die sich in der jeweiligen artexternen und artinternen Umwelt als positiv herausgestellt haben. Kulturen verändern sich, wenn sich die Lebensweisen durch wirtschaftliche und naturwissenschaftliche Neuerungen verändern können. Die religiösen Institutionen konnten es nie verhindern, dass ihre Mitglieder mit der Zeit gingen und sich mehr Luxus, Technik und Fortschritt gegönnt haben. Die religiösen Institutionen wirkten aber eher wie ein Bremsklotz als wie ein Initiator. Wo sie längere Zeit ungestört walten konnten, haben sie ihre Ansichten bis ins Detail ausgearbeitet und ihren Mitgliedern vorgeschrieben. Religiöse Institutionen scheinen die Aufgabe zu haben, konservativ und eher abwartend auf die Gesellschaft zu wirken.

Biologisch gesehen existiert hier wieder das alte Vorsichtsprogramm, welches einem rät, erst einmal die anderen Gruppenmitglieder das Neue ausprobieren zu lassen. Falls es sich bewährt, können die Gläubigen immer noch wechseln und behaupten, dass sie dies sowieso wollten. Ein Wechsel hat für Gläubige daher nur stattgefunden, wenn sie selber denken, dass sie ihn jetzt haben stattfinden lassen.

---

[207] Frerk, Carsten: Caritas und Diakonie in Deutschland. Aschaffenburg 2005; Schmitz, Emil-Heinz: Die Kirche und das liebe Geld. Münster 1998.

[208] Amorth, Grabiele / Lavatori, Renzo: „Hinter der Finanzkrise steckt der Teufel.“ Januar 2009, www.pontifex.roma.it.

3.4.5 Zusammenfassung des Abschnitts 3.4

Das „Gute“ und das „Böse“ gibt es nicht. Es sind subjektive, egoistische und einseitige Bewertungen. Es gibt sie nicht in personifizierter Form, es gibt keine Erlösung von dem „Bösen“ und daher braucht es auch keine Erlöser vom „Bösen“ zu geben. Die Vertreter religiöser Institutionen behaupten gerne, dass sie für die Aufrechterhaltung von Moral und Ethik zuständig sind und dass sie die Kunst und Kultur maßgeblich mitbestimmen. Moral und Ethik sowie Kunst und Kultur können aber bereits bei Tieren beobachtet werden.[209] Religion scheint hierfür nicht notwendig zu sein. Experimente zeigen, dass wir eine natürliche Moral und Ethik besitzen. Biologische Egoisten können daher nicht Moral und Ethik bestimmen. Sie können aber die Informationslage durch religiöse Zusatzinformationen so manipulieren, dass wir uns moralisch und ethisch schuldig und abhängig fühlen. Die Geschichte zeigt, dass dies bisher nicht zum Wohle der Menschheit geschehen ist, sondern immer nur zum Wohle derer, die manipuliert haben. Auch die beanspruchte Hoheit über Kunst und Kultur diente bisher nur dazu, dass sich einzelne Egoisten mit Hilfe der religiösen Argumentation Denkmäler gesetzt oder die Macht über Wirtschaftsverhältnisse verschafft haben.[210]

Die Argumentationsebene Religion dient damit zur Erschaffung, Aufrechterhaltung und zum Ausnutzen der Gemeinschaft. Die Vertreter der Religionen fordern daher auch die Interpretationshoheit über die Welt.

3.5 Interpretationshoheit

Bei unseren Vorfahren im Pleistozän galt, dass derjenige, der die Umwelt richtig interpretieren konnte, auch das anerkannte Alpha-Tier war. Nur er konnte aufgrund seine Lebenserfahrung die Gruppe sicher durch die Gefahren führen. Alpha-Tier war er aber nur so lange, wie ihm nicht allzu viele Fehler unterliefen. Führte er die Gruppe ins Verderben, so war die Gruppe gut beraten, ihn abzusetzen und einem neuen Leittier zu folgen.

Wer anderen erzählen will, was richtig und falsch ist, der muss aufzeigen, dass er mit seinen Behauptungen richtig liegt. Er muss entweder

[209] Gruber, Thibaud / Muller, Martin N. / Strimling, Pontus / Wrangham, Richard / Zuberbühler, Klaus: Wild chimpanzees rely on cultural knowledge to solve an experimental honey acquisition task. Current Biology, Vol. 19, Nr. 21 (2009), S. 1806-1810; Waal, Frans de: Primaten und Philosophen. Wie die Evolution die Moral hervorbrachte. München 2008.

[210] Frerk, Carsten: Finanzen und Vermögen der Kirchen. Aschaffenburg 2002.

Beweise vorlegen oder dafür sorgen, dass die anderen ihm zumindest keine Fehler nachweisen können. Kann er beides nicht, so bleibt ihm nur die Flucht in die Interpretationshoheit, die er dann mit Macht verteidigt. Dies gilt sowohl für den einzelnen biologischen Egoisten als auch für die Vertreter der religiösen Institutionen.

3.5.1 Beleidigung religiöser Gefühle

Glauben kann man nicht beweisen und daher lohnt es sich nicht über ihn zu streiten. Aber unser Gehirn generiert nicht nur durch den Glauben geprägte Vorstellungen für uns. Wir identifizieren uns auch mit unseren Ideen. Zudem vertreten wir diese Vorstellungen in der Öffentlichkeit und definieren unsere Position in der gesellschaftlichen Hierarchie über die Akzeptanz dieser Vorstellungen. Unser Glaube muss „logisch" und gesellschaftlich vertretbar sein. Er muss sich in die gängigen Ideengebäude fügen. Wir wollen ja für unsere „Vernunft" gelobt und geachtet werden. In der Hierarchie der Gruppe verteidigen wir unsere gesellschaftliche Position gegen andere und in dieser Hierarchie suchen wir unsere Fortpflanzungspartner. Ein Angriff auf unsere Position kommt einem Angriff auf unseren Selbsterhalt und unsere Fortpflanzungschancen gleich. Das Prähominiden-Ego unserer Psyche reagiert sehr emotional und aggressiv darauf, wenn die biologischen Ziele seiner Gene angegriffen werden. Ein Angriff auf die „Logik" der Glaubensvorstellungen ist immer auch ein Angriff auf die Position in der Hierarchie und den elementaren biologischen Egoismus. Wer den persönlichen Glauben lächerlich macht, der erklärt anderen den Krieg. Ein Angriff auf die gesellschaftliche Position kann nicht ungestraft akzeptiert werden. Bei unseren Ahnen wäre der Angegriffene sofort in die unterste Position der Hierarchieleiter degradiert worden, wenn er es nicht wenigstens versucht hätte, sich zu wehren. Daher muss auf einem Angriff auf die gesellschaftliche Position auch ein Gegenangriff erfolgen. Und da sich der einzelne Egoist nicht so gut wehren kann, benutzen Egoisten daher die Gruppe der Gleichgesinnten, um sich zu schützen. Sie sagen was Recht ist und sprechen Recht im Namen aller. Für Angriffe auf die Argumentationsebene gibt es den Tatbestand der Blasphemie oder der Beleidigung religiöser Gefühle.[211] Natürlich geht es hierbei nicht um die „Logik" des Glaubens oder um Gefühle, sondern um pleistozäne Egoisten, die sich um

[211] In Deutschland hat der Gesetzgeber dies über § 166 StGB geregelt. Danach macht sich derjenige strafbar, der öffentlich den Inhalt des religiösen Bekenntnisses anderer in einer Weise beschimpft, die geeignet ist, den öffentlichen Frieden zu stören. Wobei gerne übersehen wird, dass der öffentliche Friede bereits

ihre Positionen in der gesellschaftlichen Hierarchie streiten. Denn Hierarchie ist für Egoisten wichtiger als Erkenntnis. Daher kann man heute noch potentiell dafür ins Gefängnis kommen kann, wenn man behauptet, Wotan und Zeus seien Hirngespinste!

3.5.2 Pseudostaatliche Hoheit

Die Kirchen haben ihre eigene Strafgerichtsbarkeit. Für die katholische Kirche gilt seit 1917 der Codex des kanonischen Rechts. Hierin ist/war eindeutig geregelt, dass Kleriker in Deutschland der weltlichen Gerichtsbarkeit entzogen sind/waren. Dieses Recht wurde zwar seit 1983 nicht mehr erhoben, ungültig ist aber deswegen noch lange nicht. Ebenso gültig ist das *Sacramentum sanctitatis tutela*, der Schutz der heiligen Sakramente. Die meisten Rechtsfälle unterliegen nach diesem Dekret dem Artikel 25 § 1, dem päpstlichen Geheimnis. Dieser Rechtsbestand führte zu der merkwürdigen Praxis, dass Kleriker für schwerste Straftaten beichten durften und durch die Strafauflage des Beichtvaters bereits die Gnade und das Rechtsurteil erlangt hatten.[212] Und da niemand für eine Straftat zweimal bestraft werden darf, reichte in Deutschland lange Zeit ein *„Ave Maria"*, um der weltlichen Gerichtsbarkeit zu entgehen. Hier stand bzw. steht „göttliche" bzw. „beichtväterliche" Gnade vor Recht und Rechtssaat. Weiterhin gilt noch das Beichtgeheimnis, weshalb der Beichtvater weder Auskunft geben noch eine Straftat verhindern oder eine Strafanzeige erstatten muss. Wie diese „Gnadenpraxis" des kanonischen Rechts mit dem allgemeinen Gleichbehandlungsgesetz (AGG) zu vereinbaren ist, bleibt ein Rätsel der Politik. In diesem Gesetz heißt es in Abschnitt 1, § 1: „Ziel ist es, Benachteiligungen aus Gründen der Rasse oder wegen der ethnischen Herkunft, des Geschlechtes, der Religion oder Weltanschauung, einer Behinderung, des Alters oder der sexuellen Identität zu verhindern oder zu beseitigen." Es gibt in Deutschland des Jahres 2010 immer noch ein Recht für Normalsterbliche und ein Recht für „Angehörige" des Vatikanstaates, die hier leben und arbeiten.

Ähnliches gilt für das Streikrecht. So steht im Grundgesetz, Artikel 9: „Das Recht, zur Wahrung und Förderung der Arbeits- und Wirtschaftsbedingungen Vereinigungen zu bilden, ist für jedermann und für alle Berufe gewährleistet." Dies gilt selbstverständlich nicht für Menschen, die für die

---

über § 130 StGB geschütz wird. Ein Sonderstatus für religiöse Menschen also, die sich hinter der „öffentlichen" Meinung verstecken.

212 Kodalle, Klaus-Michael: Gnade vor Recht? Artikel in der Zeitschrift Zeit, 25. Februar 2010, http://www.zeit.de/2010/09/Katholische-Kirche.

Kirchen in Deutschland arbeiten.[213] Wer für Gott und seine Stellvertreter auf Erden arbeitet, darf nicht protestieren oder von menschlichem Rechtswerk Gebrauch machen. So ließen die „Arbeitgeber" der evangelischen Kirche der Gewerkschaft ver.di gerichtlich untersagen, in kirchlichen Kliniken und Altenheimen zum Streik aufzurufen. Berufen können sich die Kirchen auf Artikel 137 III der Weimarer Reichsverfassung, der auch im kirchlichen Selbstbestimmungsrecht verankert ist und noch heute Gültigkeit hat.

Eine weitere beanspruchte Interpretationshoheit stellt das so genannte Wertesystem dar. Atheismus, Humanismus, Medizin, Wissenschaft und auch Religion sind nicht in ihren Taten von einander zu unterscheiden, sondern nur in der Motivation.[214] Religiöse Gruppen trennen sich selber von der Gesellschaft ab, indem sie andere Ziele und Ideale als Motivationen vorgeben. Würden Gläubige schweigen, helfen und dienen, so wären sie das Rückgrat jedes Staates und die Vorbilder jeder Religion. Solange sie aber darauf aufmerksam machen, dass sie die besseren Motive und Ideale haben, solange sie den anderen ihre Unvollkommenheit vorwerfen, indem sie missionieren, solange sie behaupten, als Einzige die „richtige" Moral und Ethik zu haben und zu verbreiten, solange sie die Schaltstellen der Macht besetzt halten, solange sind sie nur Egoisten, die sich für etwas besseres halten. Ein Heiliger weiß niemals, dass er ein Heiliger ist. Und ein Heiliger, der von sich behauptet einer zu sein, ist keiner mehr.

Wenn sich etablierte religiöse Institutionen anmaßen, das alleinige Monopol für Moral und Ethik verwalten zu dürfen und allen anderen damit eine gleichwertige Moral und Ethik absprechen, so ist dies eine Beleidigung von Atheisten, Agnostikern und Andersgläubigen. Aber wer die Spielregeln bestimmt, der führt. Und genau darum geht es. Denn mit Hilfe der Kriterien einer Wertegemeinschaft werden Posten und Schaltstellen vergeben sowie Berufsverbote und Kündigungen erteilt.[215] Wer nicht so lebt und handelt,

---

213 Witt, Gregor: Billiglöhne und Streikverbot. Christen als Arbeitgeber. ZDF, Frontal 21, Internetbericht vom 19.05.2009. http://frontal21.zdf.de/ZDFde/inhalt/30/0,1872,7588926,00.html.

214 Palmer, Craig T. / Steadman, Lyle B.: With or without belief: a new evolutionary approach to the definition and explanation of religion. Evolution and Cognition 10 (2004), S. 138-147; Steadman, Lyie B. / Palmer, Craig T.: Religion as an identifiable traditional behavior subject to natural selection. Journal of Social and Evolutinary Systems 18 (1995), S. 149-164.

215 Bischöfe, Die deutschen: Grundordnung des kirchlichen Dienstes im Rahmen kirchlicher Arbeitsverhältnisse. Bd. 51. Sekretariat der Deutschen Bischofskon-

wie die religiösen Institutionen es wollen, der bekommt Ärger mit ihnen. Es sind die kirchlichen Träger, die sich in ihren Kindergärten, Schulen, Universitäten, medizinischen und psychologischen Kliniken, Ambulanzen, Pflegeheimen, Altenheimen, karitativen Einrichtungen usw. ihr Personal nach Konfessionszugehörigkeit aussuchen dürfen. Für viele Ärzte, Psychologen, Krankenschwestern und Pfleger endet die Berufsausübung mit dem Kirchenaustritt bzw. fängt gar nicht erst an. Selbst die universitären Pflichtpraktika, um den Abschluss oder die Berufserlaubnis zu bekommen, werden in medizinischen Berufen schon zu einem Spießrutenlauf, wenn man die falsche oder keine Konfession hat. Bezahlt werden die Mitarbeiter der kirchlichen Träger zu 80 bis 90 Prozent von den Steuerzahlern. Also auch von den Nicht- oder Andersgläubigen.[216] Wer eingestellt wird bestimmen aber nur die kirchlichen Träger. Geld verdienen die Angehörigen des richtigen Glaubens. Arbeitslos sind die, die diese Machtverteilung im säkularen Staate nicht akzeptieren. Und hierbei geht es nicht um ein paar Einrichtungen, sondern in einigen Berufen um bis zu 80 Prozent des Arbeitsmarktes. Konfessionslosigkeit kommt in manchen Teilen Deutschlands einem Berufsverbot gleich. „*Extra ecclesiam nulla salus*", außerhalb der katholischen Kirche gibt es kein Heil, keine Erlösung. Nur die alleinseligmachende Kirche darf entscheiden.

Der Zusammenschluss von Kirche und Staat ist eine religiös begründete Zwangsmaßnahme, um an demokratischen Entscheidungen und Prinzipien sowie an der freien Marktwirtschaft vorbei seinen eigenen Gruppenmitgliedern Vorteile auf Kosten anderer zukommen zu lassen. Die Integration von Migranten wird zu einem Witz, wenn bedacht wird, dass sie ohne die richtige Konfessionszugehörigkeit von vielen Berufen nahezu ausgeschlossen sind. Nur bei Putzfrauen und Ein-Euro-Jobbern werden beide Augen aus moralischen Gründen zugedrückt.[217] Der biologische Egoist will den Staat und die Gesellschaft in seinem Sinn beeinflussen und kontrollieren.[218]

Ergänzend sei nur erwähnt, dass so etwas nicht nur in Deutschland und bei christlichen Institutionen vorkommt. Es ist ein weltweites Phänomen

ferenz (Hrsg.), Bonn 1993.

216 Buggle, Franz: Denn sie wissen nicht, was sie glauben oder warum man redlicherweise nicht mehr Christ sein kann. Aschaffenburg 2004.

217 Witt, Gregor: Billiglöhne und Streikverbot. Christen als Arbeitgeber. ZDF, Frontal 21, Internetbericht vom 19.05.2009, http://frontal21.zdf.de/ZDFde/inhalt/30/0,1872,7588926,00.html.

218 Onfray, Michel: Wir brauchen keinen Gott. Warum man jetzt Atheist sein muss. München 2007.

von Gemeinden und Sekten, dass essentielle Posten nur durch die richtige Glaubenszugehörigkeit erworben werden können. Und um solche Posten und Positionen geht es auch an den Universitäten mit ihrer wissenschaftlichen Interpretationshoheit.

3.5.3 Wissenschaft und Glaube

3.5.3.1 Vergleich der Methodenwahl

Es ist eine der interessantesten Bemühungen der großen religiösen Institutionen, dass sie sich in heutiger Zeit vermehrt darum kümmern den Eindruck zu erwecken, dass ihre religiösen Inhalte und Interpretationen im Einklang mit den Naturwissenschaften stehen. Dies ist um so erstaunlicher, weil ihr Metier der Glauben sein sollte, der per Definition nichts mit Logik und Wissenschaft zu tun haben muss. Sie brauchten einfach nur glauben und glücklich zu sein. Sie müssen nichts beweisen. Dennoch existiert offenbar das Bedürfnis hierzu.[219] Warum? Der Religionswissenschaftler Michael Blume etwa spricht von einer Evolution der Religiosität.[220] Haben Religionen einen höheren Stellenwert in der öffentlichen Diskussion, wenn sie genetische Ursachen hätten? Würde das ihre Notwendigkeit beweisen? Was soll hier suggeriert werden? Obendrein wollen große christliche Glaubensgemeinschaften den Naturwissenschaften nicht nur ebenbürtig, sie wollen ihnen sogar überlegen sein. Sie definieren den Begriff Schöpfung als Evolution plus X, wobei das X etwas göttliches ist, welches nicht definiert werden kann.[221] Da ist also noch irgendetwas neben dem, was Wissenschaftler sehen und messen können, wovon diese aber keine Ahnung haben. Wie X auf die Schöpfung wirkt, weiß keiner so genau. Und dieses Etwas ist es, weshalb die Vertreter der christlichen Glaubensgemeinschaften als gleichberechtigte Gesprächspartner über die Naturwissenschaften, die Biologie und die Evolution urteilen dürfen. Schon der amerikanische Anthropologe

---

[219] Horn, Stefan Otto / Wiedenhofer, Siegfried (Hrsg.): „Schöpfung und Evolution": Buch des Schülerkreises von Benedikt XVI. Tagung in Castel Gandolfo. Augsburg 2009; Ravasi, Gianfranco: Biologische Evolution, Fakten und Theorien. Eine kritische Bilanz nach 150 Jahren Von der Entstehung der Arten. Konferenz an der Päpstlichen Universität Gregoriana, 3. März 2009.

[220] Vaas, Rüdiger / Blume, Michael: Gott, Gene und Gehirn. Warum Glaube nützt. Die Evolution der Religiösität. Stuttgart 2009.

[221] Wojtyla, Karol Jósef: Enzyklika Fides et Ratio. Vatikan 1998.

Roy A. Rappaport[222] stellte fest, dass sich Religionen nur über solche nicht überprüfbaren Aussagen definieren. Mittlerweile verlassen sich die großen Glaubensgemeinschaften auch nicht mehr auf die Ergebnisse der Naturwissenschaften und deren Sicht der Dinge. Es wurden eigene Lehrstühle geschaffen, wie Religionswissenschaft, Religionsphilosophie, Religionsgeschichte, Religionspsychologie, Religionssoziologie und viele andere Fakultäten, in denen die religiösen Institutionen zeigen, dass sie selber wissenschaftlich arbeiten können. Selbstverständlich arbeiten diese Mitarbeiter genauso wissenschaftlich wie ihre Kollegen in anderen Fakultäten. Es gibt aber keine Religionsgeschichte, Religionsarchäologie usw., die andere Methoden verwenden als ihre Mutterdisziplinen. Es gibt nur eine Geschichtswissenschaft, die sich mit speziellen Themen der Religionen beschäftigt. Es gibt keine Religionsarchäologie, sondern eine Archäologie, die sich mit speziellen Themen der Religionen beschäftigt usw.[223] Warum soll der Eindruck entstehen, dass Religions-XXX etwas anderes ist als normale Wissenschaft mit Spezialgebiet? Wer vergibt diese Stellen? Und an wen? Warum werden finanzielle Belohnungen für einen Gottesbeweis ausgesetzt? Warum wird der weltweit höchst dotierte Preis mit 820.000 Pfund Sterling an Einzelpersonen vergeben, die sich um die Verbindung von Wissenschaft und Religion verdient machen? Wobei allerdings nicht nur die Einzelleistung, sondern auch der Lebenslauf und die rechte Gesinnung eine Rolle spielen. Die Templeton-Foundation stellt damit mehr Geld zur Verfügung als das Nobelpreiskomitee. Warum gibt es Stipendien für Gläubige, die Beweise gegen wissenschaftliche Erkenntnisse sammeln sollen? Warum Sonderforschung und wie soll so etwas aussehen?

Der katholische Priester Tonke Dennebaum äußert sich zu den „wissenschaftlichen" Methoden der Theologie folgendermaßen[224]: „Zunächst gilt zu entscheiden, ob dabei auch solche Methoden in Frage kommen, die von ihrer Anlage her grundsätzlich ergebnisoffen sind. Alternativ wäre es denkbar, die Bedeutung rationaler Argumentation in der Theologie eher funktional zu verstehen. Vernunft und Logik wären dann Instrumente, die der Bestätigung und Legitimierung von Glaubensaussagen zu dienen hätten, die von vornherein als wahr und von Gott geoffenbart feststehen." Wenn ein Naturwissenschaftler ein Experiment, einen Nachweis oder einen

222 Rappaport, Roy A.: Ritual and Religion in the Making of Humanity. Cambridge 1999.

223 Stolz, Fritz: Grundzüge der Religionswissenschaft. Göttingen 2001.

224 Dennebaum, Tonke: Kein Raum mehr für Gott? Wissenschaftlicher Naturalismus und christlicher Schöpfungsglaube. Würzburg 2006.

Beweis so gestaltet, dass etwas Erwünschtes dabei heraus kommt und andere Ergebnisse dafür unter den Tisch fallen gelassen werden, dann spricht man von „Ergebnissen schießen“. Wenn er dies auch noch publiziert, von der Kanzel predigt und für wahr verkauft, dann spricht man in der Naturwissenschaft von Betrug und Fälschung. In der Theologie nennt man dies „offenbarte“ Ergebnisse. Es muss nicht weiter vertieft werden, dass hier biologische Egoisten bereits „ihre“ Wahrheit gefunden haben und nun nur noch zusehen müssen, wie sie dies den anderen weismachen.

3.5.3.2 Vergleich der Ergebnisse

Bei dem Ringen um die wissenschaftlichen Ergebnisse geht es nicht um den Teil der Religionsanhänger, der glaubt, sondern um den Teil der Religionsvertreter, der mit seinen religiösen Institutionen die Interpretationshoheit erlangen möchte. Wissen ist Macht und wer beweist, dass sein Wissen auf gesicherten Erkenntnissen beruht, der übernimmt auch die Führung in der Gesellschaft. Die Wissenschaft behauptet nicht nur, sie zeigt durch Forschung und Technik, wie weit sie durch ihre Methode des Erkenntnisgewinns kommen kann. Wissenschaft ist der Motor unserer Gesellschaft. Und da die Vertreter der Religionen mit dem wissenschaftlichen Fortschritt bei der Erklärung der Welt nicht mithalten können, müssen sie die Ergebnisse der anderen wenigstens verstehen und interpretieren können. Wenigsten hier wollen sie wieder das letzte Wort haben, zumindest hier wollen sie wieder vorschreiben, was Wissenschaft darf und was nicht. Aber um glaubhaft zu sein, dürfen ihre bisherigen philosophischen „Erkenntnisse“ und Glaubensinhalte nicht in Widerspruch zur modernen Wissenschaft geraten. Sehen wir uns deshalb ein paar Beispiele für die „Widerspruchfreiheit“ der Glaubensinhalte an.

Nehmen wir die Definition einer christlichen Gemeinschaft: Das I. Vatikanische Konzil formuliert eindeutig: „Die heilige katholische und apostolische Römische Kirche glaubt und bekennt, dass *ein* wahrer und lebendiger Gott ist, Schöpfer und Herr des Himmels und der Erde, allmächtig, ewig, unermesslich, unbegreiflich, an Vernunft und Willen sowie jeder Vollkommenheit unendlich“ (Vaticanum I., Konstitution „Dei Filius“). Ob ein Mensch überhaupt in der Lage ist Gott zu beschreiben, ist die eine Frage; wenn er es aber tut, dann sollte es wenigsten in sich widerspruchsfrei geschehen. Logisch gesehen stehen hier die Aussagen zu Gottes Attributen konträr zueinander: „unermesslich“, also nicht messbar; „ewig“, also doch irgendwie gemessen und für ewig befunden; „unbegreiflich“, für einen Menschen nicht zu verstehen; „allmächtig“, also doch über die Macht zu definieren; „vollkommen", also nicht zu verändern; „lebendig", also anpassungsfähig und noch nicht vollkommen; „wahrer" Gott, also die absolute Wahrheit repräsentierend, aber leider für uns unbegreiflich. Was kann man denn über etwas aussagen, was als unbegreiflich definiert wurde? Mit der Logik einer Naturwissenschaft hat dies alles nichts zu tun. Hier werden mystische Inhalte als paradoxe Gottesbeschreibungen präsentiert, die die Gläubigen bedienen sollen. Solche Aussagen sind prinzipiell nicht überprüfbar und mit der naturwissenschaftlichen Logik nicht einmal in Gedanken nachzuvollziehen.

Eine weitere Bemühung der etablierten Großkirchen, um die Gläubigen zufrieden zu stellen, ist die Abgrenzung gegenüber den fundamentalistischen Religionen sowie eine Annäherung an die Inhalte der Naturwissenschaften. Mit den Schöpfungslehren des *Kreationismus* und des *Intelligent Designs* wollen die großen christlichen Glaubensgemeinschaften nicht in Verbindung gebracht werden. Stattdessen bemühten sie sich im Darwinjahr 2009 verstärkt zu verkünden, dass ihre Schöpfungsgeschichte im Einklang mit der Evolutionstheorie stehen würde.[225] Sehen wir uns diese Übereinstimmung einmal genauer an:

Nach wissenschaftlichen Erkenntnissen ist die Evolution ein sich selbst organisierender Prozess, der auf den Naturgesetzen und dem Zufall basiert. In diese Naturgesetze greift niemand von außen ein, sonst wäre es keine Evolution sondern Schöpfung! Dem widersprechen auch mittlerweile europäische Priester nicht mehr, wenn sie ernst genommen werden wollen. Der katholische Priester Karol Jósef Wojtyla (Johannes Paul II.) akzeptierte 1996 in einer Botschaft an die Mitglieder der Päpstlichen Akademie der Wissenschaften, dass die Evolutionstheorie „mehr als nur eine Hypothese" sei, allerdings mit Einschränkungen auf die menschliche Seele. Sein Kollege und Nachfolger Josef Ratzinger (Benedikt XVI.) sagte, auch wenn die „unmittelbare Erschaffung des Menschen" keine Lücken im evolutiven Geschehen voraussetzt, liege das Besondere des Menschen doch in seinem besonderen Gewolltsein durch Gott. „Dieses spezifische Gewolltsein und Gekanntsein des Menschen von Gott nennen wir seine besondere Erschaffung".[226] Die evangelische Kirche Deutschlands betont, Schöpfung

225 Horn, Stefan Otto / Wiedenhofer, Siegfried (Hrsg.): „Schöpfung und Evolution": Buch des Schülerkreises von Benedikt XVI. Tagung in Castel Gandolfo. Augsburg 2009; Ravasi, Gianfranco: Biologische Evolution, Fakten und Theorien. Eine kritische Bilanz nach 150 Jahren Von der Entstehung der Arten. Konferenz an der Päpstlichen Universität Gregoriana, 3. März 2009.

226 Horn / Wiedenhofer, „Schöpfung und Evolution".

nicht in erster Linie als zeitlichen Anstoß oder Eingriff aufzufassen, sondern eher als etwas Ständiges oder Andauerndes.[227] Theologen nennen dies „*creatio continua*", die fortwährende Schöpfung.[228]

Da ist es wieder: die Evolution plus X. Das X, von dem keiner genau weiß, was es ist. Solange sich dieses X nicht in die Evolution einmischt, stimmen Glaubensinhalte und Naturwissenschaften zwar nicht überein, aber sie existieren zumindest parallel nebeneinander her. Aber können sich Christen wirklich von der Vorstellung trennen, dass Gott zwischendurch in die Evolution eingreift? Akzeptieren die großen Glaubensgemeinschaften wirklich den selbstorganisierenden Prozess der Evolution, der ohne Gott auskommt? Bleibt ihr großes X wirklich außen vor?

Zur Evolution des Menschen gehört ja nicht nur die Geschichte vor der Eiszeit, sondern auch die Kultur, die aus der biologischen Evolution hervorging und ebenfalls ein Teil der menschlichen Gesamtevolution ist. Und hier greift der Gott der monotheistischen Religionen laufend ein. Er verlässt sich nicht auf den „natürlichen" Ablauf der Handlung, sondern handelt aktiv wie etwa bei der Vertreibung aus dem Paradies und der Sintflut, gibt Abraham und Moses Anweisungen, befiehlt, welche Stämme zu töten oder zu vertreiben sind. Damit übt er massiv Selektion aus. Und er wird sogar richtig phantasievoll, indem er selber Nachwuchs schafft. Wer an Jesus als den Sohn Gottes glaubt, der glaubt auch an das kreative Wirken dieses Gottes in der Evolution. Die unbefleckte Empfängnis ist der Beweis dafür, dass es nicht mit biologischen Gesetzmäßigkeiten zuging bei diesem Eingriff. Gleichzeitig wird deutlich, dass sich auch Gott selber den Gesetzen der Evolution unterwerfen muss. Er kann nicht die Menschen verändern, sondern muss persönlich vorbeikommen. Und selbst in der Person seines Sohnes hört der christliche Gott nicht auf, die Evolution in Ruhe zu lassen. Er erweckt Lazarus von den Toten, vertreibt Dämonen und steckt sie in Schweine, vertreibt Lepraerreger aus ihrem Habitat und holt die Körper von Jesus und seiner Mutter Maria aus den Stoffkreisläufen des Planeten heraus. Wenn Jesus der Messias, der Erlöser, sein soll, dann beendet er nach Überzeugung der Christen damit die Evolution. Nach ihm kann es keine weitere Entwicklung mehr geben. Wer an Jesus als Erlöser glaubt, widerspricht damit einer fortlaufenden Evolution und der Möglichkeit, dass sich der Mensch evolutiv weiterentwickelt. Dies gilt auch für Mohammed und

---

[227] Kirchenamt der Evangelischen Kirche Deutschland (Hrsg.): Weltentstehung, Evolutionstheorie und Schöpfungsglaube in der Schule. Hannover 2008, S. 10.

[228] Meisinger, Hubert: Intelligent Design – Lückenfüller mit einfachen Antworten auf komplexe Fragen? Schönberger Hefte 38 (2008), S. 2-4.

jeden anderen erwarteten Messias. Aber die Evolution geht weiter und Gott und die Heiligen greifen bei allen Heilungen und Wundern auch heute gegen die Naturgesetze in diese ein. Seine Stellvertreter auf Erden sprechen in seinem Namen die Urteile der Inquisition und betreiben Selektion. Und zum Finale kommt der Herr nebst Sohn wieder, beendet die Weltgeschichte und hält Gericht über uns. All das steht im krassesten Widerspruch zu einer Evolution, die sich durch die Naturgesetze und den Zufall selbst reguliert. Evolution ist Selbstorganisation, die ohne Eingriffe von außen auskommt. Der christliche Glauben basiert darauf, dass Gott die Evolution nicht in Ruhe lassen kann. Josef Ratzinger formulierte, dass der christliche Glaube „nicht bloß, wie man zunächst bei der Rede vom Glauben vermuten möchte, mit dem Ewigen zu tun [hat], das als das ganz Andere völlig außerhalb der menschlichen Welt und der Zeit verbliebe; er hat es vielmehr mit dem Gott in der Geschichte zu tun."[229] Ich wiederhole: mit Gott *in* der Geschichte. Kann das Christentum wirklich behaupten, dass seine Überzeugungen und Glaubensinhalte mit der Evolutionstheorie übereinstimmen?

Das Christentum ist Kreationismus pur. Dies zeigt sich am deutlichsten im Wunderglauben. Geschehen die Wunder unter Einbehaltung des Ursache-Wirkungs-Prinzips, so sind es keine Wunder. Verletzt ein höheres Wesen das Ursache-Wirkungs-Prinzip, so steht es im krassen Widerspruch zu jeder messbaren Empirie und Logik, kurz: zur Wissenschaft. Wer Wunder als Teil seines Glaubens rechtfertigt, behauptet damit, dass die „göttliche Ordnung" die Naturgesetze außer Kraft setzen kann.

Auch in seiner zentralen Botschaft hat das Christentum ein paar Schwierigkeiten, Naturwissenschaftler von der physikalischen Richtigkeit zu überzeugen. Wird alles aus dem Glaubensbekenntnis weggelassen, was auch in anderen Religionen vorkommt, so beschränkt sich die Kernaussage des Christentums – das, was das Christentum von allen anderen Religionen unterscheidet und einen Christen erst zum Christen macht – auf den Glauben an die körperliche Auferstehung des Fleisches am Tag des jüngsten Gerichtes.[230] „Er wird unseren armseligen Leib umwandeln und seinem verherrlichten Leibe gleichgestalten."[231] Die Körperlichkeit und die Sinne sind notwendig, weil Himmel und Hölle keinen Sinn machen, wenn man nichts spüren kann. Gemäß dem christlichen Konzept der Auf-

---

[229] Ratzinger, Joseph: Einführung in das Christentum. Vorlesungen über das apostolische Glaubensbekenntnis. München 2000.

[230] Auer, Johann / Ratzinger, Joseph: Kleine katholische Dogmatik: Eschatologie – Tod und ewiges Leben, Band IX. Regensburg 1977.

[231] Katechismus, katholischer. Paderborn 1960.

erstehung müsste ein Gott gegen das Gesetz des Energieausgleiches gemäß dem 1. Hauptsatz sowie gegen das Gesetz des Energieaustausches gemäß dem 2. Hauptsatz der Thermodynamik verstoßen. Und der Tag des Jüngsten Gerichtes und der ewige Aufenthalt im Himmel, der Hölle oder dem Paradies widerspricht der berechneten und astronomisch wahrscheinlichen Endlichkeit unseres Universums. Die verheißene Ewigkeit wird es für unsere Körper nicht geben. Wissenschaftlich sind daher bei der körperlichen Auferstehung ein paar Fragen offen, so dass auch bei der Kernaussage des Christentums keine Übereinstimmung mit einer Naturwissenschaft gefunden werden kann.

In den Naturwissenschaften wird davon ausgegangen, dass die Materie des Universums energetisch ärmere Zustände einnimmt und dabei Energie freisetzt. Biologische Evolution basiert auf der Fähigkeit diese freigesetzte Energie zu nutzen und in den geordneten Aufbau von Materie umzusetzen. Hierbei verläuft die Entwicklung gerichtet – aber nicht zielgerichtet – von einfachen zu komplexeren Lebensformen. Nach dem christlichen Glauben ist Gott ein persönliches Wesen, welches als kreativer Schöpfer auftritt und das Universum irgendwie initiiert hat (Vaticanum I., Konstitution „Dei Filius“). Dies würde bedeuten, dass das komplexeste Wesen, welches überhaupt vorstellbar ist, bereits vor einer Evolution existiert haben müsste. Die Annahme der Existenz Gottes als Schöpfer widerspricht somit der Aussage der Wissenschaft, dass die Evolution des Universums gesetzmäßig vom Einfachen zum Komplexen hin abläuft. Dies ist zwar noch kein Beweis gegen die Existenz von irgendetwas, was als "göttlich" interpretiert werden könnte. Es ist aber eine deutliche wissenschaftliche Aussage gegen jede Gottesvorstellung, die ein komplexes Wesen als Schöpfer oder Ursache des Universums postuliert.

Gibt es überhaupt etwas, worin Glauben und Wissenschaft übereinstimmen? Manche Wissenschaftler sagen: In gar nichts! Glauben und Wissenschaft existieren entweder parallel oder im Widerspruch zueinander. Aber diese Behauptung ist unvollständig. Glauben und Wissenschaft basieren auf der Fähigkeit zum Denken. Und Denken basiert auf der Verarbeitung von Daten, unabhängig davon, ob diese Daten aus der Umwelt, aus der Erinnerung oder aus der phantasievollen Neuinterpretation durch ich-bezogene Denkschemata stammen. Der Unterschied zwischen Glauben und Wissenschaft liegt folglich nur in der Art der Interpretation der Daten.

Die Wissenschaft bemüht sich, die Daten so zu interpretieren, dass sie logisch, widerspruchsfrei und für jeden anderen Menschen nachvollziehbar und reproduzierbar zu überprüfen sind. Sie hat keine „Wahrheit“, sondern nur Erkenntnisse, die mit den bisherigen Erkenntnissen nicht im Widerspruch stehen sollten. Religionen basieren auf willkürlichen Interpretationen der Daten von Menschen für Menschen, nach menschlichen Kriterien und für menschliche Absichten. Oder um es biologisch auszudrücken: Egoisten machen und interpretieren sich die Welt, wie sie sie brauchen und wie sie ihnen gefällt. Und da sich Egoisten irren können, müssen sie auch ihre „Erkenntnisse" regelmäßig aktualisieren, ohne dass sie dies offiziell zugeben. Die „Wahrheit" und „Glaubensinhalte" der Religionen unterliegen somit einer evolutiven Selektion auf Angepasstheit und Akzeptanz.

3.5.4 Zusammenfassung des Abschnitts 3.5

Biologischen Egoisten wollen oder können die Welt nicht so erkennen, wie sie ist. Sie wollen ihre Vorteile wahrnehmen und sehen die Welt so, dass ihre Interpretation ihr Verhalten rechtfertigt. Die Erkenntnisse der Wissenschaft und Forschung interessieren sie nur insofern, als ihnen die Ergebnisse nützen und sie ihnen bei ihrem Egoismus nicht im Wege stehen. Egoisten mögen es nicht, wenn ihnen widersprochen wird. In Interessenverbänden organisiert scheuen sie sich nicht, Andersdenkende mundtot zu machen oder von beruflichen und politischen Positionen auszuschließen.

Egoisten beanspruchen die Interpretationshoheit über die Welt, weil sie dann schalten und walten können, wie es ihnen gefällt. Dies lässt sich am besten bewerkstelligen, wenn der ultimativen Rechtfertigung nicht widersprochen werden kann. Und die heißt: *„Deus vult!"*

3.6 Eine funktionalistische Definition für das Phänomen Religion

Als Resümee lässt sich sagen, dass Religionen ihren Vorteil auf der Individualebene haben müssen. Egoisten berufen sich auf das Konzept Religion und benutzen Gruppen, wenn es für sie vorteilhaft ist. Ansonsten glaubt jeder, was er will. Mythen dienen der Erkennung von Gleichgesinnten und liefern Rechtfertigungen zur individuellen Vorteilsnahme. Auslöser für religiöses Verhalten ist die Angst. Sie aktiviert die ich-bezogenen Denkschemata, die die Umwelt übereilt nach Lösungen und Hilfen absuchen. Gebet, Meditation und Rituale helfen uns, unsere Ängste zu verarbeiten. Ritualisiert zur Schau gestellte Angst ist auch ein Zeichen von Vorsicht und Umsicht und wird innerhalb von religiösen Gruppen als Balzverhalten eingesetzt. Es sind Egoisten, die sich die Vorteile einer erhöhten Reproduktion herausnehmen. Angst vor ihren Artgenossen lässt sie Zuflucht in religiösen Gruppen suchen, die dieses Verhalten rechtfertigen und gutheißen. Die Vorteile, die sich die Eltern herausnehmen, sollen auch die Kinder später einmal nutzen können. Religiöse Argumentationsebenen werden daher auch über den Faktor Angst dem Nachwuchs vermittelt und so tradiert. Um sich innerhalb einer Gruppe Vorteile herausnehmen zu können, muss die Gruppe durch die Interpretation von Moral und Ethik sowie durch den Einfluss auf Kunst, Kultur und Politik manipuliert und stabilisiert werden. Gläubige sagen, sie hätten die höhere Moral und Ethik. Studien zeigen aber das Gegenteil. Egoisten besetzen daher Schaltstellen, um eine ihnen genehme Argumentationsebene zu erschaffen und aufrecht zu erhalten. Um in diesen Führungspositionen der Gesellschaft bleiben zu können, sind die Egoisten bemüht, die Interpretationshoheit über die Welt zu behalten. Hierfür gehen sie auch gegen Andersdenkende und Widerspruchsgeister vor.

Was sind nun die speziellen Funktionen der Religionen? Die Unterschiede zwischen religiösen und nicht religiösen Egoisten sind häufig nur gradueller Art. Auch nicht gläubige oder nur schwach gläubige Egoisten haben Angstbewältigungsstrategien und Rituale. Sie werden aber nicht so explizit ausgelebt und seltener thematisiert. Denken wir an die Einschwörungsrituale in Sportstadien. Auch nicht religiöse Egoisten leben in Gruppen. Sie machen aber keine Unterschiede im Verhalten gegenüber anderen Artgenossen. Religiöse Egoisten erschaffen eine religiöse Argumentationsebene, mit der sie die gewünschte Gemeinsamkeit begründen. Sie sind auf der Suche nach Gleichgesinnten innerhalb der Gruppe, was zu einer stärkeren Innergruppendynamik führt. Auch normal egoistische Menschen suchen Fortpflanzungspartner nach egoistischen Kriterien aus und thematisieren Ängste, Hoffnungen und gemeinsame Lebensziele. Auch sie suchen Schutz bei Gruppen und Familien. Normale Egoisten argumentieren egoistisch und mitunter genauso wenig nachvollziehbar. Im Prinzip verhalten sich normale Egoisten genauso wie religiöse Egoisten, bis auf einen Unterschied: Religiöse Egoisten benutzen eine konzeptionelle Argumentationsebene, die nicht zu hinterfragen ist und ihnen daher nahezu freie Hand beim Begründen und Ausleben ihrer Egoismen lässt bzw. lassen soll.

Was ist nun Religon unter funktionalen Gesichtspunkten? Zunächst wird die gesuchte emergente Eigenschaft, die in alle Lebensbereiche hineinwirkt, deutlich: Der Egoismus bahnt sich seinen Weg über eine Argumentationsebene der Pseudo-Logik:

> *Religion bietet eine von der Realität gelöste Argumentationsebene, um seine Egoismen fast beliebig rechtfertigen und ausleben zu können.*

Eine Definition, die die funktionalen Besonderheiten des Phänomens Religion hervorheben soll, kann daher lauten:

> *Religion ist das tradierte Bereitstellen von funktionalen Verhalten und Rechtfertigungen, um seine Egoismen gegen oder mit seinen Gruppenmitgliedern zusammen ausleben zu können sowie dafür zu sorgen, dass die Gemeinschaft zum Ausnutzen erhalten bleibt.*

4. Die Logik der Nicht-Logik

Die Ursprünge der biologischen Adaptionen, auf denen unsere Spiritualität und somit indirekt unsere Religionen basieren, liegen im tiefsten Dunkel unserer Evolution. Wird davon ausgegangen, dass bereits das Hineinprojizieren von persönlich wirkenden Kräften und Geistwesen in natürliche Vorkommnisse und Ereignisse eine Form des Schutzes vor Raubtieren darstellt und diese Adaption durch Übersensibilität auch eine Form der Spiritualität hervorruft, so könnten bereits der letzte gemeinsame Vorfahre von Menschen und Schimpansen eventuell eine Vorstufe der spirituellen Erfahrungen besessen haben. Es ist müßig, exakte Zeitpunkte in der Evolution der Spiritualität festlegen zu wollen, zumal es niemals fossile Funde für diese Hypothesen geben wird. Vielleicht wird die Genetik im Laufe der nächsten Jahrzehnte Erkenntnisse über die Reihenfolge der Entstehung einzelner Adaptionen im menschlichen Gehirn aufspüren. Sicher ist bis dahin nur, dass bei der Anzahl von Adaptionen sehr lange Zeiträume zu berücksichtigen sind. Auch aus einem Wolf kann man nicht über Nacht einen Dackel züchten. Hierzu sind schon etliche Generationen unter schärfstem Selektionsdruck notwendig. Weiterhin muss sich eine positiv selektierte Eigenschaft über den Globus ausbreiten. Auch dies erfordert noch einmal zig Generationen unter anhaltendem Selektionsdruck. Gehen wir lieber von mehr als einer Eiszeit als Zeitraum zur Entstehung unserer Spiritualität aus.[232] Waren die Spiritualität und die kommunikativen Austauschmöglichkeiten jedoch erst einmal vorhanden, so konnten sich die Lokal-Religionen relativ schnell kulturell auf dem Substrat der Gläubigen ausbreiten. Eine mutige Theorie zur Ausbreitung der religiösen Ansichten vertritt Matt Rossano von der Fakultät für Psychologie der Southeastern

[232] Bailey, Drew H. / Geary, David C.: Hominid Brain Evolution Testing Climatic, Ecological, and Social Competition Models. Human Nature, Vol. 20 (2009), S. 67-79.

Louisiana University.[233] Er geht von einer Naturkatastrophe aus. Vor ca. 73.000 Jahren brach der Vulkan Toba aus und hüllte die gesamte Erde für mehrere Jahre mit seinen Aschewolken ein. In dieser Kälteperiode starben die meisten Menschen aus.[234] Genetische Untersuchungen weisen zudem darauf hin, dass sich der gesamte Genpool der Menschheit zu dieser Zeit aus maximal 2.000 fortpflanzungsfähigen Individuen zusammengesetzt haben muss.[235] Rossano nimmt an, dass die Menschen überlebt haben, die sich auf neue Formen der Kooperation einließen und von ihren Kindern intuitives Denken lernten. Sie hätten an die Strafe von Göttern gedacht. Alternativ wäre es aber auch möglich, dass zufällig nur die überlebten, die am wenigsten von der Katastrophe abbekommen haben. Vielleicht waren dies die religiösen Menschen gewesen, die vorher noch keine Chance auf eine globale Ausbreitung gehabt hatten, nun aber mit ihren Kindern die Pandemie religiöser Ideen initiieren konnten.

Auch wenn die exakte Evolution einzelner Eigenschaften wohl für immer im Dunkel bleiben wird, so lassen sich dennoch plausible Annahmen treffen, in welcher Reihenfolge bestimmte Entwicklungen stattgefunden haben müssen. Ausgehend von den Vorteilen für das Individuum wird in den folgenden Abschnitten die hypothetische Evolution der Lüge und deren Vorteil für bestimmte Gruppenmitglieder unserer Vorfahren dargestellt. Auch die Nicht-Logik hat eine Evolution.

233 Rossano, Matt: The African Interregnum: The „Where“, „When“, and „Why“ of the Evolution of Religion. In: Voland, Eckart / Schiefenhövel, Wulf (Hrsg.): The Biological Evolution of Religious Mind and Behavior. Berlin, Heidelberg 2009.

234 Ambrose, Stanley H.: Human population bottlenecks, volcanic winter, and the differentiation of modern humans. Journal of Human Evolution 34 (1998), S. 623-651; Avasthi, Amitabh: After Near Extinction, Humans Split Into Isolated Bands. National Geographic News, 24. April 2008.

235 Thomson, Russel / Pritchard, Jonathan K. / Shen, Peidong / Oefner, Peter J. / Feldmann, Marcus W.: Recent common ancestry of human Y chromosomes: evidence from DNA sequence data. Proceedings of the National Academy of Sciences USA 97 (2000), S. 7360-7365.

4.1 Die Evolution der Logik der Nicht-Logik

4.1.1 Vorteile für Individuen

Die Fähigkeit zum logischen und folgerichtigen Denken wurde beim Menschen durch die Gesetzmäßigkeiten der Natur selektiert. Lasse ich einen Gegenstand los und er fällt zu Boden, so kann das beim ersten Versuch noch als Zufall betrachtet werden. Der Gegenstand könnte theoretisch auch in die Luft fliegen. Beim zweiten Versuch ahnen wir schon, was passieren wird. Beim dritten Mal sind wir uns sicher, dass Loslassen und Zubodenfallen einer Gesetzmäßigkeit unterliegen. Regelmäßiges Anwenden von Versuch und Irrtum erlaubt uns zu lernen und Gesetze zu erkennen. Und da in unserer Vernunft die Naturgesetze herrschen, ist die Natur der Lehrmeister unseres logischen Denkens. Die Fähigkeit hierzu breitete sich mit den klügsten Köpfen in unserer gesamten Art aus.

Gruppenmitglieder leben aber nicht nur mit- sondern auch gegeneinander.[236] Dies gilt auch in einer familiären Gruppe. Wenn es darauf ankommt, ist ein Männchen, ein Weibchen oder eine Banane halt nicht zu teilen: Es gibt dann nur einen Gewinner, der sich die Vorteile nimmt.[237] Diese Art der Vorteilsnahme kann von logisch denkenden Artgenossen bemerkt werden. Sie erkennen Ursache und Wirkung und wissen, was dies für sie bedeutet. Wer zu offensichtlich egoistisch vorgeht, der schafft sich Feinde unter Egoisten.

Auf der nächst höheren Stufe der Erkenntnis wissen die Gruppenmitglieder auch, was die anderen Mitglieder von ihrem Verhalten mitbekommen und versuchen sie in die Irre zu führen. Selbst Schimpansen sind in der Lage in die nähere Zukunft zu planen[238] und ihre Artgenossen hereinzulegen. Sie täuschen Verletzungen vor, wenn sie mit Strafe rechnen. Sie verstecken Nahrung, suchen absichtlich an falschen Stellen und sie geben falsche Lautsignale von sich, um Gruppenmitglieder in Sicherheit zu wie-

---

[236] Dunbar, Robin: Evolution of the social brain. Science, 302 (2003), S. 1160-1161.

[237] Bailey, Drew H. / Geary, David C.: Hominid Brain Evolution Testing Climatic, Ecological, and Social Competition Models. Human Nature, Vol. 20 (2009), S. 67-79.

[238] Osvath, Matthias: Spontaneous planning for future stone throwing by a male chimpanzee. Current Biology, Vol. 19 (2009), S. R190-R191.

gen oder im Unklaren zu lassen.[239] Ist das taktische Täuschen erst einmal etabliert, so setzt es sich mit seinen erfolgreichen Anwendern evolutiv durch. Während aber Schimpansen das Verhalten ihrer Gruppenkollegen nur beobachten können, vermögen sich Menschen auch darüber zu unterhalten. Sie argumentieren, warum sie etwas tun oder lassen sollten. Und ihre logisch denkenden Artgenossen können der Argumentation entnehmen, ob dies für sie Vor- oder Nachteile haben wird. Wer sich innerhalb der Gruppe Vorteile erschleichen will, der muss lernen, so zu argumentieren, dass es die anderen nicht merken oder keine Gegenargumente geltend machen können.

Der österreichische Wissenschaftstheoretiker Erhard Oeser geht davon aus, dass der Selektionsdruck unter Artgenossen ein Gehirn zum Erkenntnisgewinn hervorgebracht hat, welches mehr leisten kann als zum Überleben in der Umwelt und unter Artgenossen notwendig ist.[240] Nicholas Rescher erwidert darauf mit einer Kosten-Nutzen-Bilanz. Ein Gehirn, welches fast vierzig Prozent unserer täglichen Kalorienmenge benötigt, ist viel zu kostspielig, um mit einem zu hohen IQ durchs tägliche Leben zu gehen. Es gibt viel zu wenige hochkarätige geistige Herausforderungen, um mit solchen Kanonen auf Spatzen zu schießen.[241] Unsere Intelligenz und unsere Fähigkeit zur Selbstreflexion ist nicht von allein per Zufall entstanden, sondern entwickelte sich auch aus der Notwendigkeit, unsere Artgenossen im Auge behalten zu müssen und unser eigenes Verhalten so anzupassen, dass wir täuschen konnten. In diesem selektiven Kontext sind wir nur so intelligent, wie unsere Artgenossen uns intelligent betrügen können.

Am erfolgreichsten sind die Lügner, die selber nicht mehr merken, dass sie Lügen.[242] Sie strahlen die Selbstsicherheit aus, die ihre Artgenossen als Zeichen von gesichertem Wissen und fester Überzeugung akzeptieren. Allerdings kann man an ihren Taten erkennen, ob ihre Versprechen und Argumente mit der Wahrheit übereingestimmt haben. Logisch denkende Artgenossen können eins und eins zusammenzählen und entlarven früher oder

---

[239] Waal, Frans de: Primaten und Philosophen. Wie die Evolution die Moral hervorbrachte. München 2008.

[240] Oeser, Erhard: Psychozoikum. Evolution und Mechanismus der menschlichen Erkenntnisfähigkeit. Berlin, Hamburg 1987.

[241] Rescher, Nicholas: Warum sind wir nicht klüger? Der evolutionäre Nutzen von Dummheit und Klugheit. Stuttgart 1994.

[242] Trivers, Robert: Deceit and self-deception: the relationship between communication and consciousness. In: Robinson, Michael / Tiger, Lionel (Hrsg.): Man and Beast Revisited. Smithsonian, Washington, DC. 1991, S.. 175-191.

später auch den überzeugendsten Lügner. Unsere tief empfundene Abscheu vor Verrat und Lüge zeigt noch heute, wie stark der Selektionsdruck einst bei unseren Vorfahren gewesen sein muss. Selbst kleinste Unehrlichkeiten um Pfennigbeträge sind immer noch Kündigungs- und Scheidungsgrund.

Die nächst höhere Stufe auf der evolutiven Leiter führt daher dazu, dass die Argumente immer weniger überprüfbar werden sollten. Menschen, die andere Menschen täuschen wollen, um sich Vorteile zu verschaffen, müssen auf eine Argumentationsebene ausweichen, die für die anderen nicht mehr überprüfbar ist. Es heißt dann nicht mehr: „Ich stehle dir dein Land", sondern „*Deus vult!*"; nicht „ich töte Menschen, die mir im Wege stehen", sondern „Gott will, dass ich das Böse vernichte"; nicht „du darfst das nicht tun, weil es mir nicht passt", sondern „Gottes Moral schreibt vor, dass..."; es heißt nicht „ich bestehle Dich", sondern „im Jenseits wirst du belohnt". Religionen liefern das letzte Wort, die Totschlagargumente, um seinen Egoismus weiterhin ungestraft und vor aller Augen ausüben zu dürfen.

Intelligente Menschen durchschauen aber auch diese Form der unehrlichen Vorteilsnahme. Sie können mit wissenschaftlicher Logik die Argumente der unredlichen Argumentation zerpflücken und die Manipulatoren als das darstellen, was sie sind: Lügner und Betrüger. Dieser selektive Argumentationsprozess geht über alle Geistwesen, über Tier- und Sonnengötter bis hin zu dem Hauptgott, der per Definition nicht mehr definierbar sein sollte, damit ihm nicht widersprochen werden kann. Religiöse Inhalte unterliegen damit einer permanenten Auslese dessen, was den Gläubigen gerade noch verkauft werden kann und was nicht. Daher sind auch die meisten religiösen Glaubensinhalte in allen Religionen der Welt relativ ähnlich. Die menschliche Psyche hat die Inhalte selektiert, die am effektivsten verkauft werden können. Dies sind zum Teil Inhalte, die die menschliche Psyche gerne hören möchte, wie Angstminderer, zum Teil aber auch Phantasien, die die Macht der Priester durch Drohungen erhalten sollen. Inhalte, denen logisch widersprochen werden konnte, sind mit ihren Vertretern nach dem Darwinschen Prinzip ausgestorben.

Dieser Prozess der Selektion hält auch heute noch an, und selbst die Vertreter der Religionen benutzen wissenschaftliche oder philosophisch-logische Argumente, um ihre Konkurrenten lächerlich zu machen und ihnen die Mitglieder abzuwerben. Wo dies nicht möglich ist, besteht der nächste evolutive Schritt darin, dass die Vertreter der institutionalisierten Religionen das Denken, Forschen und Zweifeln ausschalten wollen. Die Manipulatoren versuchen nicht mehr selbstständig denkende Wesen zu überzeugen, sondern Minderjährigen Glaubensinhalte als unumstößliche

Wahrheiten mit in die Wiege zu legen. Je früher die Kinder in das notwendige Gedankengebäude integriert werden, desto weniger trauen sie sich hinterher, das Glaubenskonzept zu hinterfragen.

Aber intelligente Menschen können sich auch selbst aus ihren frühkindlichen Konditionierungen und den gesellschaftlichen Zwängen befreien und durchschauen das Spiel. Sie haben dann die Auswahl, ob sie dagegen antreten wollen und auf dem Scheiterhaufen enden möchten oder ob sie das Spiel akzeptieren und sich selber an die Spitze setzen wollen. Dagegen etwas zu unternehmen ist schwierig, weil die Evolution dafür sorgte, dass sich diese Art der unredlichen Argumentation mit den stärksten Egoisten weltweit bereits ausgebreitet hat. Fast alle Menschen argumentieren mit solchen Hilfsmitteln, weil sie als Egoisten nicht auf die Vorteile der unredlichen Argumentation verzichten wollen. Jeder, der die Argumentation für sich verwenden kann, kann ja auch in der Hierarchie der Gläubigen aufsteigen und sich selber persönliche Vorteile verschaffen. Das Rad der Evolution der Lüge ist nicht zurückzudrehen.

4.1.2 Die Evolution der Lüge

Darf im Zusammenhang mit Religionen von einer Evolution der Lüge gesprochen werden? Definieren wir zunächst die Begriffe „Lüge“ und „wahr“.

Lügen ist das wissentliche und willentliche Hinzufügen oder Weglassen von Informationen, um den Informationsgehalt einer Nachricht gezielt zu verändern. Wahr ist eine Aussage, wenn sich ihre Informationen in der Realität als richtig und nachvollziehbar überprüfen lassen.

Wer kann die Behauptung, dass Religion eine Täuschung und Lüge ist, verifizieren oder falzifizieren? Fragen wir einen Meister, wie man so etwas macht. Als Pilatus fragte: „Bist Du der König der Juden?“ antwortete Jesus „Du sagst es.“ [Matt 27, 11; Mark 15, 2; Luk 23, 3; Joh 18, 37]. Dieses Statement von Jesus kann bedeuten, dass Jesus bestätigt, dass Pilatus die Wahrheit sagt. Es kann aber auch soviel bedeuten, dass Jesus lakonisch feststellt, dass Pilatus der Urheber dieser Behauptung ist, während er selber dazu keine Stellung nimmt. Folgen wir dem Humor eines Meisters. Wenn wir wissen wollen, wie groß die Wahrscheinlichkeit ist, dass uns die Vertreter der Religionen die „Wahrheit“ sagen, dann müssen wir die Experten für die ultimative „Wahrheit“ als Zeugen selber fragen. Bei über 100.000 Religionen, Glaubensgemeinden, Splittergruppen und Sekten etc. sagen mindestens 99,999 Prozent der religiösen Amtsträger aus, dass alle anderen Religionen auf falschen Vorstellungen basieren und nicht die „reine Wahrheit" widerspiegeln. Sonst könnten sie sich ja zu einer einzigen Religion zusammenschließen. Können sie aber nicht! Tun sie auch nicht! Sie sind sich so sicher, dass alle anderen nicht die „Wahrheit" sagen, dass einige sogar die Todesstrafe für „heidnische" und „abergläubische" Vorstellungen verhängen. Im „günstigsten" Fall bezeichnen die Fachleute und Experten die Mitglieder anderer Konfessionen als Ungläubige, Ketzer, Häretiker, Sexgurus, Geldmacher, Lügner und Verführer, Kinderschänder, Anhänger von Drogen-, Kinder- oder Psychosekten etc. Werden alle Religionen und Glaubensrichtungen sowie alle ihre Amtsträger als gleichberechtigt und gleichwertig akzeptiert, so ist auch die jeweils persönliche Religion laut der „Expertenaussagen" mit einer Wahrscheinlichkeit von über 99,999 Prozent falsch. Bei einer solchen statistischen Wahrscheinlichkeit darf wohl in der Biologie von einem nachweisbaren Status Quo der „Unwahrheit" gesprochen werden. Die Evolution der Religionen war daher wohl eher – nach den Aussagen ihrer Vertreter – eine Evolution der „Unwahrheit" und der Irrlehren.

Aber unterstellen wir nicht allen Amtsträgern und Gläubigen sofort, dass sie absichtlich die „Unwahrheit" sagen. Es gibt in der Biologie neben der Lüge noch die Täuschung. Sie ist in der Natur in Form der Tarnung und der Mimikry allgegenwärtig. Auf der kognitiven Ebene äußert sie sich sowohl in der Selbsttäuschung als auch in der Täuschung anderer. Die Wahrscheinlichkeit dafür, dass Sie sich in ihren religiösen Vorstellungen nicht selber oder andere täuschen, errechnet sich gemäß den Expertenaussagen der religiösen Amtsträger genauso wie die Wahrscheinlichkeit für die „Wahrheit" ihrer Aussagen. Nicht umsonst bemühen sich viele religiös Aktive um die Errettung der Irrenden. Der durch Aussagen der Fachleute nachweisbare Status Quo spricht für eine Wahrscheinlichkeit von mindestens 99,999 Prozent, dass in allen Religionen Täuschung und Selbstbetrug vorkommen. Selbst Gott kam in Person seines Sohnes vorbei, um die Welt vor dem „Bösen" und der Täuschung durch das „Böse" zu retten. Und auch innerhalb der eigenen Religion muss regelmäßig an den rechten Weg erinnert werden, damit die Gläubigen nicht der Täuschung des „Bösen" erliegen. Es darf also auch hier – nach Aussagen der religiösen Fachleute – von einer Evolution der Täuschung und des Selbstbetruges gesprochen werden.

Kann es überhaupt eine „Wahrheit" in den Religionen geben? Laut Definition muss eine wahre Aussage in der Realität zu überprüfen bzw. logisch nachzuvollziehen sein. Religiöse Inhalte haben durch ihre Nicht-

Nachvollziehbarkeit und Nicht-Überprüfbarkeit per Definition keine „wahren“ Aussagen zum Gegenstand, sondern nur Glaubensinhalte.

Aber kann auch von einer Evolution der Lüge gesprochen werden? Eine Lüge ist, wie bereits gesagt, definiert als das wissentliche und willentliche Hinzufügen oder Weglassen von Informationen, um den Informationsgehalt einer Nachricht zu verändern. Die Frage muss also lauten, ob Gläubige oder religiöse Amtsträger wissentlich Informationen zu ihrer religiösen „Wahrheit“ vorenthalten oder hinzufügen? Was ist eine Irrlehre, von der viele Religionen sprechen? Im Wort Lehre ist schon die Absicht des Unterrichtens enthalten. Die Vertreter der Religionen bezichtigen sich demnach gegenseitig, ihre Gläubigen absichtlich mit Unwahrheiten und Irrtümern zu belehren. Die religiöse „Wahrheit“ ist, dass kein Mensch sagen kann, was „Gott“, die „Macht hinter allem“ oder die „Existenz“ ist. Und trotzdem hören Sie tausende von Interpretationen und Erklärungen, wie sie die Worte „Gottes“ zu lesen haben. Wenn es ganz dreist kommt, wird Ihnen auch erzählt, was Gott ist. Es ist wohl davon auszugehen, dass dies wissentlich und willentlich geschieht, um Ihnen etwas zu erzählen, was nicht in Worte gefasst werden kann.

Religion – als universelles Konzept – ist damit eine selektierte Argumentationsebene, die mit einer Wahrscheinlichkeit von über 99,999 Prozent aus „Unwahrheiten“, Täuschungen, Selbstbetrug und auch aus Lüge besteht. Entstanden aus dem Wechselspiel von Logik und Nicht-Logik sind Religionen Kinder eines ultimativen „Wahrheitsanspruches“, der laut Statistik eine ultimative „Unwahrheit“ repräsentiert. Ist diese Definition und die Darstellung der Evolution einer Argumentationsebene jetzt eine Beleidigung religiöser Gefühle? Es bleiben ja fast 0,001 Prozent übrig. Und diese Ausnahme gilt ja bekanntlich immer für die eigene Meinung.

Selbstverständlich sagen alle religiösen Amtsträger bei offiziellen Anlässen aus, dass es auch in anderen Religionen „Wahrheiten“ gibt, die sie hoch schätzen und ehren. Nur einigen können sie sich nie darüber, welche das sind. Der Grund, warum wir diese vernünftige Lösung des friedlichen Miteinanders und der Akzeptanz als äußerst unwahrscheinlich empfinden, hat seinen Ursprung in der Evolution der Beta-Tier-Strategie.

4.1.3 Die Beta-Tier-Strategie

In jeder sozialen Gruppe wird das führende Alpha-Tier früher oder später ausscheiden und seinen Platz für einen Nachfolger freimachen. Da häufig mehr als ein Nachfolger zur Verfügung steht, ist ein Führungswechsel in der Regel mit Machtkämpfen und sozialer Unruhe verbunden. Im schlimmsten

Fall kommt es zu einer Aufspaltung der Gruppe unter verschiedenen neuen Alpha-Tieren. Gruppen und Clane, die von einer Mindestgruppengröße abhängig sind, um ihr Territorium erfolgreich zu verteidigen, sollten über Strategien verfügen, einen solchen Machtwechsel möglichst friedlich vonstatten gehen zu lassen. Die möglichen Nachfolger, in der Regel ein oder mehrere Beta-Tiere, stehen daher schon zu Lebzeiten des Alpha-Tieres in den Startlöchern und versuchen eine Gruppe von Koalitionspartnern von sich zu überzeugen. Die biologische Koalition besteht in der unausgesprochenen Absprache, dass die Mitläufer ihren Kandidaten auf den Chefsessel helfen, während der Kandidat ihnen dafür verspricht, sie nach dem Machtwechsel in der sozialen Hierarchie zu befördern. Eine Hand wäscht die andere.[243] Um möglichst viele Gefolgsleute um sich herum zu versammeln und von seinem rechtmäßigen Anspruch auf den Chefsessel zu überzeugen, muss der Anwärter schon zu Lebzeiten des noch amtierenden Alpha-Tieres die anderen von seinen Chefqualitäten überzeugen. Zumindest sollten sie ihm einiges an Qualitäten zutrauen. Doch wenn er dieses Verhalten in der Realität öffentlich zur Schau stellen würde, dann hätte er auf der Stelle ein Problem mit dem noch amtierenden Alpha-Tier. Niemand beansprucht diese Position ungestraft, solange der alte Chef noch im Amt ist und genügend Gruppenmitglieder hinter sich weiß.

Ein Beta-Tier, welches Koalitionspartner sucht und überzeugen will, muss sich ein eigenes Experimentierfeld schaffen, auf dem er nicht mit dem amtierenden Chef in Konflikt geraten kann. Hier eignen sich die Jenseitsvorstellungen der Religionen hervorragend, um auf eine neue Position „verrückt"[244] zu werden. Hier kann ein „verrücktes" Beta-Tier alles versprechen und alles erzählen, hier ist er bereits der Auserwählte und Stellvertreter auf Erden. Nur er kann dic Gruppe auf grüne Auen führen. Nur er wird zur Rechten sitzen und es anschließend allen zeigen, die gegen ihn waren. Seine Koalitionspartner werden ins Paradies befördert. Wer der Konkurrenz huldigt, der wird dagegen untergehen. Beta-Tiere, die das Jenseits für sich gefunden haben, lassen das weltliche Alpha-Tier Alpha-Tier sein und berufen sich auf ein imaginäres Alpha-Tier, welches nur sie allein auserwählt hat, um ihnen die Macht und die Führung über die Gruppe zu übergeben.[245]

---

243 Schwarz, Gerhard: Die „Heilige Ordnung" der Männer. Hierarchie, Gruppendynamik und die neue Rolle der Frauen. Wiesbaden 2007.

244 Da es sich um einen biologisch – unbewussten – Vorgang handeln kann, darf von „verrücken" gesprochen werden und nicht von „entrücken".

245 Kilian, Andreas: Egoismus, Macht und Strategien. Aschaffenburg 2009.

Diese Realitätsflucht einiger rivalisierender Beta-Tiere hat mehrere Vorteile für die Gruppe. Erstens ist dies eine Lösung, die auch das amtierende Alpha-Tier unterstützen kann. Das Alpha-Tier herrscht und das Beta-Tier erzählt seine Version und interpretiert das Handeln des Chefs mit nicht nachvollziehbaren „göttlichen" Argumenten. Zumindest wird der schwelende Konflikt zwischen Alpha- und Beta-Tieren zeitweilig ausgesetzt. Zweitens werden Streitigkeiten innerhalb der Gruppe durch das Doppelgespann Alpha- und Beta-Tier aufgefangen. Zu einem von beiden werden die anderen schon Vertrauen haben, wenn sie gegen den anderen in Opposition gehen wollen. Nur läuft diese Opposition ins Leere, da das Beta-Tier nicht zur Revolution aufrufen wird. Drittens werden durch die soziale Ruhe und die eindeutige Hierarchie Weibchen in das Territorium gelockt. Zukünftige Mütter brauchen Ruhe und sozialen Frieden, um ihre Jungen aufzuziehen. Es sind ihre Jungtiere, die bei Macht- und Führungswechseln am meisten durch Infantizid bei den Partnerwechseln gefährdet sind. Auch werden sich die Weibchen gern die Geschichten vom Land, wo Milch und Honig fließen, angehört haben. Zumindest ist dies phantasievoller und abwechslungsreicher als der Alltag des Pleistozäns.[246]

Wir sehen nun aber auch, warum es Beta-Tiere so schwer haben, sich an einen runden Tisch zu setzen und über gemeinsame Glaubensinhalte zu kommunizieren. Jedes Beta-Tier ist auf dem Weg zum Alpha-Tier. Innerhalb eines Territoriums kann es nur eine richtige Interpretation der Umwelt geben, die den erfolgreichen Fortbestand der Gruppe sichert. Jeder andere Weg ist abzulehnen. Es darf nur eine Religion pro Kulturkreis geben. Beta-Tiere sind nicht zwingend notwendig, um eine Religion zu tradieren. Religion kann auch über die Eltern und andere Familienmitglieder kulturell vererbt werden. Beta-Tiere sind aber der erste Schritt zu einer psychologischen Arbeitsteilung, zu einem Berufsbild. Sie nutzen die Spiritualität und die Ängste ihrer Gruppenmitglieder, um sich selbst in die höhere Position eines Führungstieres zu bringen. Und ein höherer sozialer Status ist schon bei Schimpansen mit Ernährungsvorteilen und Reproduktionserfolg gekoppelt. Damit sind religiöse Beta-Tiere alles andere als uneigennützig. Das Wechselspiel zwischen weltlichen Machthabern, Herausforderern und imaginären Supermachthabern findet sich in allen institutionalisierten Religionen wieder. Es ist das Wechselspiel aus Realität, vermuteter Begründung dieser Realität sowie dem Machtanspruch der Interpreten, dass diese

---

[246] Euler, Harald A.: Sexuelle Selektion und Religion. In: Lüke, Ulrich / Schnakenberg, Jürgen / Souvigner, Georg (Hrsg.): Darwin und Gott. Das Verhältnis von Evolution und Religion. Darmstadt 2004.

Interpretation der Realität auf höheren Gesetzen beruht. Wir nennen diese unheimliche Allianz heute Politiker, Priester und „Gott".

In dieser Konkurrenz liegt nach dem französischen Psychologen Pascal Boyer auch die Geburtsstunde der großen religiösen Institutionen.[247] Seit dem Zusammenschluss von Clanen zu größeren Gesellschaften und Stadtstaaten gab es auch konkurrierende religiöse Dienstleister, die für Beerdigungen, Hochzeiten, Taufen, Beschwörungen, Dämonenaustreibungen und Krankheitswegbeten mit ihren Zeremonien um die Kunden konkurrierten. Irgendwann bemerkten die ortansässigen Dienstleister, dass es sinnvoller war, nicht gegeneinander anzutreten und sich die Preise zu verderben. Sie schlossen sich in Zünften zusammen und lieferten gleiche Dienstleistungen zum gleichen Preis. Gleichzeitig versuchten sie andere Anbieter aus ihrem Gebiet fernzuhalten. Dies war die Geburtsstunde der einheitlichen reinen Lehre und der „Wahrheit": ein rein weltlicher Zusammenschluss, um besser Profit machen zu können und mehr zahlungswillige Mitläufer hinter sich zu bekommen. Und je größer und professioneller diese Zünfte wurden, desto mehr wurde protokolliert und reglementiert. Heilige Bücher sind daher nur selten von den Göttern diktiert, sondern häufiger als der Versuch eines Firmenhandbuches mit exakten Aufgabenverteilungen, Arbeits- und Gebetsvorlagen zu sehen. Oder wie es heute heißen würde: Eine frühe *Corporate Identity*.

4.2 Eine Definition mit Hilfe der Evolution der Logik

Täuschung und Selbsttäuschung sind im Tierreich weit verbreitet.[248] Das wissentliche und willentliche Täuschen und Lügen konnte aber bisher nur bei Schimpansen und Menschen festgestellt werden.[249] Es ist also wahrscheinlich schon vor der Entstehung von Religionen etabliert gewesen. Die

247 Boyer, Pascal: Und der Mensch schuf Gott. Stuttgart 2004.

248 Sommer, Volker: Lob der Lüge. Täuschung und Selbstbetrug bei Tier und Mensch. München 1992; Trivers, Robert: Deceit and self-deception: the relationship between communication and consciousess. In: Robinson, Michael / Tiger, Lionel (Hrsg.): Man and Beast Revisited. Smithsonian, Washington, DC. 1991, S. 175-191.

249 Byrne, Richad W. / Whiten, Andrew (Hrsg.): Machiavellian Intelligence: Social expertise and the evolution of intellect in monkeys, apes, and humans. Oxford University Press 1988.

Fähigkeit zu lügen ist eine notwendige Voraussetzung zur Entstehung der Intelligenz, wie wir sie heute besitzen. Sie ist ein Selektionsfaktor für Einfühlungsvermögen und Selbstreflexion und eine biologische Adaption an die Machtverhältnisse innerhalb unserer Familiengruppen in der Vorzeit. Sie gab den Schwächeren eine Chance, mit Hilfe von Denken Vorteile gegenüber den Gruppenmitgliedern zu erwerben, die sich mit reiner Gewalt durchsetzen wollten. Damit ist die Fähigkeit zur Lüge auch die Voraussetzung für das, was wir Kultur und Zivilisation nennen.[250]

Religion ist aber nicht die Lüge schlechthin. Sie basiert auf der Fähigkeit des Menschen zum Selbstbetrug und zur kulturellen Erschaffung einer unredlichen Argumentationsebene. Religion ist mehr ein gedankliches Konzept, wie argumentiert werden sollte, damit dem Individuum möglichst schlecht widersprochen werden kann. Damit ist sie eine tradierte Idee, die ihren kulturellen Erfolg dadurch feiert, dass es keine Gegenargumente geben kann. Ihre biologische und kulturelle Nische besteht in der Nichtüberprüfbarkeit ihrer Behauptungen und Aussagen.

Evolutiv ist hieran, dass die Lücke des Nicht-Wissen-Könnens in der Logik früher oder später gefunden werden musste. Die Evolution der Logik der Nicht-Logik führte zu der unredlichen Argumentationsebene, der Lüge. Religion ist aber nicht die Lücke, sondern ein möglicher Inhalt, mit dem wir unsere Lücke füllen. Eine evolutiv-kulturelle Definition könnte daher lauten:

> *Religion ist das folgerichtige und konsequente Anwenden der Nicht-Logik, um seine Egoismen schein-argumentativ rechtfertigen und durchsetzen zu können.*

Zusätzlich wurde die Evolution der institutionalisierten Religionen dargestellt. Während sich die Politik mit dem real Machbaren und der Argumentation der Machtentscheidungen in der Realität beschäftigt, bilden Religionen das Sammelbecken für alle Fragen, die nicht logisch zu klären sind. Einerseits sind die Mitglieder der Institutionen religiöse Dienstleister, die sich von den Ängsten und Sorgen ihrer Artgenossen ernähren. Andererseits können sie sich durch geschickte Manipulation sowie das Bereitstellen und Aufrechterhalten eine nicht-logischen Argumentationsebene etwas von der Macht der realen Alpha-Tiere erschleichen. Religiöse Institutionen sind damit Unternehmungen, die ein Monopol anstreben und in der Politik vertreten sein wollen, um ihr Substrat optimal zu bearbeiten.

---

250 Sommer, Volker: Lob der Lüge. Täuschung und Selbstbetrug bei Tier und Mensch. München 1992.

Religiöse Institutionen sind jedoch nicht zwingend notwendig, wenn es um die Etablierung von Religionen geht. Religion fängt bereits da an, wo Eltern oder Familienmitglieder die Kinder argumentativ an eine Scheinwelt gewöhnen, um ein erwünschtes Verhalten zu indoktrinieren. Es ist selbstredend, dass auch die Kinder diese Argumentationsebene später wieder bei ihren eigenen Kindern verwenden werden. Denken wir an den „schwarzen Mann", der als Abschreckung durch die Generationen wandert. Priester und Institutionen werden erst notwendig, wenn ein erwünschtes Verhalten auch im Erwachsenenalter fortgesetzt indoktriniert werden soll.

Auch wenn es für eine biologische Definition des Begriffes Religion nicht notwendig ist, so soll doch eine Definition der religiösen Institutionen gegeben werden:

Religiöse Institutionen sind Zusammenschlüsse von religiösen Dienstleistern, die ihr Substrat zum eigenen Vorteil manipulieren, um sich durch die Erschaffung und Bereitstellung einer nicht-logischen und nicht-überprüfbaren Argumentationsebene etwas von der Macht der realen Alpha-Tiere zu erschleichen.

5. Umwelt und Erkenntnis

Die ältesten Zeugnisse menschlichen Verhaltens, die auf eine religiöse Tradition hinweisen können, sind Grabbeigaben. Irgendwann im Laufe der menschlichen Entstehungsgeschichte haben unsere Vorfahren bewusst wahrgenommen, dass Gruppenmitglieder eines Tages den anderen nicht mehr folgen konnten und nicht mehr auf Fragen antworteten. Für ein denkendes Lebewesen ist die Erfahrung mit dem Tod eines Artgenossen immer auch die Frage nach dem „Was passiert jetzt?" und damit die Frage nach dem „Danach". Wer Ursache und Wirkung erklären muss, um sich in seiner Umwelt sicher zu fühlen, der kommt an dieser Frage nicht vorbei. Bestattungen und Grabbeigaben lassen darauf schließen, dass sich unsere Vorfahren als auch der Neandertaler diese Fragen bereits vor circa 120.000 Jahren stellten. Werden ältere Funde, wie die Schöninger Speere, ebenfalls als Kultgegenstände und Grabbeigaben interpretiert, so wurde die Frage nach dem „Danach" wahrscheinlich schon wesentlich eher gestellt. Manche Autoren gehen von einem Alter von 300.000 bis 400.000 Jahren aus.[251] Aber bei der Interpretation von solchen Funden ist Vorsicht geboten. In der Wissenschaft gilt Ockhams Rasiermesser, das Prinzip der Parsimonie: Eine Hypothese sollte mit so wenig Annahmen wie möglich auskommen. Es gilt, erst einmal ohne Götter und religiöse Kulte zu argumentieren. Selbst Affenmütter tragen noch eine Weile tote Jungtiere mit sich herum, als ob ihre Mutterinstinkte eine Trennung nicht zuließen.[252] Für unsere Vorfahren waren Bestattungen schon aus hygienischen Gründen notwendig, aber auch, um keine Raubtiere anzulocken. Vielleicht dachten die Menschen weniger

---

251 Paál, Gábor: Archäologie des Glaubens – Wie die Götter auf die Welt kamen. In: Clas, Detlef / Paál, Gábor: Gottes Bilder – Warum wir glauben. Bergisch Gladbach 2008, S. 25-43.

252 Biro, Dora / Himle, Tatyana et al.: Chimpanzee mothers at Bossou, Guinea, carry the mummified remains of their dead infants. Current Biology, Vol. 20 No. 8, 27. April 27 2010.

an die Welt und die Zeit „Danach" für die Verstorbenen, sondern gönnten den Aasfressern einfach nicht die Körper der Toten. Eventuell brauchten die anderen Jäger die Waffen nicht. Es könnte auch sein, dass die Blumensamen, die in den Gräbern gefunden wurden, durch Nagetiere in die Höhlen gelangten. Die Schuld, dass in unserer Prähistorie so viele Götter herumspuken, tragen die Wissenschaftler größtenteils selbst. Immerhin sind sie es gewesen, die bei jedem archäologischen Fundstück, dessen Funktion ihnen unbekannt war, sofort religiöse Kulte hineininterpretiert haben. So zum Beispiel bei dem archäologischen Fund von Farben, die vor circa 300.000 bis 400.000 Jahren hergestellt wurden.[253] Diese Farben können religiösen Zwecken gedient haben. Aber es gibt auch noch andere Erklärungen. Farben und Erde wurden als Sonnen- und Insektenschutz verwendet. Manche Pflanzenwirkstoffe sind antiseptisch und antibakteriell, weshalb Kelten, Wikinger und Germanen in Schlachten je nach Pflanzenart mit blauer oder grüner Haut erschienen. Indianer benutzten Kampfschminke, um schrecklicher auszusehen und im Privatleben nach der Schlacht nicht der Rache der Angehörigen ausgesetzt zu sein. Mit Farben tarnt man sich zur Jagd oder nimmt Warnfarben, um abzuschrecken. Farben geben zudem Stammeszugehörigkeit, Status, Paarungssignale und vor allen Dingen Lebensfreude und Kreativität wieder. Nicht alles, was nicht sofort erklärbar ist, ist deshalb automatisch ein Indiz für die Existenz von religiösen Kulten. Vielleicht wurden die Toten so begraben, wie sie zum Zeitpunkt ihres Todes geschminkt waren. Vieles lässt sich auch noch durch individuelles Verhalten und Spiritualität erklären. Von religiösen Handlungen sollte erst gesprochen werden, wenn eine Kommunikation zu spirituellen Themen zwischen mehreren Artgenossen als plausibel angenommen werden kann. Die Höhlenmalereien in Lascaux, die einen Schamanen während einer Séance abbilden,[254] legen diesen Verdacht nahe. Schamanen behandeln in der Regel Stammesangehörige oder üben für den Stamm Rituale aus. Sie sind daher ein sicherer Indikator für beginnende Religiosität, wenn auch noch nicht für Religion.

Wir sollten uns davor hüten, anzunehmen, dass die damals lebenden Menschen alle einer Religion nachgegangen sind oder einer „primitiven" Religiosität gehuldigt haben. Auch innerhalb der Clane und Gruppen existierte wahrscheinlich ein ähnlich heterogenes Bild hinsichtlich der religi-

[253] Ohlig, Karl-Heinz: Religion in der Geschichte der Menschheit. Die Entwicklung des religiösen Bewusstseins. Darmstadt 2002.

[254] Kirchner, Horst: Ein archäologischer Beitrag zur Urgeschichte des Schamanismus. Anthropos 47 (1952), S. 244-286.

ösen Einstellungen wie heute. Zu jeder Zeit gab und gibt es Menschen, die ihre Götter in der Natur gesehen haben, Menschen, die monotheistisch dachten, Menschen, die monistisch empfanden, sowie Atheisten und Agnostiker. Homers Odysseus ist das erste Beispiel eines Helden, der nicht auf Eingebungen und innere Stimmen hörte, sondern seinen Verstand benutzte, um gegen den Willen der Götter anzukämpfen. Solche Unterschiede gab es wahrscheinlich seit der Steinzeit. Die archäologischen Funde und Überlieferungen spiegeln die praktizierten Religionen der Mehrheit der Gläubigen und die Leitlinien der religiösen Dienstleister wider. Das Spektrum der gelebten Religiosität ist für jede Epoche und Population recht weit zu fassen.

Nichtsdestotrotz gibt es eine plausible Geschichte des menschlichen Erkenntnisgewinns, dem die Geister und Götter der jeweiligen Epoche weichen mussten. Dieser ist nicht nur geschichtlich nachzuvollziehen, sondern auch ontogentisch in der Individualentwicklung des Menschen. Die Psyche des Menschen ist in den Jahrmillionen seiner Phylogenese den artinternen und artexternen Selektionsfaktoren angepasst worden. Und auch wir durchlaufen heute noch im Rahmen unserer Individualentwicklung einige markante funktionale Stadien, so dass uns viele so genannte primitive „Glaubensinhalte“ doch sehr bekannt vorkommen.

Im Folgenden wird zwischen artexternen und artinternen Selektionsfaktoren unterschieden. Die Trennung ist willkürlich und dient hier nur dem besseren Verständnis. Die größten Fortschritte in der Beherrschung der Natur fanden erst statt, nachdem sich der Mensch sozial weiterentwickelt hatte, so dass der Wechsel der artexternen Selektionsfaktoren mit denen der artinternen stets Hand in Hand ging. Beginnen wir mit der artexteren Umwelt.

5.1 Die artexterne Umwelt als Selektionsfaktor

Es ist selbstverständlich, dass die Erfindung der Jagd und der Jagdwaffe der Erfindung des „Gottes der Jagd“ vorausgeht. Zunächst wird der Jäger versuchen das Jagdglück heraufzubeschwören. Wir lachen jetzt dabei und sagen, wie primitiv. Aber wenn Sie ganz ehrlich sind, wann haben Sie das letzte mal versucht mit Stoßgebeten eine rote Ampel dazu zu bewegen, auf grün umzuspringen? Wann haben Sie das letzte mal die Lottozahlen während der Ziehung laut aufgesagt? Wann haben sie bei einem Fußballspiel mitgefiebert? Diese Form der Beschwörung wird Animismus oder Schamanismus genannt. Sie ist noch lange nicht ausgestorben.

Die „nächsthöhere“ Stufe in der Entwicklung unserer Psyche ist die Schuldzuschreibung für böse Geister. Wir denken, da pfuscht uns einer ins Handwerk. Und weil wir als soziale Tiere wissen, dass da meistens ein Lebewesen mit Absichten dahinter steckt, gehen wir auch in der Natur davon aus, dass etwas Personifiziertes dahinter stecken könnte. Denken Sie jetzt einmal an schwarze Katzen, wann Sie das letzte Mal geflucht haben oder wann Sie Ihren Computer angeschrien haben. Auch diese Art der Beeinflussung der Natur und Umwelt kann nicht aussterben, weil wir sie in Form unserer Psyche immer wieder neu mit auf die Welt bekommen.

Böse Geister und Menschen, denen wir zur Lebzeiten eventuell etwas angetan haben, wollen besänftigt werden. Dies nennen wir dann Totemismus. Im günstigsten Fall können wir die Geister auf unsere Seite ziehen und sie sozusagen mit Spenden und Gaben einkaufen. Um bei dem Beispiel mit der Jagd zu bleiben, wir opfern dem Geist der toten Tiere und besänftigen ihn mit einer letzten Äsung. Das hört sich zwar primitiv an, hat aber im St. Hubertus-Kult bis heute überlebt. Selbst bei Hinrichtungen wird ein letzter Wunsch gewährt, um die Seele gnädig zu stimmen und sie davon abzuhalten, Rache zu üben. Welche psychischen Hintergründe bei Beerdigungen, Totenmessen und Grabbeigaben eine Rolle spielen, würde jetzt ganze Bücher füllen. Auch für den Totenkult gilt, dass er in unserer heutigen Welt noch lange nicht ausgestorben ist.

Mit St. Hubertus sind wir auch schon in der Welt der personifizierten Halbgötter. Wenn ich selber zu schwach bin, die Natur für mein Jagdglück zu beschwören, so brauche ich starke Verbündete, die für mich Einfluss auf das Schicksal nehmen. Im Clan holte man seinen großen Bruder zur Hilfe. Bei der Jagd hat man es mit personifizierten Freunden, Helfern, dem „großen Geist“ oder mit Jagdgöttern zu tun. Denkt man sich diese Unterstützung konsequent für alle Lebensbereiche weiter, so kommt bald ein kleiner polytheistischer Olymp zusammen. Einen solchen „Olymp“ kennt jeder von uns aus eigener Erfahrung. Auch wir haben für unterschiedliche Wünsche, Flüche und Beschwörungen unterschiedliche Ansprechpartner.

Und wenn unser Erfahrungshorizont und das Wissen um die Gesetze der Natur ausreichen, dass wir nicht mehr auf die Jagd gehen müssen, sondern wir unser Vieh selber züchten können, dann werden die polytheistische Götter zu einem henotheistischen Hauptgott. Denken wir an den goldenen Gott der Stiere, der Widder oder der Esel. Auch diese Art zu „denken“ ist noch lange nicht ausgestorben. Wir haben heute stattdessen die Götter des

Geldes, der Geltung und der Lottoscheine, die wir anflehen, indem wir die Daumen drücken und auf Holz klopfen.

Die höchste Form des Aberglaubens liegt in der Erfindung des freien Willens der Götter. Es wäre primitiv anzunehmen, dass Götter unsere Gebete einfach so erhören. Nein, sie haben einen eigenen Willen und entscheiden selbst, wann sie uns helfen. So können wir weiter an unseren Lottogewinn glauben und niemand darf den göttlichen Plan als Aberglauben bezeichnen. Hier projiziert unsere Psyche unsere eigene Unwissenheit über die Zusammenhänge in der Umwelt in den Verstand und Willen des Gottes, damit wir uns nicht eingestehen müssen, dass wir eigentlich gar keine Ahnung haben, wie die Sachverhalte zusammenhängen.

Die vorläufig letzte Art, seine Umwelt und Natur in den Griff zu bekommen und zu beherrschen, ist die der Vernunft. Hier züchten wir nur noch für das Schlachthaus und denken nicht einmal mehr an die Götter, die uns früher mit der Natur verbanden. Auch dies können wir nachempfinden und sehnen uns daher nach einer esoterischen Verbindung mit der Natur.

Der Wandel der uns bekannten geschichtlichen Gottesvorstellungen entspricht somit den Erfindungen und wirtschaftlichen Fortschritten vom Neolithikum bis heute. Das gleiche gilt auch für den Umgang mit Pflanzen. Im einfachsten Fall werden nützliche Pflanzen von Sammlern gefunden. Das gefühlsmäßige Wissen nennen wir Animismus. Mit dem Wissen um die Ursache und Wirkung von Samen und Pflanzen werden Nutzpflanzen vereinzelt an fruchtbaren Stellen angebaut. Der Name Fruchtbarkeitsgöttin zeigt an, dass Fruchtbarkeit bekannt und ein Thema ist. Sonnengötter werden interessant, wenn systematisch Ackerbau betrieben wird. Mit dem Erkennen der astronomischen Uhren, den Tag- und Nachtgleichen sowie den Sonnenwenden rücken die festen Zyklen zur Aussaat und Ernte in den Vordergrund. Auferstehungskulte um Leben und Tod werden relevant. Mit dem Wissen um die begleitenden Faktoren kommen zum Ackerbau noch die Götter hinzu, die an die Raubtiere und Schädlinge erinnern. Schakal, Katze, Falke etc. werden personifiziert und als Helfer in Dienst gestellt.

Auch wenn die meisten psychologischen Hintergründe, wie z.B. das Beschwörenwollen, für uns heute nachvollziehbar sind, so heißt dies jedoch nicht, dass unsere Ahnen ähnliches gefühlt oder empfunden haben. Wir wissen es einfach nicht. Es ist aber plausibel, dass ähnlich aufgebaute Gehirne auch ähnlich denken und fühlen. Und da sich Anatomie und Hirnvolumen des anatomisch modernen Menschen in den letzten 30.000 bis

60.000 Jahren kaum bis gar nicht verändert haben[255] und auch die Höhlenmalereien für ein ähnliches Empfinden sprechen, geht der Ethnologe Jon Halverson davon aus, dass wir wohl auch ähnlich denken und fühlen wie unsere Ahnen.[256]

5.2 Die artinterne Umwelt als Selektionsfaktor

Der zweite große Faktor, der den Aufbau unserer Psyche mit bedingte, ist die artinterne Umwelt.[257] Hauptgrund für die meisten Ängste in unserem Leben ist mit Abstand die eigene Gruppe, in der man lebt und groß wird. An dieses Gruppenleben ist unsere Psyche optimal angepasst. Und in diesem Kreise wird gelogen, gestohlen und gestritten, hier kann man erschlagen werden oder in der Hierarchie auf- und absteigen. In einer solchen großfamiliären Gruppe beansprucht und verteidigt man seine Fortpflanzungspartner und von dieser Gruppe kann man auch ausgeschlossen werden.[258] Die optimale Anpassung in der Evolution besteht nicht darin, dass wir angstfrei leben können, sondern darin, dass wir sehr sensible Antennen für die sozialen Interaktionen haben und unsere Ängste uns sehr schnell darauf aufmerksam machen, wann etwas für unsere Egoismen schief läuft.[259] Auf solche Wechselwirkungen und Ursache-Wirkungs-Mechanismen möchte der Mensch Einfluss nehmen. Und wo die Gruppen unübersichtlich sind und das Verhalten nicht berechenbar ist, da wünscht sich der Mensch Helfer, die das für ihn regeln. Die geschichtliche Entwicklung des Götterhimmels geht daher ebenfalls mit dem menschlichen Erkenntnishorizont über die Gruppendynamiken einher.

---

[255] Rossano, Matt: The African Interregnum: The „Where“, „When“, and „Why“ of the Evolution of Religion. In: Voland, Eckart / Schiefenhövel Wulf (Hrsg.): The Biological Evolution of Religious Mind and Behavior. Berlin, Heidelberg 2009.

[256] Halverson, John: Paleolithic art and cognition. Journal of Psychology, 126 (1992), S. 221-236.

[257] Alexander, Richard D.: Evolution of the human psyche. In: Mellars, Paul / Stringer, Chris (Hrsg.): The human revolution: Behavioral and biological perspectives on the origins of modern humans. Princeton 1989, S. 455-513.

[258] Dunbar, Robin: Evolution of the social brain. Science, 302 (2003), S. 1160-1161.

[259] Bailey, Drew H. / Geary, David C.: Hominid Brain Evolution Testing Climatic, Ecological, and Social Competition Models. Human Nature Vol. 20 (2009), S. 67-79.

Analog zum Umgang mit der artexternen Umwelt wird in einfachen Vorstellungen versucht, den Mitmenschen direkt zu beschwören oder die Situation mit Magie zu belegen. Unsere Psyche scheint auf Wunschdenken eingestellt zu sein und versucht Kräfte zu mobilisieren, mit denen wir die Situation zu unserem Vorteil gestalten wollen. Für die einen ist es beten, für die anderen Harry Potter oder Vodoo.

Vor dem Erkennen des Zusammenhanges zwischen Sexualverhalten und Fortpflanzung ist die Anziehungskraft des anderen Geschlechtes noch mystifiziert. Kinder sind ein Geschenk, von dem man nicht weiß, woher sie kommen und was sie verursacht. Aber auch mit dem Wissen um die Zusammenhänge bleibt das männliche und weibliche Prinzip ein Mysterium. Bei der hohen Kindersterblichkeit und in den menschenleeren Weiten der Eiszeit nahmen die Themen Fruchtbarkeit und Erhalt des Clans mit Sicherheit einen höheren Stellenwert ein als es die Themen Partnerschaft und Sex heute noch für uns tun. Venus-Statuetten legen Zeugnis davon ab, welche – nicht immer religiösen – Gedanken sich da in Stein manifestierten.

Eine andere Stufe in der Entwicklung unserer Psyche wird angesprochen, wenn es um den Zusammenschluss verschiedener Clane geht. Auch in familiären Gruppen von Jägern und Sammlern gab es unterschiedlich eng miteinander verwandte Gruppenmitglieder, die sich arrangieren mussten. Schon früh versammelten sich Jäger zu gemeinsamen Treibjagdten, teilten die Beute und tauschten Informationen sowie heiratsfähige Mitglieder der Clane aus.[260] Dies hatte aber eine andere Qualität als die permanente Sesshaftigkeit mit dem Beginn des Ackerbaus.

In den ersten Ackerbaugesellschaften mussten sich nun die offensichtlich nicht mit einander verwandten Alpha-Tiere der Clane arrangieren und irgendwie nebeneinander ohne Prestigeverlust existieren. Die Probleme, die dies mit sich brachte, manifestierten sich auch in den Götterbildern. Im Polytheismus werden verschiedene Brüder und Halbbrüder sowie eheliche und nicht eheliche Söhne in einem gemeinsamen Olymp nebeneinander gestellt. Konnten sich die weltlichen Clanchefs nicht auf ein Oberhaupt einigen, so blieb auch ihr Olymp demokratisch gleichberechtigt. Einigten sich die Clanchefs auf einen gemeinsamen Anführer oder König, so zeigte auch ihr Olymp einen Ersten unter den Ersten. Wurde das Königtum erblich, so gab es auch Gottkönige, die als Kinder der Götter galten.

---

[260] Frison, Georg C.: Die paläoindianischen Bisonjäger. In: Burenhult, Göran (Hrsg.): Die ersten Menschen. Die Ursprünge des Menschen bis 10000 vor Christus. Augsburg 2000.

Thomas Junker und Sabine Paul datieren die Anfänge der Religion – im Gegensatz zur älteren Spiritualität – an den Beginn der neolithischen Revolution vor zirka 10.000 Jahren.[261] Also in eine Zeit, wo verschiedene Clane zusammenkamen und die ersten Großgruppen sich ansiedelten. Dies verwundert nicht, denn zu dieser Zeit übernahmen wahrscheinlich die ersten Priester die Aufgabe, eine Ordnung zu schaffen, die die Herrschaft einzelner Alpha-Tiere sowie die soziale Struktur innerhalb der Siedlungen rechtfertigte. Und da die ersten Priester auch gleichzeitig Dienstleister für ihre Clane waren, lässt sich vermuten, welche Ängste und Sorgen mit den neuen sozialen Ordnungen einhergingen. So spricht die Anzahl der erfundenen Kriegsgötter dafür, wie häufig reiche Ackerbausiedlungen überfallen wurden. Die vielen Götter in Sonnen- und Haustiergestalt lassen auf die Ernährungsweisen der ersten Siedlungen schließen, die Anzahl der Erd- und Fruchtbarkeitsgöttinnnen erlaubt Aussagen über die Niederschlagsmengen in den einzelnen Gebieten zu usw.

Mit zunehmender Heterogenität in den Niederlassungen und Städten entwickelt sich auch eine idealtypische soziale Ordnung in der Familie der Götter. Frühe Götterbilder repräsentieren einfache Kernfamilien, bestehend aus Vätern, Müttern und Kindern. Sie sind meist patriachalisch angelegt. In demokratischen Stadtstaaten entstehen Olympe, deren Götter Brüder und Schwestern waren. Eventuell mit einem Bruder als Erster unter Ersten. Die Komplexität der widergespiegelten Sozialstruktur erreichte in der Antike im griechischen Olymp ihren Höhepunkt. Hier finden sich die entsprechenden Hierarchien der Haupt- und Nebengötter, der göttlichen Kinder und des nicht ehelichen Nachwuchses sowie die erwünschten Rollen von Mann und Frau. In einem solchen Sozialolymp haben die Götter einen Beruf und einen psychologischen Archetypen, in dem man sich selber wieder erkennen kann. Man identifiziert sich mit der Persönlichkeit des Gottes und erkennt, welche Taten und Handlungen seinem und damit dem eigenen Charakter entsprechen. Gleichzeitig ordnete man sich wieder in die göttliche Hierarchie der Gruppe und Großfamilie ein.[262] Hierin spiegelt sich auch die Erfahrung wieder, dass sich die Bürger nach ihren Fähigkeiten in die Gesellschaft integrieren sollten. Neben Ackerbauern und Viehbesitzern entstanden in Stadtstaaten eine große Anzahl von Berufsgruppen

---

[261] Junker, Thomas / Paul, Sabine: Der Darwin Code. Die Evolution erklärt unser Leben. München 2009.

[262] Kilian, Andreas: Egoismus, Macht und Strategien. Soziobiologie im Alltag. Aschaffenburg 2009.

von Handwerkern. Der Olymp wird zu einer Orientierungshilfe in einer zunehmenden Individualisierung und Diversität der Gesellschaft.

Ein solcher Götterhimmel basiert auf der Bereitschaft des Menschen zur Arbeitsteilung, wie sie schon früh in den familiären Gruppen mit ihren Rollen, Funktionen und Positionen anzutreffen war. Hier haben nicht Religionen etwas neues geschaffen, sondern die Psyche des Menschen projizierte sich ihre Wunschfamilie mit einer Idealhierarchie in den Olymp. Dieser Kerngedanke der Familie und der Gemeinschaft, die irgendwie miteinander verwandt ist und die daher zusammenhalten sollte, wird ein Schlüsselelement der späteren Religionen im Nahen Osten und im Mittelmeerraum.

In Imperien und Handelszonen, die sich aus mehreren lokalen Stadtstaaten und Königreichen zusammensetzen, müssen sich die Bürger neu orientieren. War es früher noch möglich, dass die Reisenden und Händler in jeder anderen Stadt ihre polytheistischen Götter wiedererkannten und auch dort anbeten konnten, so werden mit zunehmender Größe der Reiche immer mehr Lokalreligionen zusammengefasst, die sich nicht ohne weiteres integrieren lassen. Religionen von Imperien haben daher zwei Entwicklungsmöglichkeiten: (1) Entweder sie fassen alle Glaubensinhalte in einer Religion zusammen oder (2) sie verwenden eine gemeinsame übergeordnete Philosophie.

Zusammenfassende Religionen, die alle Glaubensinhalte beinhalten sollen, sind nicht mehr nachzuvollziehen, sondern in ihrer inneren Widersprüchlichkeit nur noch zu glauben. Zudem wandern die Götter von der Mutter Erde in das Gebäude Tempel und vom Olymp in den Himmel oder darüber hinaus. Und je weiter sie sich physisch entfernen, desto menschlicher und persönlicher müssen sie werden, um den Anschein der Ansprechbarkeit zu wahren. Aus „Gott“ wird „mein Gott“ und „meine Wahrheit“. So kann das Individuum wieder innerhalb der unpersönlichen Großgruppe eingefangen werden.

Übergeordnete Philosophien finden sich zum Beispiel im Hinduismus, Buddhismus, Konfuzianismus, Taoismus sowie dem Humanismus. Sie sind gegenüber allen Göttervorstellungen mehr oder weniger tolerant und vereinigen Reiche teilweise über Jahrhunderte. Philosophien lassen dem Menschen die Freiheit, seine Erkenntnis selbst zu finden. Ein philosophischer Gott geht über die Vorstellung eines menschenähnlichen persönlichen Gottes hinaus. Er wird zur „Existenz“, einer „Macht“ oder dem Brahman. Die Kernaussagen der Religionen und Philosophien sind Zeitzeugen der jeweiligen Gründungsgeschichte. Doch bevor dies im nächsten Kapitel dargestellt wird, vorweg eine kurze Zusammenfassung und Definition.

5.3 Eine Definition mit Hilfe der Entwicklungsgeschichte unserer Erkenntnisse

Die Darstellung der Entwicklungsgeschichte macht deutlich, was in der Historie der Glaubensinhalte Ursache und Wirkung war. Erfindungen und technischer Fortschritt basieren auf Zufallsereignissen und Geniestreichen. Sie lassen sich nicht erzwingen. Die technischen und wissenschaftlichen Errungenschaften setzen sich zunächst in einer Population durch. Mit den verbesserten Lebensbedingungen ändert sich auch die Sozialstruktur und die Erkenntnis der Menschen über die Ursache-Wirkungs-Mechanismen. Alte Ängste verschwinden, weil sie technisch beherrschbar geworden sind. Neue Ängste tauchen mit der neuen Situation auf.

Die Vertreter der Religionen vermochten in der Geschichte hierauf nur zu reagieren, wenn eine ausreichende Anzahl von Menschen diese neuen Ängste zeigte und zum Ausdruck brachte. Erst dann konnten sie neue Gottesvorstellungen als Gegenmaßnahmen zu den Ängsten synchronisieren und kultivieren.

Für die Definition des Phänomens Religion wird deutlich: Religion, als Phänomen, hat keine festen Inhalte, sondern die Inhalte der einzelnen Religionen orientieren sich an unserem jeweiligen Erkenntnisstand. Die Psyche des Menschen hat sich in den letzten 30.000 Jahren wahrscheinlich nicht sonderlich stark verändert. Die jeweils aktuellen Probleme im Umgang mit der Umwelt sprachen aber unterschiedliche Entwicklungsstadien unserer Psyche an. Auch wir wissen heute aus eigener Erfahrung, dass wir unter psychischen Extrembelastungen wieder in kindliche Phasen der Angstbewältigung zurückfallen können. Die geschichtliche Entwicklung der Religionsinhalte zeigt also unsere möglichen psychischen Antworten auf die natürliche und soziale Umwelt. Die Götter und ihre Namen wechselten, der gedachte personifizierte Helfer und Ansprechpartner unser Simulationsfigur in der neuronalen Software blieb. Wir können sagen:

> *Religiöse Inhalte orientieren sich an den aktuellen angstauslösenden wirtschaftlichen und sozialen Problemen.*

Nach der Übernahme von Glaubensinhalten unterliegen diese nochmals einer Feinanpassung an die jeweiligen kulturellen Verhältnisse. Dies ist eine

Adaption einzelner Glaubensinhalte, die entweder vom Volk mystifiziert oder im täglichen Gebrauch so umgeformt werden, dass ihnen nicht mehr zu widersprechen ist. Aufgrund dieser Anpassung an die menschliche Psyche werden die Glaubensinhalte der meisten Religionen weltweit verstandenen und sind sich relativ ähnlich. Es scheint, wie bei der Sprache des Menschen, zugrunde liegende Muster zu geben, die auch religiöse Inhalte nach einer universellen Grammatik konstruieren. Weiterhin unterliegen die Religionen auch einer Institutionalisierung. Gründungsideen, Offenbarungen und Geschichtliches wollen gespeichert und archiviert werden, um der Nachwelt erhalten zu bleiben. Hierzu bedarf es der Reglementierung und der Lehre. Der sich so neu etablierende Überbau einer religiösen Institution ist in Aufbau und Funktion eine Folgeerscheinung der menschlichen Sozialevolution während der Entstehungszeit. Institutionen können aber nicht die Ursache für Veränderungen in der Gesellschaft sein. Sie passen sich nur im Interesse ihres eigenen Überlebens stets neu an und wechseln daher auch ihre „ewig gültigen Wahrheiten“ nach Bedarf aus. Die Vertreter der Religionen reagieren auf Erfindungen der Wissenschaft, der Politik und ihrer Konkurrenz. Denn nur in den Ängsten vor Veränderungen finden sie ihr Substrat. Ein Beispiel für die Anpassungsfähigkeit aus neuerer Zeit wurde mit den so genannten Jugend- und Drogensekten in der Hippiezeit im Abschnitt 3.4.4 über Kultur gegeben. Religionen gehen auf die Bedürfnisse ihrer Kunden ein.

Da die großen religiösen Institutionen dem Bedarf ihrer Kunden hinterherlaufen, sind die Religionen auch nicht als Universalinstanzen zu verstehen, in denen jeder glücklich werden kann. Sie sind bis jetzt nur biologische Kulturfolger, die aufgrund ihrer hoch spezialisierten Anpassung nicht für alle zuständig sein können. Besonders deutlich wird diese Nicht-Zuständigkeit bei Menschen, die ihrer Zeit vorausgehen, wie Wissenschaftler und Philosophen.

6. Der Einfluss der Geschichte

Wie in der Evolution gibt es aber nicht nur eine kontinuierliche Anpassung und Veränderung der bestehenden religiösen Glaubensinhalte, die sukzessive in kleinen Schritten stattfindet. Manche wirtschaftlichen und sozialen Ereignisse führen zu einschneidenden, nahezu katastrophalen Veränderungen der Lebensbedingungen, die neuen Ideen und Konzepten die Chance geben, sich auf dem frei werdenden kognitiven Feld auszubreiten und zu etablieren. Ein Beispiel hierfür ist die mit dem Ausklingen der letzten Eiszeit einsetzende neolithische Revolution mit ihrer Einführung des systematischen Ackerbaus und den ersten größeren Städten. Analog zur sprunghaften Artentstehung in der Biologie setzt sich zu diesem Zeitpunkt die religiöse Idee gegenüber allen anderen Glaubensvorstellungen durch, welche bereits am besten an die jeweiligen neuen wirtschaftlichen und sozialen Verhältnisse angepasst ist. Die Idee mit den besten Antworten auf die angstmachenden Probleme ihrer Zeit füllt die Lücke und kann sich am schnellsten quantitativ ausbreiten. Auch heute entstehen pro Jahr ca. 1.000 neue Sekten und verschwinden auch wieder, so dass immer ein Pool vorhanden ist, aus dem sich neues generieren kann. Die so entstandenen Religionen zeichnen sich durch einen inhaltlichen und institutionalen Aufbau aus, der bestmöglich der Epoche ihrer Ausbreitung angepasst ist. Sie sind damit Kinder der zeitgeschichtlichen Einflüsse während ihrer Entstehungsphase und spiegeln dies auch noch Jahrhunderte später wider.

Die europäische, theologisch ausgerichtete Geschichtswissenschaft teilt die Religionen in verschiedene Epochen auf. Bellah benennt fünf Stufen der geschichtlichen Entwicklung.[263] (1) In primitiven Religionen, zu denen er die der Aborigines in Australien zählt, identifiziert sich der Mensch mit den göttlichen Mächten im Traum. (2) In archaischen Religionen existiert

[263] Bellah, Robert: Religious Evolution. In: Seyfarth, Constans (Hrsg.): Religion und gesellschaftliche Entwicklung. Frankfurt 1973, S. 267 ff.

bereits ein Polytheismus. (3) In historischen Religionen tritt eine Differenzierung des Polytheismus auf und der Monismus fällt weg. Es kann sich ein Henotheismus bzw. ein Monotheismus entfalten. (4) In frühmodernen Religionen entfällt die Vermittlung durch Dritte und der Mensch steht seinem Gott direkt gegenüber. (5) In modernen Religionen ist dann jeder sozusagen seine eigene Sekte. Der katholische Theologe und Religionspädagoge Karl-Heinz Ohlig fasst die Entwicklung in drei Entwicklungsstufen zusammen: die steinzeitliche Frühzeit, die Hochkulturen und die Universalreligionen. Zusätzlich unterscheidet er bei letzteren noch zwischen Monismus, Monotheismus und Dualismus.[264]

Aus einem mehr biologischen Blickwinkel stellen sich die Fragen zur Geschichte anders. Die Aufspaltung der Religionen gleicht mehr einem Stammbaum, bei dem lokal neue Abzweigungen hervorgehen. Neue Ideen drängen sich in den Vordergrund, neue Antworten zu den brennenden Fragen der Zeit erschließen sich neue Habitate an Gläubigen. Die Ausgangsreligion bleibt aber meist in reduzierter Form als ererbte Basis, als Unterbau, bestehen. Für eine beobachtete Aufspaltung gelten aus dem biologischen Blickwinkel die Fragen: Was verändert sich wirtschaftlich oder sozial? Was resultiert daraus an Ängsten? Welche Antwort hält die neue Religion für die neuen Ängste bereit?

Betrachten wir als Beispiele die großen monotheistischen Imperial-Religionen sowie die Philosophien bzw. die Religionsphilosophien.

6.1 Imperial-Religionen

Es ist das Merkmal aller monotheistischen Religionen und Glaubensgemeinschaften, dass sie die soziale Gruppe und deren Sozialverhalten zum Kern ihrer Religion erhoben haben. Das Heil des Einzelnen ist eng mit seiner Gruppe verknüpft und kann nur in der Gruppe gefunden werden. „*Extra ecclesiam nulla salus*“ („Außerhalb der Kirche gibt es kein Heil“), wie es in der katholischen Kirche heißt. Die Ängste, die dadurch vermieden werden sollten, waren schon unseren Vorfahren im Pleistozän bekannt. Man hatte Angst vor dem Revierverlust und dem Auflösen der Familie in anderen Gruppen (ein Motiv, das dann im Judentum wieder auftaucht). Es existierte eine Angst vor der Auflösung der eigenen Großgruppe durch innere Konflikte (wie später im Christentum). Es gab eine Angst vor öko-

264 Ohlig, Karl-Heinz: Religion in der Geschichte der Menschheit. Die Entwicklung des religiösen Bewusstseins. Darmstadt 2002.

logischen und ökonomischen Veränderungen und daher musste mit den Nachbarn konkurriert oder kooperiert werden (Islam). Oder eine pleistozäne Subgruppe wurde von der Ausgangsgruppe so bedrängt, dass sie das Revier verlassen musste (Sektenbildung).

Allen monotheistischen Glaubensgemeinschaften gemeinsam ist der ins kognitive übertragene Gen-Egoismus. Religiöse Gemeinschaften übernehmen diese biologischen Grundprinzipien des Selbsterhaltes und der Hilfe für die nächsten Verwandten in ihre Gruppenethik. Was im Pleistozän die genetische Familie war, wird in der Religion zur Gemeinde. Innerhalb der Familie und Wahlfamilie werden alle Mitglieder zu Brüdern und Schwestern deklariert, die sich altruistisch verpflichtet sind. Wer nicht mit zu dieser Wahlfamilie gehören möchte, der verliert seine Existenzberechtigung. Zu dieser Entwicklung, von der natürlich-genetischen Familie hin zur Wahlfamilie aus nicht verwandten Individuen, gehört auch die konsequente Verneinung der familien-externen Götter. Das neue Familienoberhaupt kann als imaginäres Alpha-Tier, patriachalischer Einzelgott und vor allem gruppeninternes Leitbild keine Sonnen- und Tiergötter neben sich dulden, weil es verschiedene Clane zusammenhalten muss.

Sehen wir uns die Interaktionen der Koalitionswilligen gegenüber ihrer eigenen und gegenüber fremden Gruppen an den Beispielen Judentum, Christentum und Islam mit Hilfe von Kurzbeschreibungen an.

6.1.1 Judentum

Aus der Perspektive der pleistozänen Gruppendynamik sind die Gründungsväter des Judentums politische Alpha-Tiere und religiös auserwählte Beta-Tiere in einer Person. Zur Wahlfamilie gehört für sie der eigene Clan und die angeheirateten Mitglieder. Die geschichtliche Entwicklung zu einer Imperialreligion geht aus den Nomadenursprüngen hervor. Im Judentum kam nicht das Imperium zu den Israeliten, sondern die Israeliten durchwanderten mehrere Reiche. In der jüdischen Tradition ist Abraham der Begründer des Monotheismus und der Stammvater, der den Bund mit Gott schloss. Er erhielt von Gott den Auftrag, das Land seiner Väter zu verlassen. Aus seinem Sohn Isaak ging Jakob hervor und aus Jakobs Söhnen die zwölf Stämme Israels. Diese zogen in verschiedene Gebiete des fruchtbaren Halbmondes, unter anderem auch nach Kanaan. Im Zuge von Weidewechseln und aus wirtschaftlichen Gründen gelangten sie bis nach Ägypten, wo sie einem oder mehreren Pharaonen dienten. In diesem Exil bildeten verschiedene Gruppen von Juden und Ortsansässigen wieder eine eigene Identität aus. Moses führte diese Gruppen in die vierzig Jahre dauernde Isolation der Wüste Sinai und bis an die Grenzen des gelobten Landes. In dieser Isolation erhielten sie eine eigene Rechts- und Sozialordnung. Im gelobten Land ließen sich die Stämme nieder bis sie unter dem König Nebukadnezar II. (ca. 587 v. Chr.) in das babylonische Exil entführt wurden.[265] Um der Assimilation und dem beginnenden Polytheismus in Babylon vorzubeugen, betonten die Führer der jüdischen Exilanten deren besondere Identität. Im babylonischen Exil wurde nur noch ein Gott als der alleinige Gott postuliert und folgerichtig alle anderen Götter negiert. Dies unterschied die Israeliten von den monolatrischen Glaubensrichtungen, die zwar ebenfalls einen Gott kannten, aber die anderen Götter nicht negierten. Manche Historiker sehen daher erst das babylonische Exil als die eigentliche Geburtsstunde des jüdischen Monotheismus an.[266] (Wieder andere betrachten den Pharao Amenophis IV., genannt Echnaton, als den eigentlichen Begründer jeglichen Monotheismus.)

Auch wenn die heutige Geschichtsschreibung nicht mehr feststellen kann, wo die wirkliche historische Geschichte des Judentums und des Monotheismus begann, so haben die Schreiber der Heiligen Schriften aber mit der Dokumentation doch den Willen zur Begründung des Volkes Israel retrospektiv eingefangen. Der rote Faden, ob geschichtlich geschönt oder nicht, ist immer eine Gruppe von mehr oder weniger eng verwandten Nomaden, die ihre Identität unter verschiedenen Herrschern und Epochen sichern mussten. Analog zur Gründung einer Herrscherdynastie und dem Bau der Pyramiden wurde mit dem Judentum ein Volk, eine Kultur, eine Tradition und eine Religion als lebendige und anpassungsfähige Basis für die Ewigkeit geschaffen. Das Judentum entstand in einer Zeit der Völkerwanderungen, der Kriege und der Versklavungen. Nur die eigene Familie und die Verwandtschaft boten Schutz, weshalb sich das Judentum auch heute noch auf die matrilineare Abstammung gründet. Aber wie die anderen beiden imperialen Religionen ist sie in ihrem Grundwesen auch für Konvertiten offen.

6.1.2 Christentum

Christen halten das Christentum für das, was es garantiert nicht ist: die Lehre Jesu.[267] „Jesus" war kein Christ und ein einheitliches Christentum

265 Grübel, Monika: Judentum. Köln 2004.

266 Ohlig, Karl-Heinz: Religion in der Geschichte der Menschheit. Die Entwicklung des religiösen Bewusstseins. Darmstadt 2002.

267 Deschner, Karlheinz: Der gefälschte Glaube. Eine kritische Betrachtung kirchlicher Lehren und ihrer historischen Hintergründe. München 1988.

existierte weder damals noch heute. Die Anzahl der christlichen Sekten wird für die Anfangszeit auf ca. 100 bis 200 Gemeinden im Mittelmeerraum geschätzt. Heute existieren ca. 35.000 Glaubensgemeinschaften (Sekten), die die wenigen überlieferten Worte eines jüdischen Wanderpredigers unterschiedlich interpretieren und mit Mythen für ihre Zwecke vervollständigen. Eine Glaubensgemeinschaft unter vielen war und ist die römisch-katholische Kirche.

Die Gruppendynamik dieser Gemeinschaft (nicht aller christlichen Glaubensgemeinschaften) ist durch die Untergangsphase des römischen Reiches geprägt. Völkerwanderungen und Landneuverteilungen in den Provinzen führten in den ersten Jahrhunderten nach Christi Geburt zu einem Zustrom von Arbeitslosen in die Hauptstadt Rom. Auf die Versorgung dieser Massen hatte Rom jedoch keine ausreichende Antwort, weil eine soziale Absicherung noch nicht bekannt war. Nur die jüdischen Gemeinden, die nach der militärischen Niederwerfung durch die Römer aus der Provinz Judäa (70 n. Chr.) nach Rom gekommen waren, sowie die ersten christlichen Gemeinden mit jüdischem Hintergrund besaßen ein soziales Netzwerk aus Helfern und Hilfsleistungen. Sie waren damit im Stande, das entstehende soziale Elend aufzufangen und erhielten dadurch auch starken Zulauf an neuen Mitgliedern.

Kaiser Konstantin (324 bis 337 n. Chr.) wollte einerseits Alleinherrscher werden und brauchte ein Leitbild, welches die verschiedenen Teile und Religionen des langsam zerfallenden Reiches ideologisch wieder vereinigte. Andererseits benötigte er den innenpolitischen Rückhalt bei den Massen. Was lag politisch näher als der Zusammenschluss einer jüdischen Sekte, die auch für Nicht-Juden offen stand und einen einzigen Gott über alle anderen erhob, mit einem Machthaber, der ein soziales Netzwerk benötigte, um die Massen für sich zu stimmen? Der Aufstieg einzelner christlicher Gruppen zur Staatsreligion und einzelner politisch charismatischer Priester zum römischen Pontifex Maximus war unter diesen Voraussetzungen nur eine Frage der Zeit. (Für eingehendere Analysen des politischen Aufstiegs des Christentums im römischen Kaiserreich sei auf Michel Onfray[268] und Karlheinz Deschner[269] hingewiesen, da dies hier zu weit führen würde.)

Der Zusammenschluss von Kaiserreich und Kirche sowie Polytheismus und Monotheismus verlangte von beiden Seiten Anpassungen. Konstantin,

---

268 Onfray, Michel: Wir brauchen keinen Gott. Warum man jetzt Atheist sein muss. München 2007.

269 Deschner, Der gefälschte Glaube; Deschner, Karlheinz: Abermals krähte der Hahn. Eine kritische Kirchengschichte. München 1996.

der sich selber den 13. Apostel nannte, wollte keine komplette Vernichtung der alten Religionen. Er wollte Konstantinopel als neues Zentrum gründen und brauchte eine Ideologie, die auch die Religionen des Ostreiches mit in den römischen Olymp einband. So weist der christliche Olymp alle Merkmale der römischen Götterwelt auf: Hauptgott mit (halb-)irdischer Frau und nicht ehelichem Helden-Kind, Engel, Apostel und Heilige, die die Stellen der verwandten Gottgeschwister und Halbgötter einnehmen, sowie Sendboten und Götterlieblinge, die Nachrichten weiterleiten. Selbstverständlich sind die „Familienmitglieder" auf höheren Hierarchiestufen der Kirche auch als Ansprechpartner für Fürbitten zu gebrauchen.[270] Es geht ja immer noch um den Abbau von Ängsten und das Prinzip Hoffnung. Gleichzeitig sind sie Schutzpatrone für spezielle Berufsgruppen und Namensgeber, die auf den Charakter des Getauften wirken sollen. Auch der Namen „Jesus" ist eine römische Erfindung. Nach seiner hebräisch-arameischen Herkunft müsste der geschichtliche Zimmermann wahrscheinlich Joshua geheißen haben. Das Wort „Jesus" ist nicht nur latinisiert, sondern eventuell auch die plebejische Anrufungs- und Kurzform des *Jupiter Sol invictus*, dem römischen Hauptgott, der auch als Sonnengott für den Agrarstaat diente. Die literarische Person Jesus enthält alle Lebensabschnitte und Wundertaten, die auch die anderen Helden und Halbgötter des Mittelmeerraumes jener Zeit vollbracht haben sollen. Seine Geburtsdaten sind eine Beschreibung des astronomischen Kalenders.[271]

Auf der anderen Seite bekommt der römische Polytheismus mit dem Christentum der römisch-katholischen Kirche ein imaginäres Haupt-Alpha-Tier mit einem assoziierten Beta-Tier, die sich die Herrschaft in der Familie teilen. Aus dem jüdischen Messias muss ein hellenistisch-römischer Herr, Hausherr und Herrscher (Kyrios bzw. Dominus) werden.

Diese Aufteilung entspricht einer idealtypischen pleistozänen Familie unserer hominiden Ahnen. Sie spricht unsere Psyche an: ein Alpha-Tier, das alles weiß, ein Beta-Tier, das sich um alles kümmert, und Gruppenmitglieder, die uns zur Rechten des Chefs sitzen lassen. Schauen wir uns diese prähistorische Familie einmal an. Woran musste und muss ein römisch-katholischer Christ laut Lehrbuch glauben[272] und welche Ängste bekommt er damit in den Griff? Zunächst einmal hat ein Christ zu akzeptieren, dass es einen Gottvater, einen Gottsohn und einen heiligen Geist gibt, die identisch

---

270 Fischer, Helmut: Christentum. Köln 2001.

271 Joseph, Peter: Zeitgeistmovement. Der Film 2009.

272 Katholischer Katechismus: Verlag Herder, Freiburg, Lizenzausgabe Bonifacius Druckerei, Paderborn 1960.

sind. Es gibt ein herrschendes Alpha-Tier, welches seine Stellung in der Hierarchie auf seinen Sohn übertragen möchte. Beide sind sich darin einig, dass sie herrschen wollen und zeigen das gleiche Alpha-Verhalten gegenüber den anderen Gruppenmitgliedern. Ihr Wirken in der Gruppe entspricht dem Geist, in dem sie handeln. Sie manifestieren sich in ihren Taten, die ebenfalls nicht anzuzweifeln sind.

Im Pleistozän hatten unsere Vorfahren Angst davor, dass die Gruppe führungslos wurde. Nur Mitglieder, die die Umwelt richtig interpretierten, konnten die Gruppe zu den Nahrungsplätzen und zum Wasser führen. Gruppen ohne Interpretationsexperten waren verloren. Zudem orientierten sich alle an den Führungskräften, die die Gruppe durch ihre Kompetenz zusammenhalten konnten. Dieses Fachwissen und diese Fähigkeit musste über Generationen gesichert werden und in der Gruppe bleiben. Ein Alpha-Tier brauchte daher Nachwuchs, der das Revier in diesem Geiste übernahm.

Weiterhin ist Jesus Gott und für uns Mensch geworden. Dies entspricht der Arbeitsteilung in Alpha- und Beta-Tier. Das Alpha-Tier erschafft die Gruppe und herrscht. Das Beta-Tier verbrüdert sich mit den Rangniedrigen, um die Gruppe besser führen zu können. Durch die neue Interpretationshoheit „Liebe statt Strafe" versprechen sich viele etwas von dem Beta-Tier, das wie einer von ihnen auftritt. Hierdurch wurden unsere Vorfahren die Ängste genommen, dem unberechenbaren herrschend-strafenden Alpha-Tier direkt ausgesetzt zu sein.

Dass das Beta-Tier als Alpha-Tiernachfolger schon zu dessen Herrschaftszeit eine Gruppe um sich und seine Interpretationshoheit aufbaut, gibt es durch die Möglichkeit zum Hilferuf zu verstehen: „denn wo zwei oder drei in meinem Namen versammelt sind, da bin ich mitten unter ihnen" [Matth. 18, 20]. Hier darf auch inbrünstig gebetet werden. Wobei „beten" soviel wie knien und sich unterwerfen, „inbrünstig" soviel wic hoffnungs- und bedingungslos bedeutet. Gleichzeitig macht das Beta-Tier seinen zukünftigen Machtanspruch deutlich, denn es wird später zur Rechten des Alpha-Tieres sitzen und richten, wer für und gegen ihn war [2 Kor. 5, 10]. Dies wird geschehen, wenn es keine anderen Opponenten mehr gibt [1. Kor. 15, 24]. Wer Angst vor Gruppenaufspaltung und Führungsstreitigkeiten hatte, der tat schon im Pleistozän gut daran, nur einem Nachfolger zu huldigen.

Jedes Gruppenmitglied möchte in der Hierarchie aufsteigen und herrschen. Jeder ist ein Egoist und will biologischen Erfolg haben. Aber in einer Gruppe sind nicht alle gleichstark miteinander verwandt. Die Weibchen kommen aus unterschiedlichen Revieren und die Brüder sind Halbbrüder oder sogar nichtehelich in die Gruppe hineingeschleust worden. Es gibt mehr als einen Grund, sich um die Führung und die hieraus resultierenden Ansprüche zu streiten. Und diese innere Zerstrittenheit wird aufgrund des Sexualverhaltens der Gruppenmitglieder von Generation zu Generation weitergereicht. Mit dem Einsetzen des Verstandes (der Schlange) wurde die verwandtschaftliche Situation auch für alle bekannt. In der Bibel sprach man von Erbsünde. Nur das richtige Führungstier kann die Gruppe von dieser ererbten Sünde befreien und als neue Gruppe trotz sexueller Konkurrenz zusammenführen. Es nimmt hinweg die Sünden der Vorfahren, indem es sich selbst für *alle* Mitglieder der Gruppe aufopfert und auf eigenen Nachwuchs verzichtet. Wobei die Betonung auf „alle", also auf verwandte und nicht verwandte, liegt. Dies ist das Beta-Tier, welches sich bei Streitereien ganz für die Gruppe einsetzt und seinen Leib und sein Blut für den Zusammenhalt gibt [Mark. 14, 17-25; Luk. 22, 14-20; Kor. 11, 23-26].

Aber was macht dieses Beta-Tier besser als andere Beta-Tiere? Es widersteht der Versuchung! Es ist der Teufel, der dem Beta-Tier die ganze Erde und alle Reviere zeigt. Das Beta-Tier kann zum realen Herrscher der Gruppe werden und das alte Alpha-Tier stürzen [Matth. 4, 8-11]. Doch das Beta-Tier bleibt bei seiner Position und kümmert sich weiterhin um die Rangniedrigen der Gruppe. Damit nimmt es unserer pleistozänen Psyche die Angst vor einem egoistischen Machtwechsel und einer Abspaltung.

Aber wie bei jedem Geschäft müssen auch hier beide Seiten einen Vertrag erfüllen. Und das Beta-Tier sowie seine Stellvertreter und Nachfolger haben einen Sieben-Punkte-Plan zum Machterhalt. In der römisch-katholischen Kirche nennt man dies sieben Sakramente. Sie waren unseren pleistozänen Vorfahren als Verhalten mit in die Wiege gelegt. Am Anfang stand die Aufnahme in die Gruppe, die Taufe (1). Wir wollen dazugehören und haben Angst allein zu sein. Für Kinder bedeutete ein Nichtanerkennen der Familienzugehörigkeit eventuell den Tod. Die Überlebensfähigkeit von Neugeborenen wurde früher durch ein Bad in eiskaltem Wasser überprüft. Für dieses Dazugehören gelobt man seinem Herrn Treue bis in den Tod. Nach einiger Zeit folgt die Firmung (2). Dies ist die Bestätigung, dass wir uns als Gruppenmitglieder bewährt haben und nun vollwertige Artgenossen durch Initiation sind. Nun dürfen wir am gemeinsamen Essen, der Eucharistie (3), teilnehmen. Unser Ahnen hatten eine „tierische" Angst davor, beim Essen von den Stärkeren abgedrängt zu werden und nicht mehr genug zum Leben zu bekommen. Die Erlaubnis zur Teilnahme war eine Bestätigung ihres Existenzrechtes und ihrer sozialen Stellung innerhalb der Gruppenhierarchie. Zur Gruppenzugehörigkeit gehört auch die gemeinsame Anerkennung der Ideale und Ziele. Es wird in der Gruppe gebetet, damit die Ansichten und Wünsche konform sind. Der soziale Aufstieg wird durch die Weihe (4) manifestiert. Besonders engagierte Gruppenmitglieder und Glaubensbrüder des Beta-Tieres erhalten vor der Gruppe eine besondere Stellung, jedoch nie höher als das Beta-Tier selber. In der Biologie nennt man so etwas opportunistische Kooperationen. Wer gegen die Gruppenregeln verstößt, muss Buße (5) tun. Hierfür muss er dem Beta-Tier beichten und seine Strafe akzeptieren. Beichten kann man nur gegenüber dem Beta-Tier, weil dieses als zukünftiges „Alpha-Tier" sich des Vertrauens seiner Gefolgschaft versichern muss. Wer nicht beichtet hat kein Vertrauen zum Chef und wird als gefährlicher Außenseiter eingestuft. Außerdem akzeptiert er nicht die Strafe und die Strafhoheit seines Beta-Tieres. Gefährlich waren für unsere Ahnen Krankheiten (6). Wer anders aussah oder den Eindruck machte, dass die Veränderung ansteckend sein könnte, der wurde von der Gruppe ausgeschlossen und gemieden. Ein sehr altes Verhalten, um sich vor Infektionserregern zu schützen. Daher ist die Bestätigung, dass man immer noch Mitglied der Gruppe ist, eine Zusicherung, dass für einen gesorgt wird. Wer alle Hürden innerhalb der Hierarchie gemeistert hatte und vollständiges Mitglied der Gruppe war, der durfte auch an der Fortpflanzung teilnehmen. Aber nur, wenn die Gruppe diese Beziehung (7) erlaubte und niemand ältere Rechte einforderte. In einer Hierarchie muss man zuerst die Ansprüche der Höheren berücksichtigen. Hierfür bestand die Pflicht, offiziell das Beta-Tier und die Gruppe um Erlaubnis nachzufragen.

Diese sieben Punkte beschreiben Ängste, die wahrscheinlich bis zu unseren frühesten Ahnen zurückreichen, und selbst Schimpansen haben Angst, dass sie diese Zusicherungen verlieren. Damit zeigt sich auch, dass hier nicht nur Ängste beseitigt wurden, sondern durch die Hervorhebung als Sakramente auch die Urängste aller Primaten geschürt werden konnten. Denn wer von der Gruppe ausgeschlossen (exkommuniziert) wurde, war noch im Mittelalter zum Tode verurteilt. Dies zeigt auch, welche Macht sich die römisch katholische Kirche durch die Vergabe dieser Sakramente anmaßte. Wer nicht tat, was sie wollte, der hatte wirklich allen Grund Angst zu haben.

Aber zurück zur Geschichte. Was machte diese Beta-Tier-Religion für Konstantin und seine Nachfolger so interessant? Warum protegierte er eine der christlichen Sekten? Das Christentum der frühen römisch-katholischen Kirche ließ den Kaiser absoluten Alleinherscher sein. Sie stellte ihm mit Jesus ein archetypisch-psychologisches Beta-Tier an die Seite, welches ein

Alpha-Tier anerkannte und als Beta-Tier und Leitbild für alle Christen niemals nach der irdischen Macht greifen würde. Glauben war damit nicht mehr Privatsache, wie im Polytheismus, sondern ein Bekenntnis zu den Herrschaftsverhältnissen. Es ist daher nicht verwunderlich, weshalb sich dieser Schulterschluss aus Politik und Religion unter Kaiser Theodosius I. zur Staatsreligion (380/381 n. Chr.) aufschwang und durch Soldaten in Europa ausbreitete.

6.1.3 Islam

Die arabische Halbinsel war zur Gründungszeit des Islam (610 bis 632 n. Chr.) die Drehscheibe für die Haupthandelsrouten zwischen dem noch existierenden oströmischen Reich, Äthiopien sowie dem Perserreich. Im Süden der Halbinsel begannen die Schiffahrtsrouten nach Indien und Ostafrika, im Norden grenzten die Karawanenwege an das Mittelmeer. Parallel dazu lagen im Norden auch die alten Seidenstraßen, deren süd-westliche Ausläufer von Syrien bis Judäa an das östliche Mittelmeer reichten. Mekka lag als Operationsbasis auf der Hälfte der Strecke zwischen den Häfen in Südarabien und dem byzantinischen Palästina und ortskundige Beduinen waren als Karawanenführer und Vermittler zwischen den oft im Streit liegenden Städten auf den Handelsrouten sehr gefragt. Die Versorgung mit Lebensmitteln war für die aufblühenden Städte durch eine Reihe von Oasen im Norden, die *Wadi-I-Kora*, sowie Ackerflächen bis nach Medina gesichert. Jüdische Kolonien betrieben Ackerbau und die gesamte westliche Halbinsel erlebte einen wirtschaftlichen Aufschwung.

Nach dem Religionswissenschaftler Peter Antes zerbrach die alte Stammesordnung der Nomadenvölker an den neuen gesellschaftlichen Verhältnissen, da sie sich bei den Handelsgeschäften verschuldeten und versklavt bzw. zu Kunden wurden.[273] Nach Walter M. Weiss begann in dieser Zeit eine zunehmende Desertifikation der arabischen Halbinsel,[274] die sich in Stammesfehden niederschlug. Wahrscheinlich kam beides zusammen. Übermäßiger Reichtum korrumpierte die Gesellschaft und das Vordringen der Wüste spitzte die Lage weiter zu. Bauern, Händlern und Nomaden mussten nach einer neuen Sozial- und Wirtschaftsordnung suchen, um das Überleben zu sichern. Dies ging nicht ohne Konflikte und Kriege vonstatten. Für die Nomadenstämme gab es nur die Alternativen sich gegenseitig zu bekriegen oder sich zusammenzuschließen und ihren Lebensstandard

---

[273] Antes, Peter: Große Religionsstifter. Augsburg 2004.

[274] Weiss, Walter M.: Islam. Köln 1999.

durch Raubzüge und Expansion zu erhalten. In diesem Konflikt bewährten sich die alten Gesetze, bei denen sich der Einzelne bedingungslos der Gruppe unterzuordnen hatte.

Das Ergebnis dieser ökologisch-wirtschaftlichen Umwälzung war eine Lawine an Expansion, der sich immer mehr Stämme anschlossen. Hierbei spielte weniger die Religion als vielmehr die Aussicht auf Beute eine grundlegende Rolle. Ermöglicht wurde diese wirtschaftlich-kriegerische Expansion auch durch den Zusammenbruch des römischen Reiches und den anhaltenden Krieg des Nachfolgers Byzanz (Konstantinopel) mit dem Sassanidenreich. Es war die Gunst der Stunde, die diesen Zusammenschluss und die Expansion im 7. Jahrhundert ermöglichte.

Es verwundert daher nicht, dass die dritte monotheistische Religion Merkmale aufweist, die für die Zusammenführung und Vereinigung verschiedener Clane als ganzes notwendig sind. Damit sich alle damit identifizieren können, wird zunächst jedes Gottesbild negiert. Kein Clan-Chef muss sich dem Gottesbild eines anderen unterwerfen. Auch ein Sohn und Nachfolger Gottes muss abgelehnt werden, da es unter Stammesführern keinen Ersten unter Ersten sowie ein Vorbild für einen Thronnachfolger geben sollte. Polytheismus und Heiligenverehrungen werden ebenfalls abgelehnt, um nicht Einzelne höher zu stellen. Alle Stämme und Clane zusammen bilden die Familie, die Gemeinde (Umma) und das Haus des Islam. Jeder kann dazugehören und sich den Familiennamen durch die Wallfahrt nach Mekka verdienen. Almosen symbolisieren den familiären Zusammenhalt. Und wie in jeder Familie kann man auch aus dem Islam nicht austreten.

Aus der Perspektive der pleistozänen Koalitionswilligen haben wir in der Gründungsphase ein religiöses Beta-Tier, welches das imaginäre Super-Alpha-Tier postuliert und die politische Macht eines Alpha-Tieres nur kurzzeitig und vorübergehend anstrebt. Erst später wird in der Person der Kalifen die Vereinigung von weltlicher und religiöser Macht exerziert.

6.2 Philosophien

Genetische Studien der Psychologinnen Joan Chiao und Katherine Blizinsky von der Northwestern University in den USA zeigen, dass Europäer und Asiaten unterschiedliche Voraussetzungen haben, mit Ängsten umzugehen.[275] Da solche Ängste auch zu unserem Umgang mit unseren Mitmenschen beisteuern, schließen die beiden Autorinnen daraus, dass Asiaten und Europäer unterschiedlich stark individualistisch und kollektivistisch empfinden. Asiaten sind per Gen mehr auf die Gruppe und die Gemeinschaft orientiert, während Europäer eher individualistisch gegeneinander antreten. Dies könnte eine Erklärung dafür sein, dass Religionen, die die Wahlfamilie thematisieren, in Asien kaum eine Rolle spielen. Sie sind sich nicht so feindlich gesonnen, dass sie eine religiöse Familie postulieren müssen. Religionen konnten in Asien auf einer ganz anderen kulturellen Ebene ansetzen.

Die egoistisch-individualistisch geprägte Theologie Europas zeigt den permanenten Schlagabtausch zwischen der Logik der Philosophie und Wissenschaft auf der einen Seite sowie der religiösen Logik der Nicht-Logik auf der anderen Seite. Dies ist ein Wettrüsten ohne Ende. Es könnte nur durch einen neuen Denkansatz durchbrochen werden. Gleichzeitig zeigt die Geschichte der Religionen in Europa und dem nahen Osten, dass unterschiedliche Argumentationsebenen (Religionen) nicht parallel existieren können. Egoisten brauchen einen einheitlichen, allgemein anerkannten Standard (Ethik) und eine allgemein anerkannte unredliche Argumentationsebene (Glauben), um sich selbst Vorteile auf Kosten anderer verschaffen zu können. Ein neuer Gott bringt die Rechtfertigungen aller Egoisten durcheinander.

Wo die religiösen Wahlfamilien, mit ihrer aggressiven Abgrenzung gegen andere Glaubensrichtungen, eine eher untergeordnete Rolle spielen, konnten sich übergeordnete Philosophien etablieren. Bei solchen Philosophien stehen nicht mehr die Götter und die Pseudoargumente der Gläubigen im Vordergrund, sondern der realistische Rückbezug auf den eigenen Egoismus nach dem Prinzip Eigennutz: „Was du nicht willst, das man dir antue, das füg auch keinem anderen zu."[276] Damit gehen die Philosophien wieder zurück auf das Individuum und leiten Regeln für eine überreligiöse Ethik ab. Es ist eine Ironie des Schicksals, dass auch die Philosophien wieder zu religiösen Systemen zurückevolvieren und von charismatischen Führern zu Individualreligionen gemacht werden. Sehen wir uns einige Philosophien etwas genauer an.

---

275 Chiao, Joan Y. / Blizinsky, Katherine D.: Culture-gene coevolution of individualism and the serotonin transporter gene. Proceedings of the Royal Society B: Biological Sciences. 2009.

276 Küng, Hans / Kuschel, Karl Josef: Erklärung zum Weltethos. München 1993.

6.2.1 Hinduismus

Hinduismus ist eine Sammelbezeichnung von verschiedenen religiösen Vorstellungen auf dem indischen Subkontinent. Es existiert kein einheitliches Glaubensbekenntnis und nur einige der religiösen Richtungen lassen sich auf einen Begründer zurückführen. Trotz aller Unterschiede gibt es so etwas wie eine Philosophie der „Einheit in der Vielfalt" und Hindus können gemeinsam beten und feiern, auch wenn ihre Vorstellungen nicht übereinstimmen. Hinduist ist, wer die Veden und Upanishaden für unfehlbar hält, wer an die Unsterblichkeit, das Karma und die Wiedergeburt glaubt sowie nach der hinduistischen Moral und Ethik lebt. Er übt Gewaltverzicht und hat die totale Selbstverantwortlichkeit dafür, wie er im nächsten Leben wiedergeboren werden möchte. Hinduist wird man dadurch, dass man in eine der existierenden Glaubensvorstellungen des Subkontinents sowie in das Kastensystem hineingeboren wird. Hinduismus ist eine Synthese aus vereinigender übergeordneter Philosophie und einer Menge von gelebten Religionen. Auf den unteren Stufen des Glaubens können sich Hinduisten einen Gott aussuchen, den sie verehren wollen. Mit größerer Erkenntnis werden auch Vorstellungen von einem monotheistischen personellen Gott verehrt. Die höchste Stufe ist das Erkennen des Brahman, der Existenz, aus der alles geschaffen wurde. Auch Menschen und Götter sind Teil dieses alles umfassenden Daseins. Für Hinduisten sind daher alle anderen Religionen ein Teil des Brahmans und damit ein Teil des Hinduismus.[277]

Nach der Meinung verschiedener Historiker wanderten Stämme arischer Herkunft nach Indien ein und übertrugen polytheistische Gottesvorstellungen europäischen Ursprungs (ca. 1500 v. Chr.). Andere Historiker gehen davon aus, dass die Arier bereits ansässig waren und zu dieser Zeit die Herrschaft übernahmen. Überein stimmen alle in der Feststellung, dass sich ein Kastensystem etablierte, welches die Einwohner nach Hautfarbe und „Rasse" trennte. Damit wurden auch die Arbeiten nach „Rasse" und Hautfarbe verteilt. Das Kastensystem, bestehend aus *varnas*, ist eine Suprastruktur. In der Realität existiert zusätzlich noch das Jati-System.

Die oberste Kaste im Varna-System bilden im Hinduismus die Brahmanen. Sie studieren die heiligen Schriften und herrschen als Priester. Die Kriegerkaste, die Kshatriyas, stellt die Könige und beschützt die Schwachen sowie die Brahmanen. Für Handel und Landwirtschaft ist die Kaste der Vaishyas zuständig. Die Kaste der Shudras steht den drei oberen Kasten

[277] Rump, Kabita: Kompass Hinduismus. Hannover 1998; Scholz, Werner: Hinduismus. Köln 2008.

als Diener zur Verfügung. Außerhalb des Systems stehen die Unberührbaren, die Dalits, die für alle minderwertigen Arbeiten zuständig sind. Dass eine solch ungerechte und rassistische Trennung ohne Revolutionen und Aufstände möglich ist, wird durch den Glauben an die Wiedergeburten und das Karma ermöglicht. Jeder bestimmt sein zukünftiges Leben durch seine Taten in diesem Leben selber. Wer also nach unten absteigt, der ist selber schuld, weil er etwas falsch gemacht hat in diesem Kastensystem. Und wer oben ist, der hat es sich auch verdient. Innerhalb der Kasten dürfen die Menschen glauben und anbeten was sie wollen, solange sie den Status, in den sie hineingeboren werden, anerkennen und das System nicht hinterfragen.

Eine Jati ist eine endogame Gruppe von Leuten, denen Eigenschaften wie Beruf, Sprache, Glauben, Gottheit und Ursprungsmythos gemeinsam sind. Diese Gruppen bilden kulturelle Einheiten mit spezifischer Identität. Zwar zeigen die Jati die Teilung nach *varnas*, sie sind aber nicht damit identisch, sondern bilden soziologisch eigene Einheiten.[278]

Die Ursprünge des Varna- und Jati-Sytems liegen wahrscheinlich in einer politischen Ideologie der damals herrschenden Stämme, die sich auf dem indischen Subkontinent militärisch durchsetzten und sich selber die höchste Kaste zuwiesen. Die Philosophie des Hinduismus lässt sich wie folgt kurz zusammenfassen: Glaube was du willst, aber bleib in deiner Kaste und halte dich an die Spielregeln des Zusammenlebens.

6.2.2 Buddhismus

Die Gründung des Buddhismus als Methode der Erfahrung und Philosophie ist nicht zu verwechseln mit der Gründung des Buddhismus als Religion. Diese erfolgte erst später durch die Archivierung und systematische Aufarbeitung der von Siddharta Gautama unterrichteten Erkenntnisse.[279] Dem Fürstensohn Siddhartha Gautama (ca. 450 bis 370 v. Chr.) war daran gelegen, die Leiden der Menschheit und die damit verbundenen Ängste und Sorgen zu überwinden. Wobei er als Noch-Nicht-Erwachter wahrscheinlich zuerst auch an sich gedacht hat. Er suchte nach Methoden und Möglichkeiten, sich von sich selbst zu befreien. Im Vordergrund stand das Individuum als Ausgangspunkt der von ihm selbst verursachten Leiden. Im Gegensatz zu den meisten anderen Religionen suchte Siddhartha Gau-

[278] Antes, Peter: Die Religionen der Gegenwart. Geschichte und Glauben. München 1996.

[279] Schreck, Frank Rainer: Buddhismus. Köln 1999.

tama die Erlösung nicht außerhalb seiner selbst, sondern in seiner eigenen Einstellung und Reflexion zur Welt und zur Gesellschaft. Er erfindet keine neuen Spielregeln für das Leben in einer Gruppe und exponiert keine Götter als Problemlöser, sondern er versucht das zu verändern, was realistisch am ehesten zu verändern ist: sich selber. Dazu verändert er seine Einstellung zur artexternen und artinternen Umwelt. In diesem Sinne bietet er eine Erfahrungsphilosophie, die gänzlich ohne Götter, Mythen und Rituale auskommt.

Interessant ist, dass Siddharta Gautama nicht versuchte, gesellschaftliche Veränderungen durch eine neue Ethik oder neue Götterbilder zu suchen. Entweder wollte er als Fürstensohn nicht auf diese Weise herrschen oder sein gesellschaftliches Umfeld in den vedischen Religionen ließ erst gar keine Veränderungen dieser Art zu. Wusste er von Anfang an, dass er einen neuen Weg zur Glückseligkeit suchen musste, der keine gesellschaftlichen Veränderungen mit sich bringen sollte? Dass er etwas finden musste, was das etablierte Gesellschaftssystem nicht angriff und trotzdem für alle offen stand? Wollte er eine allen offen stehende Philosophie etablieren, damit sein Lebenswerk nicht zur Religion degenerierte? Zumindest propagierte er einen Schnellausstieg aus dem Brahmanismus, in dem er einen Weg aus der Abhängigkeit von Karma und Wiedergeburt wies. Mit tausenden von bettelnden Aussteigern machte sich der Buddhismus auch keine Freunde bei den herrschenden Brahmanen.

Der Buddhismus als Religion ging den üblichen Weg über die Gemeinschaft der Gläubigen. Bereits kurz nach dem Tode des historischen Buddhas kam es zu einem Treffen seiner Schüler, die die Mönchsregeln, die Lehre und die Methoden für die weitere Zukunft festhielten. Im Laufe mehrerer Konzile ergab sich die Etablierung einer religiösen Institution mit all ihren Vor- und Nachteilen für den Buddhismus. Heute existieren unzählige Religionen und Glaubensrichtungen, die sich unter dem Namen Buddhismus als Philosophie zusammenfassen lassen.

Buddha hat in Asien im Rahmen der später etablierten Religion eine ähnliche Bedeutung wie Jesus in Europa.[280] Auch er hilft den unteren Bevölkerungsschichten mit seiner Lehre und strebt nicht nach der Macht eines Alpha-Tieres. Er erfüllt damit ebenfalls die biologisch-psychologische Funktion eines vermittelnden Beta-Tieres. Im Gegensatz zu Jesus postuliert Buddha jedoch keine familiäre Gemeinde und kein übergeordnetes imaginäres Alpha-Tier. Er ist daher nicht so gut für irdische Machthaber

280 Antes, Peter: Große Religionsstifter. Augsburg 2004.

zu ge- und missbrauchen. Nichtsdestotrotz spiegeln die unterschiedlichen Schulen innerhalb des Buddhismus exakt diesen Versuch der politischen Vereinnahmung wieder.

6.2.3 Tao (Dao)

Lao-Tse heißt übersetzt der „alte Meister“, was schon den Verdacht nahe legt, dass sich hinter diesem Namen keine einzelne geschichtliche Person verbirgt. Zudem wird das Werk, das Tao-Te-King (*Daode jing*), mehreren Autoren zugeschrieben (ab ca. 400 v. Chr.). Der Legende nach schrieb Lao-Tse dieses Buch auf Wunsch der Wächter des Hsien-Ku-Bergpasses.

Was am Tao Philosophie und was Religion ist, ist schwer zu unterscheiden. Die grundlegende Philosophie könnte folgendermaßen beschrieben werden: Jeder hat seinen eigenen Weg, sein eigenes Schicksal zu gehen. Da man nicht weiß, was morgen passiert, weiß man auch nicht, ob das Schicksal, was einem heute widerfährt, morgen eventuell Glück oder Schaden bedeutet. Daher sollen alle Ereignisse mit Gleichmut angenommen werden. Man soll nicht versuchen, durch Denken oder Planen seine Egoismen auszuleben. Absichtslosigkeit (*Wu Wei*) ist daher eine Tugend (*De*). Biologisch auf eine Gruppe von Artgenossen bezogen heißt dies: Verhalte dich ruhig. Lass deine Egoismen aus dem Spiel. Sei nicht neidisch und belehre nicht. Akzeptiere die Situation, wie sie ist, und mache sie nicht durch deine Reaktanz noch schlimmer. Alles ist in einem permanenten Wandel begriffen und es ist besser mitzutreiben als sich dagegenzustemmen.

Im religiösen Anteil des Taoismus wird diese Philosophie (Lebensweisheit) mit einer alles umfassenden und allem innewohnenden Kraft diskutiert. Alles kommt aus ihr, und alles kehrt in diesen Ursprung zurück. Das Tao-Te-King lehrt das Tao, den Weg. Dieses Tao ist die Einheit von allem und die schöpferische Kraft, die in allem steckt. Menschen, die dem Tao folgen, erreichen ihren inneren Frieden, Großzügigkeit, Mut und auch Tatkraft. Tao heißt, dass alles in seinen Anfang zurückfindet und das Ganze in all seinen Teilen vorhanden ist. Mit dem Tao leben bedeutet im Einklang mit Allem leben. Die Menschen sollen dem Wesen und dem Fluss der Natur folgen und nicht den gesellschaftlichen Strukturen oder den Heilswegen anderer Menschen. Es gilt das Prinzip des Nicht-Handelns. Dies ist nicht das Fehlen von Aktivität, sondern ein aktives Nicht-Handeln, in dem das Tao erkennbar wird.[281] Ziele der religiösen Bemühungen liegen in der Su-

[281] Antes, Peter: Grundriss der Religionsgeschichte. Von der Prähistorie bis zur Gegenwart. Reihe: Theologische Wissenschaft Bd. 17. Stuttgart 2006.

che nach dem Tao des großen Gleichgewichtes und der Suche nach der Unsterblichkeit. Der menschliche Körper wird verfallen, jedoch beinhaltet er etwas, das unsterblich ist und schon zu Lebzeiten auf die Ewigkeit vorbereitet werden sollte. Taoismus beschäftigt sich daher mit dem Qi (Energie), dem Ying und Yang, dem Yijing (I Ging), dem Taijiquan (Tai Chi Quon), dem Gigong sowie Ernährungs- und Gesundheitsformeln, die das große Gleichgewicht und die Unsterblichkeit näher bringen oder garantieren sollen. Im Tao finden sich viele Aspekte alter Volksreligionen wieder (ab ca. 1040 v. Chr.), so dass der Toaismus aus westlicher (theologisch voreingenommener) Sicht in einem Sammelsurium aus Aberglauben besteht.[282]

6.2.4 Konfuzianismus

Die Überlieferungen zum Lebenslauf und zum Wirken des K´ung-fu-tzu (ca. 551 bis 479 v. Chr.), uns besser bekannt als Konfuzius, sind wahrscheinlich etwas geschönt. Trotzdem zeigt diese Form der Beschönigung, was sich die Anhänger dieser philosophischen Schule wünschten: ein Ideal. Seine Lehre in Kurzform heißt: Harmonie durch Moral und Ethik. Ist man selber anständig, so ist auch die Familie anständig. Ist die Familie anständig, so ist auch das Dorf anständig. Mit dem Dorf ist auch die Stadt, und mit der Stadt ist auch das ganze Land anständig und in Harmonie. Aus dem biologischen Blickwinkel interpretiert heißt das: feste Regeln für das Leben unter Egoisten.

Der Überlieferung nach wuchs Konfuzius als Halbwaise auf. Sein Vater starb, als er erst drei Jahre alt war. Obwohl er in geordneten Verhältnissen groß wurde und seine Familie Bildung und Adelsstand schätzten, ist davon auszugehen, dass sich der frühe Verlust eines Elternteils in seiner Entwicklung bemerkbar machte. So zeigte er schon bald eine bemerkenswerte Reife und Gelehrsamkeit und übernahm in jungen Jahren eine Regierungsposition. Mit zweiundzwanzig Jahren eröffnet er eine eigene Schule und mit dreißig Jahren galt er bereits als einer der herausragenden Lehrer Chinas.

In einer Welt, in der die soziale Stellung eines Menschen von seinem Wohlstand und seiner Macht abhingen, lehrte Konfuzius die radikale Vorstellung, dass die persönliche Tugend und nicht der soziale Status der Schlüssel zur menschlichen Würde und gesellschaftlichen Ordnung sein sollte. Erziehung beinhaltete für ihn nicht nur Wissenserwerb, sondern auch Charakterbildung und Kultivierung des Geistes. Er schuf eine Weltan-

---

[282] Schütte, Wilm: Lao Zi. In: Antes, Peter (Hrsg.): Große Religionsstifter. Augsburg 2004.

schauung zur richtigen und moralischen Lebensführung sowie Richtlinien, um den Menschen zum Guten zu führen. Ihm werden die fünf wichtigsten Quellensammlungen des klassischen Chinas zugeschrieben: das Buch der Wandlungen, das Buch der Lieder, das Buch der Dokumente, das Buch der Riten sowie die Frühlings- und Herbstchronik. Zudem setzte er sich für die Ahnenverehrung ein. Seine Lehre baut auf dem in China sehr alten Begriff des Tao, den Weg in den Gesetzmäßigkeiten der Naturerscheinungen, auf. Für ihn galt eine feste himmlische Ordnung, in die alles integriert werden musste, auch seine Morallehre.[283] Ein Herrscher blieb bei ihm ein Herrscher und ein Untertan blieb ein Untertan. Der Kaiser behielt die fast sakral legitimierte Macht des „Mandats des Himmels". Nur untugendhaften Herrschern durfte dieses Mandat wieder entzogen werden. Dies war eine moralische Legitimation für notwendige Veränderungen und Revolutionen. Die himmlische Ordnung im Tao ist die Grundlage für eine vertikale Ordnung der Gesellschaft, die China bis heute prägt.[284]

Konfuzius' Zeitgenossen erkannten das Potential seiner Lehre. Konfuzius durfte seine Ideen von sozialer Ordnung in die Praxis umsetzen. Er ermöglichte eine Bildung für alle und begründete Lehrgänge für zukünftige Führungskräfte. Konfuzius ermöglichte es den Herrschern, die Hochbegabten des Landes aus dem Pool aller Bevölkerungsschichten zu generieren und für die Beamtendienste nutzbar zu machen. Damit brach er die Vormachtstellung der Adelsfamilien und Reichen, die sich wohl in degenerierter Selbstgefälligkeit bereicherten. Zugleich beinhaltete der Pool der Gesamtbevölkerung wesentlich mehr begabte und bereite Lernwillige, die dem König dafür treu ergeben waren, als die wenigen Familien der etablierten Elite. Konfuzianismus war damit als Sozialphilosophie der Wegbereiter für eine neue Chancenverteilung und Gesellschaftsordnung, die aus dem damaligen Chaos eine Rückbesinnung auf die fünf klassischen Tugenden (Menschlichkeit, Gerechtigkeit, ethisches Verhalten, Weisheit, Güte) postulierte. Konfuzianismus ist eine Philosophie der Akzeptanz: die Einsicht, sich zum Wohle aller mit seiner Rolle und Funktion zufrieden zu geben, die einem durch seine Begabung und seine Moral gegeben ist. Glauben und anbeten darf man, was man möchte.

---

[283] Feuerbaum, Ernst: Evolution der Religionen. Spiegel der Menschheitsentwicklung. Hamburg 1993.

[284] Antes, Peter: Grundriss der Religionsgeschichte. Von der Prähistorie bis zur Gegenwart. Reihe: Theologische Wissenschaft Bd. 17. Stuttgart 2006.

6.2.5 Humanismus

Humanismus ist eine Weltanschauung, die sich an den Interessen, der Würde und den Werten des Individuums orientiert. Das Handeln aller soll sich an dem Glück und dem Wohlergehen des Einzelnen sowie der Gesellschaft orientieren. Toleranz, Gewaltfreiheit und Gewissensfreiheit gelten als wichtige Prinzipien, die das Zusammenleben der Menschen bestimmen sollen. Hierzu notwendig sind Bildung und die Möglichkeit, sich kreativ zu entfalten. Jeder Mensch soll sich selber finden und beherrschen sowie sich in seinen Mitmenschen wiedererkennen können. Er soll Freundlichkeit, Güte und Mitgefühl für Schwächere zeigen. Die philosophischen Kernfragen des Humanismus lauten: Was ist der Mensch? Was ist sein Wesen? Wie kann der Mensch dem Menschen ein Mensch sein?[285]

Da diese Fragen grundsätzlicher Art sind, ist der Humanismus wahrscheinlich so alt wie das Zusammenleben der Menschen selber. In der Geschichte fällt auf, dass das Thema Humanismus immer wieder neu aufgegriffen und im Kontext der jeweiligen Zeit diskutiert wird. Es gibt daher keine konsequente Entwicklung und keinen roten Faden, sondern eher eine aus den zeitgeschichtlichen Rahmenbedingungen heraus entstehende Aktualität des Themas, die von den jeweiligen Strömungen aufgegriffen wird. Erste überlieferte Spuren finden sich im antiken Ideal der frühen griechischen Philosophen Heraklit (ca. 540 bis 475 v. Chr.) und Protagoras (490 bis 411 v. Chr.). Der Begriff Humanitas wurde von dem römischen Politiker Marcus Tullius Cicero (106 bis 43 v. Chr.) geprägt. Die Ursprünge des eigentlichen europäischen Humanismus liegen im 15. und 16. Jahrhundert der Renaissance mit ihrer Abkehr vom Mittelalter und der kirchlichen Scholastik. Mit der Diskussion um die feudale Ständeordnung beginnt ab ca. 1750 der Neuhumanismus. Sein Gedankengut beeinflusst nicht nur die französische Revolution, sondern breitet sich auch durch die Lektüre der griechischen und römischen Klassiker im Schulunterricht aus. Das Ende des Ersten Weltkrieges gebiert den dritten Humanismus, wie der Berliner Philosoph Eduard Spranger ihn nannte. Mit dem Zweiten Weltkrieg beschäftigen sich Philosophen wie Hellmut Plessner, Jean-Paul Sartre und Martin Heidegger verstärkt mit humanistischen Fragen. Von sich reden macht in Deutschland zur Zeit der „Evolutionäre Humanismus" , da er ein wissenschaftlich fundiertes und daher revidiertes Menschenbild zur Basis

[285] Förster, Wolfgang: Humanismus. In: Sandkühler, Hans J. (Hrsg.): Europäische Enzyklopädie zu Philosophie und Wissenschaften. Band 2. Hamburg 1990.

seiner Überlegungen heranzieht.[286] Urheber für den Begriff als auch für den Grundgedanken ist Julian Huxley.[287]

Da die meisten religiösen Glaubensgemeinschaften nicht in der Lage oder nicht Willens waren, sich friedlich, kooperativ und konstruktiv zu verhalten und zu einigen, und viele Menschen nicht an die Existenz der Götter glauben, bildet der Humanismus die philosophische und weltanschauliche Grundlage für die Menschenrechte, für die Verfassungen der meisten Staaten, der Trennung von Religion und Staat sowie die Basis für die europäische Rechtsauffassung und die Europäische Union.[288] Durch die Übernahme des sittlichen Wertes in geltendes Recht ist die Menschenwürde zu einem einklagbaren Rechtswert aufgestiegen. In säkularen Ländern bildet der Humanismus damit die übergeordnete Philosophie,[289] die das Minimum an Übereinkunft der verschiedenen Religionen repräsentiert.

Die Geschichte zeigt eindringlich, dass jede Kernreligion in Sekten zerfällt, weil biologische Egoisten immer ihren Vorteil suchen und sich von der Herrschaft anderer abkoppeln wollen. Diversität ist auch für Religionen ein Naturgesetz. Eine Einigung der Religionen unter einer Religion ist aus biologisch-psychologischen Gründen unmöglich. Bestialische Religionskriege und Auswanderungswellen waren bisher die Folge.

In Europa zeigen sich zur Zeit zwei gesellschaftliche Phänomene: Einerseits treten in den Religionsgemeinschaften mit Migrationshintergrund bereits deutliche Abgrenzungen zu den Religionen ihrer Ursprungsländer auf, d.h. es bilden sich Sekten und Distanzierungen. Andererseits zeigen aktuelle Ereignisse, wie der Karrikaturenstreit in Dänemark, das Minarettverbot in der Schweiz sowie das diskutierte Shador-Verbot in Frankreich, dass die von den Religionen vertretenen Werte- und Kulturvorstellungen von der Bevölkerung als nicht kompatibel empfunden werden. Damit steht Europa wieder vor neuen Eskalationen der bisher schwelenden und aus der öffentlichen Diskussion verbannten Religionsstreitereien.

Was wir zur Zeit erleben ist das, was die asiatischen Religionsphilosophien schon seit Jahrhunderten mehr oder weniger hinter sich haben. Auch

---

[286] Schmidt-Salomon, Michael: Manifest des evolutionären Humanismus. Plädoyer für eine zeitgemäße Leitkultur. Aschaffenburg 2005.

[287] Huxley, Julian: Der evolutionäre Humanismus. Zehn Essays über die Leitgedanken und Probleme. München 1964.

[288] Vergl. Satter, Erich / Vollbrecht, Oliver: Modell einer rational begründeten und ideologiefreien Ethik. Neustadt 2008.

[289] Vergl. Kahl, Joachim: Das Elend des Christentums oder Plädoyer für eine Humanität ohne Gott. Reinbek 1993.

in Europa wird es entweder ein hartes Durchgreifen der säkularen Kräfte geben müssen, mit einer rigorosen Beschneidung der religiösen Freiheiten, oder es wird zur Bildung einer übergeordneten Religionsphilosophie kommen müssen. Der Gedanke ist nicht neu. Bereits der atheistische Humanist Ludwig Feuerbach vertrat die Ansicht, dass Religion dem Menschen zu dienen habe, die Philosophie die Religion ersetzen sollte und Politik zur Religion werden sollte.[290] Der Biologe Ernst Haeckel riet zur Religion der Vernunft: der einzigen Religion, die partiell im Einklang mit der Wissenschaft stehen kann, dem Monismus.[291] Auch die Kirchen Europas sehen diese Entwicklung voraus und suchen bereits nach Universalformeln, wie dem Weltethos, um die Mitbewerber unter ihre Oberhoheit zu bekommen.[292] Am besten geeignet für ein friedliche Zukunft erscheint jedoch eine unabhängige, überparteiliche, überkirchliche, überreligiöse und daher atheistische wissenschaftlich-orientierte Weltanschauung, die keine Partei bevorzugen würde und nicht in Gefahr geriete, selbst zu einer Religion und als solche missbraucht zu werden. Lassen wir uns überraschen.

6.3 Eine Definition mit Hilfe der Zeitgeschichte

Die Entstehungsgeschichten der Weltreligionen zeigen, dass sich die jeweiligen Schwerpunkte der religiösen Inhalte auf die lokalen Situationen zum Entstehungszeitpunkt beziehen mussten. Religionen sind Kinder ihrer Gründungszeit und ihre Inhalte und deren Struktur sind nur in diesem Kontext zu verstehen. Daher sind die meisten Inhalte, Schwerpunkte und funktionalen Aspekte der Institutionen der Religionen in einer globalisierten Welt neu zu hinterfragen.

Eine zeitgeschichtliche Definition des Phänomens Religion sollte daher den Zeitgeist der Gründungsphase, den Kulturfolgeraspekt und den konservativen Machterhalt der Egoisten berücksichtigen.

Neue religiöse Kerninhalte werden aus starken wirtschaftlichen oder gesellschaftlichen Umbrüchen geboren und passen sich in

[290] Feuerbach, Ludwig: Das Wesen des Christentums. Stuttgart 2002.

[291] Haeckel, Ernst: Die Welträthsel. Gemeinverständliche Studien über Monistische Philosophie. Bonn 1899; Haeckel, Ernst: Der Monismus als Band zwischen Religion und Wissenschaft. Glaubensbekenntnisse eines Naturforschers. Vorgetragen am 9. Oktober 1892 in Altenburg. 6. Aufl. http://caliban.mpiz-koeln.mpg.de/-stueber/harckel/monismus/high/IMG_7001.html.

[292] Küng, Hans / Kuschel, Karl Josef: Erklärung zum Weltethos. München 1993.

ihrer Ausprägung durch konservativ gesteuerte Modifikationen der weiteren Gesellschaftsveränderung an.

7. Eine biologische Definition des Phänomens Religion

Zu einer expliziten Realdefinition gehört nicht nur, dass man mit allgemeinverständlichen Wörtern aussagt, worum es sich bei dem zu Definierenden handelt. Es sollten auch die Grenzen zu nahe verwandten Begriffen aufgezeigt sowie die Möglichkeit, die bisherigen Hypothesen und Definitionen in die biologische Definition zu integrieren. Weiterhin sollte erwähnt werden, was die Definition leisten kann und wo ihre Grenzen liegen. In diesem Kapitel wird versucht, diesen Forderungen gerecht zu werden.

7.1 Eine biologische Definition

In der Einleitung zu diesem Buch wird das Sprichwort zitiert: „Was man seiner Oma nicht in drei Sätzen erklären kann, das hat man selber nicht verstanden.“ Eine biologische Gesamtdefinition des Phänomens Religion sollte daher auch nicht länger sein. Aber schon Aristoteles stellte fest, dass man jede Frage auf verschiedene Arten beantworten kann. Die Frage „Was ist ein Haus?“ kann auf maximal vier Arten beantwortet werden. Nach der Materialursache (*causa materialis*) ist das Haus etwas, das aus Holz oder Ziegeln besteht. Nach der Formursache (*causa formalis*) ist ein Haus etwas, das auf einen Bauplan zurückgeht. Die Bewegungsursache (*causa efficiens*) gibt an, dass ein Architekt beteiligt war. Die Finalursache (*causa finalis*) nennt den Zweck des Hauses, den Schutz vor Unwetter. Jede explizite Realdefinition, die den Anspruch erhebt vollständig zu sein, muss diese vier *causae* beantworten können.

Zusätzlich soll die Definition biologischen Kriterien genügen. In der Ethologie wird ein Verhalten über die proximaten (unmittelbaren) und die ultimaten (mittelbaren) Faktoren erklärt. Proximate Faktoren setzen ein

Verhalten in Gang und wirken als Regelmechanismen. Sie sind die Auslöser, wann und wofür wir Religion verwenden. Ultimate Faktoren selektieren ein Verhalten in der Evolution. Sie bestimmen den Anpassungswert, die Stärke einer Eigenschaft oder eines Merkmals, die durch die Selektion eingestellt wurden.

Bevor wir versuchen, alle Definitionen auf einen gemeinsamen biologischen Nenner zu reduzieren, lassen wir sie noch einmal Revue passieren.

Der individuelle Ausgangspunkt von Religionen ist die Spiritualität:

> *Spiritualität ist die neuronale Generierung individueller Antworten zu generellen Ursache-Wirkungs-Mechanismen des bekannten Universums unter unbewusster Zuhilfenahme von ich-bezogenen Denkschemata.*

Spirituelle Vorstellungen werden in Form von Konzepten unter Artgenossen ausgetauscht:

> *Religionen basieren auf artifiziellen Konzepten spiritueller Vorstellungen.*

Spirituelle Vorstellungen führen in einer Gruppe von Artgenossen zu Verhalten:

> *Religiosität ist nach Bestätigung suchende Spiritualität.*

Die vorgeschlagene substanzialistische Definition lautet:

> *Religionen beschäftigen sich mit dem sozialen Minimalkonsens der durch ich-bezogene Denkschemata einseitig korrigierten Vorstellungen zu der Stellung des Menschen in seiner Umwelt.*

Für die funktionalistische Definition wurde zunächst die gesuchte emergente Eigenschaft, die in alle Lebensbereiche hineinwirkt, herausgearbeitet. Es ist der Egoismus, der sich seinen Weg über die Argumentationsebene der Pseudo-Logik bahnt:

> *Religion bietet eine von der Realität gelöste Argumentationsebene, um seine Egoismen fast beliebig rechtfertigen und ausleben zu können.*

Die funktionale Definition des Phänomens Religion lautet daher:

> *Religion ist das tradierte Bereitstellen von funktionalen Verhalten und Rechtfertigungen, um seine Egoismen gegen oder mit seinen Gruppenmitgliedern zusammen ausleben zu können sowie dafür zu sorgen, dass die Gemeinschaft zum Ausnutzen erhalten bleibt.*

Aus der Evolution der Logik und der Nicht-Logik wurde deutlich:

Religion ist das folgerichtige und konsequente Anwenden der Nicht-Logik, um seine Egoismen schein-argumentativ rechtfertigen und durchsetzen zu können.

Die Geschichte unseres Erkenntnisgewinns und der daraus resultierenden Glaubensinhalte zeigt unsere möglichen psychischen Antworten auf die natürliche und soziale Umwelt. Die Götter und ihre Namen wechselten, der gedachte personifizierte Helfer und Ansprechpartner blieb.

Religiöse Inhalte orientieren sich an den aktuellen angst-auslösenden wirtschaftlichen und sozialen Problemen.

Die zeitgeschichtliche Definition bezieht sich auf den Zeitgeist der Gründungsphase und die anschließende Anpassung an die Machtverhältnisse:

Neue religiöse Kerninhalte werden aus starken wirtschaftlichen oder gesellschaftlichen Umbrüchen geboren und passen sich in ihrer Ausprägung durch konservativ gesteuerte Modifikationen der weiteren Gesellschaftsveränderung an.

Vieles von dem, was beschrieben wurde, kommt bei anderen Tierarten auch vor. Eine biologische Definition sollte daher das herauskristallisieren, was den religiösen Menschen von nicht-religiösen Artgenossen sowie anderen Tierartenen unterscheidet.

Die *Causa materialis*, die Module zum Denken sowie die evolutiv selektierten Abkürzungen um schneller zu denken, wenn es um das eigene Wohl geht, haben wohl viele Tiere. Die *Causa formalis*, die Falschverbindung von Modulen, die eigentlich nicht zusammenarbeiten brauchten, und das Verknüpfen von Inhalten, die eigentlich nicht zusammen gehören, ist zumindest nur beim Menschen festzustellen.

Mit Sicherheit können viele Tiere planen und logisch denken. In allen sozial lebenden Tierarten leben Egoisten mit und gegen ihre Artgenossen. Auch sie haben Normen und Spielregeln im Umgang miteinander. Das Verständnis des Menschen von der Zeit ist zwar wesentlich ausgeprägter als das seiner nächsten Verwandten, doch auch Schimpansen können die Folgen ihres Handelns vorhersehen und ihre Artgenossen wissentlich täuschen und manipulieren. Ob sie auch spirituell sind und an für sie relevante Kräfte jenseits ihres Erfahrungshorizontes glauben, kann zur Zeit noch nicht geklärt werden. Auszuschließen ist es nicht. Ein Schimpanse kann seine Gedanken und Gefühle durch emotionales Verhalten zeigen, er kann aber nicht die Gedanken und Phantasien eines anderen erkennen oder sich darüber austauschen. Ohne ausreichende Kommunikationsmöglichkeiten bleiben diese Vorstellungen und Erfahrungen bei Schimpansen immer rein individuell.

Nur der Mensch hat die Fähigkeit, sich über diese Gedanken zu einer gedachten oder gewünschten Welt jenseits unseres Erfahrungshorizontes auszutauschen. Nur er hat die Möglichkeit, sich die Phantasievorstellungen und Ängste anderer zu Nutze zu machen, um seine Artgenossen zu beruhigen, zu manipulieren, zu täuschen oder zu vernichten. Menschen können die Gedanken und die Phantasie eines Artgenossen manipulieren und so eine neue Argumentationsebene mit Hilfe der spirituellen Ängste aufbauen. Das Wechselspiel aus logischer nachvollziehbarer Argumentation und unredlicher nicht-logisch nachvollziehbare Argumentation (*Causa efficiens)* gipfelt im Jenseits und dem freien Willen der Götter. Diesen Totschlagargumenten soll nicht mehr widersprochen werden können. Religiöse Glaubensinhalte und Begründungen dienen der Durchsetzung und Rechtfertigung der egoistischen Vorteilsnahme einzelner (*Causa finalis*). Eine biologische Definition kann daher lauten:

> *Religion ist die durch ego-zentrierte, neuronale Module hervorgerufene Erschaffung, individuelle Bereitstellung und tradierte Aufrechterhaltung einer nicht-logischen und nicht-überprüfbaren Argumentationsebene, um seine individuellen Egoismen mit und gegen seine Gruppenmitglieder rechtfertigen, durchsetzen und befriedigen zu können.*

Als direkte proximate Ursache kann die subjektiv empfundene situative Notwendigkeit zur irrationalen Rechtfertigung und zur unredlichen Argumentation angeführt werden. Ultimater Faktor ist die Logik, an der sich die nicht-logischen Argumente und Rechtfertigungen messen müssen. Religion ist als Argumentationsebene somit definitiv ein Kind der Kultur, also ein Mem. Weiterhin ist in der Psychologie bekannt, dass Individuen am überzeugendsten lügen, wenn sie selber vollkommen von ihren Lügen überzeugt sind. Unsere Gene kreieren sich eine Software im Gehirn, die nicht erkennen kann, dass sie sich irrt, sondern durch die Illusion den Genegoismus besonders effektiv durchsetzt.[293] Gläubige sind in ihrem Glauben gefangen, weil sie dann als Egoisten am effektivsten sind.

[293] Trivers, Robert: Deceit and self-deception: the relationship between communication and consciousness. In: Robinson, Michael / Tiger, Lionel (Hrsg.): Man and Beast Revisited. Smithsonian, Washington, DC. 1991, S. 175-191.

7.2 Abgrenzung Religion, Ideologie und Wahnvorstellungen

Auf den ersten Blick sieht es so aus, als könnte mit der biologischen Definition des Phänomens Religion auch das Phänomen Ideologie beschrieben werden. Aber was ist der biologische Unterschied zwischen Religion und Ideologie?

Eine Ideologie ist nach Mostafa Rejau ein System von Meinungen und Werten, die sich auf den Menschen, die Gesellschaft sowie auf Vorstellungen von Legitimität und Autorität beziehen. Sie sind durch Emotionen und Mythen verstärkt und werden durch Angewöhnung erworben. Ideologien sind durchaus anpassungsfähig und besitzen die Fähigkeit, Menschen zu mobilisieren und zu kontrollieren. Auch Ideologien basieren auf fundamentalistischen Annahmen, die hier allerdings als Axiome bezeichnet werden.

Was die weltliche Komponente angeht, so unterscheiden sie sich in nichts von Religionen. Menschen haben Ideen und Vorstellungen, teilen diese mit und manipulieren andere zu ihrem Vorteil. Auch die Ideen sind als Konzepte in ihrer Evolution mehr oder weniger erfolgreich und werden von der Mehrheit akzeptiert, toleriert und somit selektiert. Der Unterschied, der sofort auffällt, ist die Art der Rechtfertigung:

Religionen argumentieren die Richtigkeit ihrer weltlichen Lebensform durch „jenseitige" und nicht hinterfragbare Komponenten. Ideologien geben Axiome vor, die angeblich empirisch überprüfbar sind, allerdings noch nie im größeren Maßstab experimentell überprüft wurden.

Biologisch gesehen basieren sowohl ideologische als auch religiöse „Erkenntnisse" auf der Anwendung von ich-bezogenen Denkschemata, um Fragen des größeren Kontextes zu klären. Durch den starken Abkürzungseffekt bei Denkvorgängen mit ich-bezogenem Denkschemata haben die denkenden Personen sehr schnell fundamentalistische Erkenntnisse vorliegen, die besser nicht überprüft werden sollten. Das Denken gleicht daher eher einer spontanen Offenbarung oder intuitiven Eingebung. Sie selber merken ja nicht, dass ihr Gehirn eine Abkürzung genommen hat und sind sich daher volkommen sicher, ein Ergebnis vorliegen zu haben, welches durch streng logisches Denken gewonnen wurde. Das Ergebnis ist aber nicht das objektiv Beste für alle Beteiligten, sondern das für ihren Egoismus beste Ergebnis.

Der biologische Unterschied zwischen Ideologie und Religion besteht in den Problemen, die mit den ich-bezogenen Denkschemata bearbeitet werden. Somit sind Religionen biologisch gesehen nur Ideologien mit zusätzlichen „transzendenten“ Scheinargumenten. Es wäre vielleicht sinnvoll zu untersuchen, ob Menschen, die eher Ideologien anhängen als religiösen Themen, in ihrer Kindheit anders konditioniert wurden. Auf jeden Fall haben die meisten Menschen gelernt, ihre übertrieben ich-bezogenen Denkschemata unterschiedlich häufig und intensiv einzusetzen. So gibt es auch alle Graustufen zwischen Diesseits und Jenseits, von aufgeklärt neutral über weltliche Ideologien und Zivilreligionen bis hin zu religiösen Ideologien und Theokratien. Zur Realisation kommt es nur darauf an, was die Mehrheit der Bevölkerung an gedanklicher Manipulation bemerken kann oder zu akzeptieren bereit ist.

Und wo fängt die Sache an in Wahnvorstellungen abzurutschen? Ein Mensch kann nicht alle Vorgänge in der Natur auf sich beziehen. Er würde wahnsinnig werden, wenn er alle Ursache-Wirkungs-Folgen daraufhin absuchen würde, welche Bedeutung sie für ihn haben. Daher hat sich ein gesundes Maß herausselektiert, indem er Sachen, die ihn persönlich und akut betreffen, sofort erkennen, während er Ereignisse am Horizont auf sich beruhen lassen kann. Dass wir aber bestimmte Fernereignisse trotzdem nicht mit dem gebührenden Abstand rein logisch betrachten, ist nicht abzustreiten. Tausende von Horoskopen zeigen, dass uns Planetenbahnen zu Herzen gehen. Dies ist zwar ein Anfang in Richtung „unrealistisch“, aber noch keine Wahnvorstellung. Bei den meisten Menschen meldet sich immer wieder mal zwischendurch der innere Beobachter und verrät uns, dass wir diese Gedanken nicht so ernst nehmen sollten. Er weiß, wann wir etwas aufgrund der Empirie wissen und wann wir nur glauben. Geistige Gesundheit zeigt sich im richtigen Maß an Zweifeln, in der Selbstreflektion und in der Akzeptanz der empirischen Realität. Viele Menschen halten aber das, was sie garantiert nicht wissen können, aufgrund der übertrieben ichbezogenen Denkschemata für so real, dass sie den Bezug zur Realität verlieren. Spätestens wenn der innere Beobachter nicht mehr weiß, dass er nur glaubt, sondern wenn er glaubt zu wissen, ist der Übergang zum Wahn vollzogen. Menschen, die sich ganz sicher sind, etwas zu wissen, was außer ihnen niemand sonst erkennen und schon gar nicht empirisch beweisen kann, sind im biologischen Sinne geistesgestört.

Was ist der Wahn in der Religion? Dass es religiösen Wahn gibt, steht medizinisch außer Zweifel. Die Kliniken in Jerusalem bersten jedes Jahr von Menschen, die sich für irgend etwas Auserwähltes halten und im Hotelbetttuch bekleidet auf der Straße missionieren wollen oder das Ende der Welt kommen sehen. Solche Vorfälle kommen an „heiligen“ Stätten so häufig vor, dass sie schon einen eigenen Namen haben: Jerusalem-Syndrom.

Die extremen Auffälligkeiten sind jedoch leicht zu erkennen. Schwieriger sind die weltweit vorkommenden anhaltenden wahnhaften Störungen und die in sich geschlossenen Wahnsysteme zu diagnostizieren. Die Betroffenen wirken relativ normal und leben mit einem auf den ersten Blick durchaus logischen Gedankengebäude. Ein häufiges Beispiel für Paranoia sind die Überzeugungen, dass sich Verschwörungen und Komplotte hinter dem Rücken des Betroffenen abspielen. Solche Gedankengebäude werden mit Argumenten ausgestattet, dass selbst Psychiater ihnen einen logischen und realistischen Gehalt zusprechen.

Bei religiöser Paranoia haben sich aber anscheinend nicht die Berufskollegen oder ominöse Geheimdienste verschworen, sondern kein Geringerer als das personifizierte Böse selbst arbeitet an seinem Erscheinen in der realen Welt und möchte die Weltherrschaft erlangen. Und die Betroffenen kämpfen nicht nur täglich gegen diese Verschwörung an, sondern müssen auch die ganze Weltbevölkerung davor warnen. Zudem geben sie Regeln aus, damit das Böse keine Chance bei den gläubigen Mitstreitern hat. Ob nun etwas religiöse Wahrheit ist oder eine Wahnvorstellung, kann mit Hilfe der drei Kriterien des Philosophen Karl Jaspers diskutiert werden. Er nennt folgende Punkte, die notwendig sind, um von einem Wahn zu sprechen: (1.) Eine unvergleichliche subjektive Gewissheit. (2.) Eine gegenüber Erfahrungen und zwingender Logik vorherrschende Unbeeinflussbarkeit und Unkorrigierbarkeit der Einsichten. (3.) Die Unmöglichkeit des Inhalts.

Dass die Kämpfer gegen Dämonen und Versuchungen eine extreme subjektive Gewissheit brauchen, um diese schwierigen Aufgaben zu erfüllen, ist unbestreitbar. Diese subjektive Gewissheit wird durch fehlendes medizinisches Wissen bei Exorzismen oder bezüglich des neuesten wissenschaftlichen Standes der Forschung verstärkt. Dass das absolute oder sogar personifizierte Böse in der Natur nicht vorkommen kann,[294] scheint auch niemanden zu interessieren. Nach diesen Kriterien muss zumindest bei einigen der Vorkämpfer gegen das Böse ein gewisser Wahn geradezu notwendig sein, um diese gefährlichen Aufgaben zu übernehmen. Wer wie Jesus Dämonen austreiben will, akzeptiert als Voraussetzung dazu das personifizierte Böse als physisch real.[295]

---

[294] Kilian, Andreas: Egoismus, Macht und Strategien. Soziobiologie im Alltag. Aschaffenburg 2009; Schmidt-Salomon, Michael: Jenseits von Gut und Böse. Warum wir ohne Moral die besseren Menschen sind. München 2009.

[295] Ein schönes Beispiel ist der vatikanische Exorzist Pater Gabriele Amorth. http://orf.at/100314-49032/index.html

Wie sieht es aber mit dem Otto-Normal-Gläubigen aus? Ist der „normale“ Glaube schon Wahn? Werden nur die falsch verbundenen egobezogenen Denkschemata zur Betrachtung herangezogen, dann sind alle Menschen mehr oder weniger im Wahn. Unsere bisherige Geschichte scheint dies auch zu bestätigen. Dreitausend Kriege in zweitausend Jahren sprechen nicht gerade für gesunden Menschenverstand. In der Unterscheidung zwischen normalem religiösen Glauben und religiösen Wahn sollte es jedoch eine Abstufung geben. Normal denkende Menschen sollten zu einer realistischen Selbsteinschätzung und zur Fähigkeit der inneren Distanzierung und Infragestellung von religiösen Inhalten in der Lage sein. Die Frage kann also jeder für sich selbst beantworten. Ist eine kritische Überprüfung und eventuell eine wissenschaftlich notwendige Verwerfung von Glaubensinhalten für Sie möglich, so sind Sie normal. Fühlen Sie sich unwohl bei dem Gedanken, liebgewordene Überzeugungen aufzugeben oder versuchen Sie trotz besseren Wissens ihre bisherigen Glaubensinhalte beizubehalten, dann haben Sie bereits laut Definition eine leichte Stufe vom Wahn erreicht. Sie sind emotional voreingenommen. Eine einfache Frage, um dies zu überprüfen, wäre: Können Sie sich von der Vorstellung von „Gut“ und „Böse“ trennen, wenn Sie wissen, dass es diese in der Biologie wissenschaftlich gesehen gar nicht geben kann? Eine weitere Möglichkeit, sich auf wahnhafte Glaubensinhalte zu untersuchen, ist die Frage nach seinen Gottesvorstellungen. Kritisch hinterfragt muss jeder Gläubige zugeben, dass seine individuelle Vorstellung von Gott nur eine von vielen möglichen ist. Keiner hat „Gott“ je gesehen, noch kann eine Aussage über ihn gemacht werden. Ihre Gottesvorstellung ist daher genau so viel oder genauso wenig wert, wie die aller anderen Religionen auch. Warum beharren Sie dann darauf, dass ausgerechnet Ihre Religion die richtige ist? Genau bei dieser unbeirrbaren Gewissheit fängt der Wahn laut Definition an. Weiterhin kann jeder sich fragen, ob seine Überzeugungen von der Mehrheit der Weltbevölkerung geteilt werden. Auch dies ist ein Kriterium des Wahns: Sachen zu wissen, die kein anderer nachvollziehen kann. Die Mehrheit der Weltbevölkerung teilt Ihre religiösen Überzeugungen garantiert nicht. Jeder kritische Mensch kann sich weiterhin auch fragen, ob er als einziger Mensch normal ist und alle anderen geisteskrank sind, oder ob die Mehrheit der Menschen normal ist und er eventuell etwas abweicht. Geisteskranke bezeichnen sich selber meistens als normal und alle anderen als krank, während geistig gesunde Menschen in der Regel nicht entscheiden können, ob sie wirklich gesund sind oder dem „normalen“ Wahnsinn unterliegen. Ein gesunder Menschenverstand muss zweifeln können.

Im weitesten Sinne des Wortes „Wahn“ ist die Mehrheit der Menschheit geisteskrank, weil sie nicht in der Lage ist, die Realität so zu sehen wie sie ist, sondern ihr einseitig gefärbtes Weltbild für sich bevorzugt. Wir alle werden in ideologische und religiöse Anschauungen hineinkonditioniert, so dass es uns fast unmöglich ist, eine andere Perspektive zu uns und unserem Handeln einzunehmen. Es hört sich fast nach einem Witz an, wenn ausgerechnet an dieser Stelle die Forderung nach dem „Erwachet“ stehen sollte. Es wird Zeit, sich die religiösen und ideologischen Phantasien genauer anzusehen und sie als das zu beurteilen, was sie sind: Unbewusst egoistische Falschverbindungen in Denkprozessen.

7.3 Integration der anderen Definitionen

Eine neue Definition wirft immer die Frage auf, wie die bisherigen Definitionen inhaltlich zu ihr stehen bzw. ob und wie die Definitionen zueinander passen. Müssen alte Hypothesen überdacht werden oder ist die neue Annahme nicht zu halten?

Kernstück der vorgestellten biologischen Definition ist der Egoismus, der in alle Absichten und praktischen Lebensbereiche hinein wirkt. Alles, was für Menschen eine Funktion haben soll, hat dies nur, wenn es einen Vorteil für sie beinhaltet und somit ihren Egoismen dienlich ist. Somit sind alle vorherigen funktionalistischen Definitionen durch die neue biologische Definition erfasst.

Weiterhin wird alles, was unter der theologischen „Substanz“ zu verstehen ist, erst durch die biologische Substanz „Gehirn“ generiert bzw. verarbeitet. Und da der Egoismus auch in unsere Vorstellungswelt hineinwirkt, sind alle substanzialistischen Definitionen durch die ich-zentrierten Denkschemata repräsentiert.

Der manipulative Anteil in bisherigen Definitionen wird in der neuen Definition durch die Erschaffung einer Argumentationsebene sowie ihrer Tradierung widergespiegelt. Durch diese Inhalte sind somit auch alle Definitionen repräsentiert, die in Kapitel 1.2 als Beschreibungen der Dimensionen vorgestellt wurden. Selbst die Religions- und Kirchenkritiken sowie die Aphorismen werden durch das Mit- und Gegeneinander in der Gruppendynamik mit in die neue Definition integriert.

In der Einleitung wurde erwähnt, dass es in vielen Kulturen nicht einmal ein Wort für das gibt, was in Europa unter dem Begriff Religion verstanden wird. Dies wird durch die biologische Definition jetzt nachvollziehbar.

In der Biologie gibt es eine Evolution der Täuschung, der Lüge und des Selbstbetruges. Religion ist eine solche verselbstständigte Argumentationsebene, um sich selber Sicherheitsgefühle, Bestätigungen und Rückhalt von anderen sowie Argumente zur egoistischen Vorteilsnahme zu sichern. Die emergente Eigenschaft, die eine Religion von der individuellen Lüge und dem Selbstbetrug unterscheidet, ist die institutionalisierte bzw. tradierte Form dieser Argumentationsebene. Es ist somit Generationen übergreifender Selbst- und Fremdbetrug, der sich an der adaptiven Fähigkeit des Gehirns festklammert, hinter unbekannten Ursache-Wirkungs-Mechanismen personifizierte Kräfte am Werk zu sehen. Es ist logisch, dass es für diese Argmentationsebene in vielen Kulturen kein Wort gibt. Welche Kultur kann schon selber merken bzw. sich selber eingestehen, dass ihre Werte dem Egoismus dienen und auf einer simplen Täuschung basieren?

Durch die biologische Definition wird auch das Paradoxon der Definierbarkeit und gleichzeitigen Nicht-Definierbarkeit des Begriffes Religion deutlich.[296] Grundlage der Religion ist ein individueller Egoismus, der sich eine Argumentationsebene in der Gesellschaft aufrecht erhält. Es muss daher exakt zwischen Spiritualität, als individueller Basis, und Religion, als gesellschaftlich tradierte Quintessenz der individuellen Spiritualität, unterschieden werden. Das scheinbare Paradoxon klärt sich dadurch auf, was untersucht werden soll. Es existiert nur im Auge des Betrachters. Religion wissenschaftlich zu untersuchen heißt, zwischen Handeln, Motivation zum Handeln, Rechtfertigung des jeweiligen Handelns sowie der gesellschaftlich erwünschten Rechtfertigung des Handelns zu unterscheiden. Die Unterscheidung von religiösem und nicht religiösem Handeln wird dadurch zu einem Untersuchungsgegenstand der Psychologie.

[296] Arnal, William E.: Definition. In: Braun, Willi / McCutcheon, Russel T. (Hrsg.): Guide to the Study of Religion. London / New York, 2000, S. 21-34; Braun, Willi: Religion. In: Braun, Willi / McCutcheon, Russel T. (Hrsg.): Guide to the Study of Religion. London / New York, 2000, S. 3-20; Waardenburg, Jean Jacques: Religionen und Religion. Berlin, New York 1986; Smith, Jonathan Z.: Imagining religion. From Babylon to Jonestown. Chicago 1982; Stietencron, Heinrich von: Der Begriff der Religion in der Religionswissenschaft. In: Kerber, Walter (Hrsg.): Der Begriff der Religion. München 1992, S. 111-158; Stolz, Fritz: Religionswissenschaft nach dem Verlust ihres Gegenstandes. In Feil, Ernst (Hrsg.): Streitfall „Religion“. Münster 2000, S. 137-140.

7.4 Antworten auf noch offene Fragen

Es wurden im Verlauf des Buches einige Fragen angeschnitten, die noch nicht beantwortet worden sind. Auch gibt es in der Öffentlichkeit Kontroversen, auf die hier eingegangen werden soll.

Die biologische Adaption

Eine Ausgangsfrage war, ob Religion eine natürliche Adaption an eine Umwelt darstellt und somit einen biologischen Sinn und Zweck haben kann. Anhand der Kriterien des Soziobiologen Eckart Voland[297] für Adaptionen lässt sich diese Frage beantworten.

Das erste Kriterium war die Vererbbarkeit. Vererbt wird nicht die „Religion", sondern die Fähigkeiten zur spirituellen Erfahrung sowie die Fähigkeit zur Kommunikation. Da die Fähigkeit zur Kommunikation auch anders genutzt werden kann, ist sie mit Sicherheit kein adaptiver Bestandteil „religiösen" Denkens. Der Vergleich von Religion mit der menschlichen Sprache, bei der auch die Fähigkeit zum Erlernen, aber nicht der Inhalt vererbt wird, hinkt daher etwas, da nicht eine Fähigkeit zur „Religion" vererbt wird, sondern eine Menge von Adaptionen, die in anderen evolutiven Kontexten positiv selektiert wurden. Ein Gen, welches als neue Adaption die bisherigen Adaptionen koordiniert, wie dies bei dem Sprachgen FOXP2 der Fall ist,[298] konnte bisher nicht identifiziert werden. Es ist allerdings höchst unwahrscheinlich, dass ein solches „Religionsgen" jemals gefunden wird. Genetische Prädispositionen zeichnen sich dadurch aus, dass man ihnen nicht entkommen kann. Sie lassen sich nicht kognitiv überwinden. Da es aber in jeder Generation und vielen Familien auch Menschen gibt, die definitiv nicht religiös sind und keinerlei Bedürfnis hierfür verspüren, ist aus Gründen der Statistik das Vorhandensein eines „Religionsgens" auszuschließen. Nichtsdestotrotz könnte aber ein „Spiritualitätsgen" existieren. Gene für Neurotransmitter, die uns Geister sehen lassen,

[297] Voland, Eckart: Evaluating the Evolutionary Status of Religiosity and Religiousness. In: Voland, Eckart / Schiefenhövel, Wulf (Hrsg.): The Biological Evolution of Religious Mind and Behavior. Berlin, Heidelberg 2009.

[298] Berger, Ruth: Warum der Mensch spricht: Eine Naturgeschichte der Sprache. Frankfurt 2008; Enard, Wolfgang et al.: Molecular evolution of FOXP2, a gene involved in speech and language. Nature 418 (2002), S. 869-872; Fisher, Simon E. / Vargha-Khadem, Faraneh / Watkins, Kate E. / Monaco, Anthony P. / Pembrey, Marcus E.: Localisation of a gene implicated in a severe speech and language disorder. Nature Genetics 18 (1998), S. 168-170.

sind heiße Kandidaten für das so genannte „Gottesgen“. Die Auswirkung dieses Gens sind aber immer nur individuell und erlauben daher nur spirituelle Erfahrungen.

Der Vergleich mit der Sprachfähigkeit ist auch aus einem weiteren Grund nicht zulässig. Die Evolution der Lüge und des Selbstbetruges umfasst alle Lebensbereiche, die wir kognitiv erfassen. Religiöse Inhalte sind nur ein Teil der unredlichen Argumentation, die sich durch den Bezug zum Transzendenten auszeichnet. Nur dies ist die Funktion der Religionen. Wenn Religion mit der Sprache verglichen werden sollte, dann nur mit einem Teilbereich, wie zum Beispiel den Fremd- oder Schimpfwörtern. Sie sind ebenfalls nicht zwingend notwendig und ein Gen dafür sucht man vergebens. Insofern sind Religionen eher mit kulturellen Ohrwürmern oder Viren zu vergleichen.

Sinn und Zweck

Das zweite und dritte Kriterium für eine „echte“ biologische Adaption waren die Selektionsfaktoren und der Vorteil für die Träger der Mutation zum Zeitpunkt ihrer Entstehung.[299] Eigentlich brauchten beide Kriterien nicht mehr diskutiert werden, da bereits das K.O.-Kriterium der Vererbbarkeit nicht erfüllt sein kann. Diese Fragen richten sich aber nach dem, was außerhalb der Biologie als Sinn und Zweck bezeichnet wird.

Es gibt in der Natur keine Evolution der Dummheit, sondern nur eine Selektion auf situativ intelligentes Verhalten. Nichtsdestotrotz ist das Fehlen von Intelligenz zu beobachten. Aus der Evolution der Logik folgt daher immer auch die mitgezogene Eigenschaft der Lücke im Wissen. Logisch denkende Lebewesen können erkennen, dass auf jede Frage, die beantwortet wird, zig neue Fragen entstehen, die noch nicht beantwortet sind. Diese Lücke ist niemals zu schließen, weder durch Wissen noch durch Glauben. Für Lebewesen, die darauf selektiert wurden, die Ursache-Wirkungs-Mechanismen in ihrer Umwelt klären zu können und die daher diese Mechanismen auch erklären müssen, ist dies ein angsterregender Zustand. Wir erkennen unsere eigene Unvollkommenheit. Dieser Zustand verleitet dazu, diese Lücke mit irgendetwas schließen zu wollen.

Gleichzeitig wurde mit der Evolution der Logik auch die Evolution der Lüge, des Betruges und des Selbstbetruges initiiert. Egoisten nutzen beide

[299] Voland, Eckart: Evaluating the Evolutionary Status of Religiosity and Religiousness. In: Voland, Eckart / Schiefenhövel Wulf (Hrsg.): The Biological Evolution of Religious Mind and Behavior. Berlin, Heidelberg 2009.

Seiten der Medaille, um Vorteile zu haben. Die höchste Form des Betruges ist die Argumentation, der logisch nicht mehr widersprochen werden kann: die letzte Argumentationsebene, das letzte Wort hinter allem, der freie Wille Gottes. Die Evolution der Logik führt daher zwangsläufig zur Logik der Nicht-Logik. In diesem Sinne hat der katholische Priester Joseph Ratzinger Recht, wenn er sagt, dass Glauben etwas mit Vernunft zu tun hat.[300]

Glauben bedeutet, dass man denkt, mit der letzten unredlichen Argumentationsebene die Lücke im Wissen um die Ursache-Wirkungs-Mechanismen füllen zu können. Während Wissenschaft der Versuch ist, diese Lücke mit methodischem Vorgehen zu verkleinern.

Der Sinn und Zweck des Konzeptes Religion besteht darin, uns durch Selbstbetrug ein subjektives Sicherheitsgefühl zu vermitteln, welches durch logisches Hinterfragen nicht mehr zu destabilisieren ist. Es wird deutlich, dass dies erstens nur eine Möglichkeit ist, mit der Lücke umzugehen, und zweitens, dass es ein aussichtsloses Unterfangen ist, solange der Mensch seine Logik zum Überleben benötigt. Religiöse Inhalte werden immer hinterfragt und angezweifelt werden. Sie können daher kein Sicherheitsgefühl vermitteln. Wir müssen zweifeln solange wir denken.

Angeborener Gottesinstinkt und unsterbliche Seele

Die Experimente von Jesse Bering und seinem Team[301] wurden auch so interpretiert, als ob kleine Kinder von sich aus an eine unsterbliche Seele sowie an höhere Mächte glauben würden. Mit dem Begriff Seele soll suggeriert werden, dass Menschen von Natur aus den christlichen Vorstellungen folgen müssten. Der Begriff Gottesinstinkt soll nahelegen, dass der Glaube an Gott bereits in uns biologisch angelegt ist. Beides wird in Untersuchungen dieser Art hineininterpretiert. Kinder wissen nicht, was eine Seele ist. Nicht einmal Theologen können diesen Begriff definieren. Jedes Kind lässt sein Spielzeug hundertmal sterben und wieder lebendig werden, um weiterspielen zu können. Kinder denken nicht an eine „Seele", sondern an irgendetwas, was eventuell in irgendeine Form weiterlebt bzw. weiter-

[300] Ratzinger, Josef: „Glaube, Vernunft und Universität – Erinnerungen und Reflexionen." Rede in der Aula der Universität Regensburg, 12. September 2006.

[301] Bering, Jesse M., / Bjorklund, David F.: The natural emergence of reasoning about the afterlife as a developmental regularity. Developmental Psychology, 40 (2004), S. 217-233; Bering, Jesse M. / Hernández-Blasi, Carlos / Bjorklund, David F.: The development of 'afterlife' beliefs in religiously and secularly schooled children. British Journal of Developmental Psychology, 23 (2005), S. 587-607.

leben muss, damit es für ihre Egoismen zur Verfügung steht, insbesondere, wenn nach einer Begründung gefragt wird und der Begriff Seele als Antwort suggeriert wird. Auch der Begriff „Gott" hat in der Interpretation von solchen Experimenten nichts verloren. Kinder verwenden den Begriff Gott erst, wenn sie ihn erlernt haben. Kinder haben keinen Glauben an Gott. Sie fühlen sich von – für sie nicht immer sichtbaren – Mächten beobachtet. Ein biologisches Programm sagt ihnen, dass sie in ihrer Gruppe immer von anderen Artgenossen beobachtet und überwacht werden. Hierdurch haben sie einerseits die Möglichkeit Neugierverhalten zu zeigen ohne selber auf Feinde achten zu müssen, andererseits lernen sie aus Angst vor Sanktionen die Spielregeln der Gruppe etwas schneller. Ein anderes essentielles Modul lässt sie nach Ursache-Wirkungs-Mechanismen suchen. Sie vermuten diese Mechanismen auch hinter Zusammenhängen, über die sie noch keine vollständigen Informationen haben. Sie glauben an Kräfte und Gesetze und stellen sie sich als Akteure vor. Mit „Gott" hat dies überhaupt nichts zu tun. Solche Begriffe werden von Journalisten und Wissenschaftlern verwendet, die Ergebnisse besser oder genehmer verkaufen wollen.

Kooperation in Gruppen

Es wird behauptet, Religion fördert die Kooperation in Gruppen. Dies kann richtig sein, wenn der Begriff Gruppe entsprechend definiert wird. Wie im Kapitel über Beta-Tiere dargestellt, gibt es eine Gesamtgruppe und innerhalb dieser eine Seilschaft, die sich mit Hilfe einer gemeinsamen Überzeugung kooperativ an die Macht puschen will. Religion führt daher leider zu einer Innengruppenmoral, die sich über die Außenseiter definiert. Damit verbunden ist ein permanentes Konfliktpotential, welches sich in Kriegen und der Entstehung neuer Sekten entlädt.

Weltfriede

Mit ihrer Gründung als Religionsgemeinschaft sagt eine Gruppe, wie sie die Probleme der Zeit zu ihrem eigenen Vorteil angehen möchte. Dies stößt nicht immer auf Gegenliebe und führt auch heute noch zu Konflikten mit alternativen Lösungsvorschlägen. Insbesondere die monotheistischen Religionen definieren sich als Kinder ihrer Entstehungszeit über die Probleme von Kleingruppen mit anderen Gruppen. Sie sind Kampfansagen an den Rest der Welt, und sie werden auch von anderen Glaubensgruppen als Kampfansagen verstanden. Die Kriegserklärungen stecken daher bereits in den Kernthemen dieser Religionen. Sie kämpfen gegen das „Böse" und wundern sich, dass andere als Antwort darauf gegen sie kämpfen. Sie führen Krieg gegen den Krieg statt aufzuhören gegen etwas zu sein und auch das „Böse“ als Teil dieser Welt und als gleichberechtigten Gesprächspartner zu akzeptieren. Insbesondere, da es das „Böse“ als solches nicht gibt. Frieden, Toleranz und Akzeptanz kann es daher nur geben, wenn die monotheistischen Religionen auf ihre Kernthemen verzichten, d.h. wenn es sie als Religion nicht mehr gibt.

Definierbarkeit und gleichzeitige Nicht-Definierbarkeit

Kann der Begriff Religion gleichzeitig definierbar und nicht-definierbar sein? Unser Sicherheitsgefühl lebt davon, dass es nicht hinterfragt werden möchte. Eine Definition ist der erste Schritt, sich mit einem Konzept auseinander zu setzen und es logisch zu hinterfragen. Niemand, der glauben möchte, hat ein Interesse daran, eine überprüfbare Definition zu hören. Gläubige müssten sich eventuell eingestehen, dass ihre gesamten Lebensziele, Träume und Hoffnungen auf Sand gebaut sind. Die letzten Fragen bleiben unbeantwortbar. Die Vertreter der Religionen wissen, dass sie ein Spiel mit dem Nichtwissen treiben. Daher wird es offiziell niemals eine wissenschaftliche Definition des Begriffes Religion geben (dürfen). Sie würde die Träume und Hoffnungen der Menschen nach Sicherheit zerstören. Die einzige Möglichkeit, die Neugierde einzelner Gläubiger zu befriedigen, ist die Behauptung, dass es nur Teildefinitionen geben kann. Dies ist natürlich falsch. Alles was vom Menschen geschaffen und genutzt wird, kann auch von Menschen definiert werden. Das Paradoxon der gleichzeitigen Definierbarkeit und Nicht-Definierbarkeit ist aber gewollt. Der Sinn der Religion ist das Nicht-Hinterfragen-Können. Eine Religion, die sich selber logisch definieren würde, würde sich ihres Sinns und Zweckes berauben und dadurch überflüssig machen.

Aus diesem Nicht-Definieren-Wollen entsteht auch ein häufig anzutreffendes Verwechslungsspiel. In fast allen Diskussionen werden die Begriffe Spiritualität, Religiösität und Religion durcheinander geworfen. Diese Verwechslungen finden sich auch in wissenschaftlichen Schriften wieder. Hierdurch entsteht der unzulässige Eindruck, dass Religion von alleine entstehen würde, wenn man Kinder nur ließe. Dem ist zu widersprechen. Religion ist ein Konstrukt, das man lernen muss. Auch bei Untersuchungen zum Verhalten von Erwachsenen suggeriert der Wortgebrauch von „religiös“ schon ein Ergebnis in Richtung Religion, welches nicht immer zulässig ist. Hier wäre für die Wissenschaft ein klar abgrenzender Wortgebrauch wünschenswert, um keine falschen Eindrücke zu erwecken.

Mit wem kann man sich also unterhalten, wenn es um Fragen der Religion geht?

Zu glauben heißt, eine Idee auch ohne logische Beweise und empirische Nachweise als wahr anzunehmen. Wer glaubt, dass er dies glauben kann, der kann genauso gut alles glauben. Und wer alles glauben kann, ohne Beweise und Logik einzufordern, der ist vielleicht glücklich, aber kein guter Ratgeber für wissenschaftliche Fragen und Antworten. Wer sich fachlich fundiert und logisch konsequent mit dem Phänomen Religion beschäftigen will, der sollte frei davon sein zu glauben oder glauben zu müssen. Wenn Sie also Fragen zur Religion oder zu wissenschaftlichen Ergebnissen über Themen der Religionen haben, dann wenden Sie sich besser an Personen, die von sich behaupten können, dass sie keinem religiösen Glauben anhängen.

Kaschieren manche Glaubensinhalte den Egoismus besser?

Eine gute Religion hält so viele Glaubensinhalte bereit, dass sie flexibel eingesetzt werden können, um alles zu rechtfertigen. Sie muss keine neuen Inhalte erfinden, sondern interpretiert ihre bisherigen einfach um oder kombiniert sie neu. Religionen mit geringer Komplexität oder fanatisch einseitigen Auslegungen bleiben argumentativ auf der Strecke.

Evolvieren Glaubensinhalte mit ihrer Nützlichkeit für die Anwender?

Hier müssen verschiedene Ebenen unterschieden werden. Zuerst wird immer versucht, bekannte Inhalte neu zu kombinieren. Dann werden Inhalte neu interpretiert, und erst wenn nichts anderes mehr hilft, werden neue Ideen akzeptiert. Beispiele hierfür sind die Aufnahme von Meditationskursen mit „christlichen" Inhalten sowie die plötzlich behauptete Übereinstimmung von Schöpfungsmythen mit der Darwinschen Evolutionstheorie.

Auf der individuellen Ebene wird diese Anpassung meist nicht bewusst wahrgenommen. Priester versuchen im Gespräch herauszufinden, mit welchen Schlüsselwörtern und Argumentationsebenen ihr Gesprächspartner agiert. Sie wollen sich auf ihr Gegenüber einstellen, um eine gemeinsame Ebene zu finden. Auf keinen Fall widersprechen sie anderen, um sie nicht zu brüskieren. Sie nehmen immer exakt die Wortwahl an, die der andere auch gebraucht. Dies ist bereits eine zweckgerichtete Form der Anpassung an den jeweiligen individuellen Glauben. Bemerkt werden solche Drahtseilakte meist, wenn die selben Personen mit mehreren anderen Gesprächspartnern erlebt werden. Es ist eine Frage der Barmherzigkeit, dass sich die Fahne im Winde dreht.

8. Was ist zu tun?

Eine neue Definition sollte nicht nur Fragen klären, sondern auch neue Fragen aufwerfen: Fragen zu der Ausgangssituation, in der wir uns mit den Religionen befinden; zu der Stellung der Religionen in der Öffentlichkeit; zu dem zwischenmenschlichen Miteinander unter Gläubigen; aber auch nach unserer inneren Einstellung. Was lässt sich ändern?

8.1 Die biologische Ausgangssituation

Um die biologische Ausgangssituation darzustellen, muss zunächst zwischen Gott und Glauben auf der einen Seite sowie Gottesvorstellungen und Religionen auf der anderen Seite unterschieden werden. Menschen werden immer Ängste haben, nach Erklärungen und Sicherheiten suchen und sich Götter und Geister als Helfer und Ansprechpartner in der Not kreieren. Daran, dass Menschen dies immer wieder tun, kann die Wissenschaft nichts ändern. Sie kann nur akzeptieren, dass ein Bedürfnis hierfür vorliegt und die Rahmenbedingungen so beschreiben, dass Veränderungen möglich werden, die die auslösenden Ängste minimieren. Das Verbot von Indoktrination, Rechtssicherheit und ein existenzsicherndes Einkommen würden den meisten Menschen auf der Welt helfen, etwas klarer über ihre Nothelfer nachdenken zu können. Glauben werden die Menschen immer. Spätestens mit der Frage nach dem Tod wird nach einem Trost gesucht. Am Glauben ist auch prinzipiell nichts auszusetzen, solange er eine private Angelegenheit bleibt. Auch gegen die Vorstellung „Gott" ist nichts einzuwenden, wenn sich alle Beteiligten bewusst sind, dass es sich immer nur um persönliche Vorstellungen handelt. Aber die persönlichen Vorstellungen sind nicht zu verwechseln mit dem, was manche Scharlatane daraus machen: eine Religion mit synchronisierten Vorstellungen von „Gott".

Für unsere globale Zukunft müssen wir uns entscheiden, ob wir mit anderen Gruppen auf dieser Welt in Frieden und Gleichberechtigung leben wollen oder ob wir sie mit nicht nachvollziehbaren Argumenten betrügen wollen. Was im Pleistozän dazu diente, die lieben Artgenossen an der Nase herum zu führen, dient heute noch dazu soziale Ungerechtigkeiten und Kriege zu legitimieren. Wer die Nachrichten verfolgt, gewinnt den Eindruck, als ob die Religionen im 21. Jahrhundert die Aufgabe der totalitären Ideologien des 20. Jahrhunderts übernommen hätten. Wir müssen daher dafür Sorge tragen, dass extreme religiöse Vorstellungen und Interpretationen nicht als abstruse Begründung für Konflikte und Vorteilsnahmen herhalten können. Die Eiszeit ist vorbei und die Ausreden zur Vorteilsnahme sind als solche erkannt.

Was haben uns die Religionen bisher Gutes gebracht? Haben sie die Probleme der Welt gelöst? Ist die Frage nach dem „Warum" beantwortet? Sind wir entspannter, befreiter und erlöster geworden? Haben wir den Hunger auf der Welt besiegt, Kriege beendet, die Angst vor dem Tod verloren? Nichts, absolut gar nichts von diesen Problemen ist von den Religionen gelöst worden!

Und warum? Weil die Ursachen für all unsere Probleme nicht gesucht und nicht beseitigt wurden. Unsere Hauptprobleme sind unser Egoismus und unsere Kurzsichtigkeit. Wir müssen verstehen, warum wir so sind, wie wir sind, und mit welchen Methoden wir eine Umwelt schaffen können, damit wir keinen Grund mehr haben, ein solches Verhalten zu zeigen. Religiöse Bekenntnisse haben bisher das Gegenteil davon propagiert. Blinder Glauben anstelle von Wissen, Vernunft und Einsicht. Gruppen-Egoismus gegen Andersgläubige anstelle von Akzeptanz der biologischen Vielfalt. Eine für immer und ewig als richtig erkannte gottgegebene Wahrheit anstelle von detaillierter Ursachensuche und optimalen Kompromissen für alle Beteiligten. Für Glaubensgemeinschaften ist jedes andere Glaubenssystem ein natürlicher Feind, weil es ihre Scheinargumente zur Vorteilsnahme nicht akzeptiert. Religionen können keine Probleme lösen, weil sie selber mit die Probleme schaffen, die es zu lösen gilt.

Religionen basieren auf der stärksten Macht, die die Evolution zu bieten hat: dem Egoismus. Es sind Eigenschaften des Egoismus, sich und seine Gene für etwas besonderes und für auserwählt zu halten. Egoisten suchen die Kooperation in der Gruppe, wenn die Gruppe einen Vorteil für sie darstellt. Egoisten brechen aber auch jede Kooperation, wenn sie sich als Einzelgänger noch mehr Vorteile davon versprechen. Daher sollte sich niemand der Illusion hingeben, dass sich Egoisten langfristig tolerant, friedlich oder sozial verhalten. Es ist nur eine Frage, wovon sie sich mehr Vorteile versprechen und wie die Rahmenbedingungen für sie aussehen. Auch die Mitglieder der meisten Religionen werden sich langfristig nicht zusammenschließen und einen gemeinsamen Nenner finden. Unter entsprechenden Rahmenbedingungen können sie parallel existieren und sich tolerieren. Aber auch dies nur solange, bis ihre Egoisten wieder eine Gelegenheit sehen, einen Alleingang zu veranstalten. In der gesamten bekannten Geschichte der Menschheit haben sich Religionen immer nur in neue „Sekten“ aufgespalten. Friedliche Zusammenschlüsse und Vereinigungen sind dem Autor nicht bekannt. Die Wahrscheinlichkeit spricht daher gegen eine Zukunft mit einheitlichen religiösen Moral- und Ethikvorstellungen.

Da Religionen bereits die „Wahrheit“ besitzen, ist ihr Status Quo auch gleichzeitig ihre Zukunft. Daher sind die Beschreibungen der biologischen Ausgangssituation auch gleichzeitig die Vorhersagen, anhand derer die vorgestellte Definition verifiziert oder falsifiziert werden kann. In einer Welt voller Egoisten kann die Evolution nicht einen Schritt zurückgehen. Sie kann nur auf dem aufbauen, was bereits existiert. Wir können die Egoisten nicht weniger egoistisch und friedlicher machen. Wir können aber die Rahmenbedingungen festlegen, unter denen sie wenigstens kooperieren müssen. Richtige Egoisten, die dies einsehen können, sollten sich daher bemühen, die Mitglieder der Religionen, die zu Intoleranz aufrufen oder sich durch religiöse Argumente Vorteile erschleichen wollen, in ihre Grenzen zu weisen. Dies fängt nicht hinter den sieben Bergen und auch nicht vor der eigenen Haustür, sondern bei jedem Einzelnen persönlich an. Im Interesse einer friedlichen globalen Welt muss die Forderung lauten: Keine religiösirrationalen Begründungen für den Egoismus!

Wir dürfen abstruse Begründungen zur ungerechtfertigen Vorteilsnahme nicht mehr durchgehen lassen. Dies sind wir unseren Mitmenschen und unseren Kindern schuldig.

8.2 Der ewige Streit

Beginnen wir mit dem Umgang miteinander in der Öffentlichkeit. Genauso wie der Kampf zwischen Zweifel und angenommener Wahrheit in unseren Köpfen tobt, so tobt auch ein permanenter Kampf zwischen den Vertretern der Wissenschaft und der Religionen. Wer sich die Evolution der Glaubensinhalte ansieht, der stellt fest, dass dieser Kampf seit Urzeiten andauert und auch in Zukunft nicht beendet werden kann. Es gibt kein Ausruhen zwischen Erkenntnisgewinn und immerwährender, allein seligmachender, postulierter und erhoffter Wahrheit. Dieser Streit ist in unseren Köpfen einprogrammiert. Die Wissenschaft wird die Aussagen der religiösen Glaubensinhalte auch weiterhin auf die Probe stellen und verwerfen, und die Vertreter der letzten Wahrheiten werden sich darauf berufen, dass viele Menschen diese selbstgemachten „Wahrheiten" benötigten, um besser leben zu können. Ob diese Menschen ihre Ängste auch ohne die Religionen hätten ist eine andere Frage, die es wissenschaftlich zu klären gilt. Momentan macht ein Streiten aber wenig Sinn. Man sollte sich lieber darauf einigen, wie man offiziell miteinander umgehen möchte.

Angestrebt wird von den großen Glaubensgemeinschaften eine Kultur der offenen Diskussion. Hierzu gehören gemeinsame Veranstaltungen zu den Themen Kreationismus und Szientismus.[302] Aber bei weitem nicht alle Diskussionen verlaufen produktiv. Viele Veranstaltungen zu Themen, bei denen sich Wissenschaft und Religion überschneiden, werden von den Vertretern der Glaubensgemeinschaften anders initiiert.

Was passiert bei diesen „scheinvernünftigen" Disputen? Offiziell hat es den Anschein, als ob solche Veranstaltungen mit den Methoden der wissenschaftlichen Rationalität und der Logik ausgetragen werden. Im Prinzip wollen beide Seiten dasselbe: Recht haben und von der Öffentlichkeit Recht bekommen. Es geht um die Diskurs- und Interpretationshoheit. Diese Auseinandersetzung wird meistens nicht direkt geführt, sondern häufig vorsätzlich über bestimmte Themen initiiert. Zudem wird hier mit anderen Bandagen gekämpft. Zunächst einmal sind die vortragenden Wissenschaftler handverlesen. Sie sollen einerseits Experten mit guter Reputation sein, andererseits aber auch keine bekennenden Atheisten. Die Gegenseite will schon vorher wissen, was sie vortragen werden. Als Austragungsorte werden Universitäten und Museen bevorzugt. Dies erweckt den Eindruck von Seriosität und Wissenschaftlichkeit. Zudem suggerieren die Glaubensgemeinschaften damit, dass sie gleichwertige Gesprächspartner der Wissenschaft wären. Vor Beginn der Diskussionen werden alle Teilnehmer und das Publikum noch einmal darauf hingewiesen, dass man sich friedlich und konstruktiv verständigen möchte. Das hört sich löblich an, nimmt aber das Ergebnis schon vorweg und macht eine konstruktive und sachliche Diskussion aus diplomatischen Gründen unmöglich. Zum Auftakt wird dann meis-

302 Zum Beispiel: Leinfelder, Reinhold / Bayrhuber, Horst (Ausrichter): Streit um Darwin: Kreationismus und Szientismus aus biologischer, wissenschaftstheoretischer und theologischer Sicht. Öffentliche Tagung im Kinosaal der Humboldt-Universität, 14.11. 2009.

tens an irgendein Ereignis erinnert und zu einer Gedenkminute aufgerufen. Mit dem Aufstehen und dem obligaten Händefalten erhält die Veranstaltung damit nicht nur sakralen Charakter, sondern die Vertreter der Glaubensgemeinschaften übernehmen so zur Verwunderung der Hausherren sofort die Führung in der Diskussion. Nein sagen darf man aus gesellschaftlichen und diplomatischen Gründen nicht zu einem solchen Anliegen. Mit den Vorträgen beginnen dürfen die Wissenschaftler. Sie sollen ja nicht Stellung zu anderen nehmen, sondern sich in eine Prüfungssituation begeben. Da die Zeit immer knapp ist, werden die anschließenden Fragen auf die Zeit nach den zweiten Vortrag verschoben. Den zweiten Vortrag hält ein geübter Prediger, der es versteht sich charismatisch in Szene zu setzen. Dagegen haben normale Universitätsprofessoren aus der Naturwissenschaft kaum eine Chance. Bevor das Publikum fragen darf, wird noch einmal auf die faire Art des Disputes hingewiesen. Harte Fragen nach Fakten sind also nicht erwünscht. Und Fragen mit esoterischem Inhalt können von ehrlichen Wissenschaftlern nicht beantwortet werden, weil sie außerhalb ihrer Fachkompetenz liegen. Eine Naturwissenschaftler kann nur sagen, dass er eine Seele oder das Jenseits nicht mit den Methoden der Wissenschaft messen kann. Was nach der Diskussion somit von ihm beim Publikum hängen bleibt, ist der Eindruck eines dummen Fachidioten.

Ein weiterer Punkt ist die Auswahl der Themen, über die diskutiert werden soll. Häufigstes Thema ist der Kreationismus, gefolgt von Szientismus. Beim Thema Kreationismus sind sich alle Beteiligten schnell einig, dass so etwas indiskutabel und unseriös ist. Hier besteht die Gefahr, dass eine Seite Totalitätsansprüche erhebt und die fruchtbare Diskussion zwischen Religion und Wissenschaft gefährdet. Die Vertreter der großen religiösen Glaubensgemeinschaften weisen einerseits darauf hin, dass die Vertreter der kreationistischen Ideen mit ihren Vorstellungen nicht im Einklang mit der Wissenschaft stehen. Sie seien daher für „normal-denkende", wissenschaftlich aufgeklärte und vernünftige Menschen keine ernstzunehmenden Gesprächpartner. Implizit wird die Botschaft ausgesendet, dass nur die Vorstellungen und religiösen Inhalte der großen Glaubensgemeinschaften mit der Wissenschaft übereinstimmen würden. Auf der anderen Seite weisen dieselben Vertreter der großen Glaubensgemeinschaften darauf hin, dass seriöse und hervorragende Wissenschaftler wie Richard Dawkins Szientisten seien. Szientismus ist ein Kunstwort und hat durch die Endung „-mus" schon eine negative Konnotation. Szientisten seien Wissenschaftler mit Totalitätsanspruch. Sie würden den Gläubigen Hirngespinnste und psychische Defekte unterstellen und dafür „pseudowissenschaftliche" Beweise sammeln wollen. Im Prinzip wären Szientisten damit nur die andere Seite der Medaille des kranken Kreationismus. Die Botschaft, die der Hörer bekommen soll, ist die, dass man auch auf hervorragende Wissenschaftler nicht hören soll, weil nicht die Gläubigen, sondern diese Wissenschaftler krankhaft seien. Auch solche Ansichten sind daher für „normal-denkende", wissenschaftlich aufgeklärte und vernünftige Menschen nicht akzeptabel.

So haben die Vertreter der großen Glaubensgemeinschaften gleich zwei Fliegen mit einer Klappe geschlagen. Einerseits haben sie ihre Feinde diffamiert, andererseits die Bevölkerung aufgefordert, nur die gemäßigten und gesprächsbereiten Kräfte zu akzeptieren. Also die, die sie durch ihre Art der Veranstaltung im gleichen Augenblick zu Fachidioten gemacht haben. Aber es ging den Veranstaltern ja auch gar nicht um eine sachliche Diskussion.

Akzeptiert werden von den Vertretern der großen Glaubensgemeinschaften die Wissenschaftler sowieso nicht. „Hat Gott nicht die Weisheit der Welt als Torheit entlarvt?" [*1 Kor* 1, 20], philosophiert der katholische Priester Karol Jósef Wojtyla in der Enzyklika „*Fides et Ratio*".[303] Sein Nachfolger Josef Ratzinger erklärt seine Meinung zur Vernunft der Wissenschaft in der Rede in Regensburg: „Eine Vernunft, die dem Göttlichen gegenüber taub ist und Religion in den Bereich der Subkulturen abdrängt, ist unfähig zum Dialog der Kulturen."[304] In der Öffentlichkeit, vor dem naturwissenschaftlich gebildeten Publikum, werden aber Wissenschaftler hofiert, die sich auf einen Kompromiss einlassen. Und dieser Kompromiss ist ganz einfach: Die Wissenschaft mischt sich nicht in die Religion ein und die Religion nicht in die Wissenschaft. Das hört sich auf den ersten Blick gerecht an, ist es aber nicht. Damit haben sich die Religionen schon in die Wissenschaft eingemischt. Wissenschaft bedeutet, alles in Frage zu stellen und kritisch zu untersuchen. Eben und gerade auch die Religionen und ihre Glaubensinhalte. Eine Religion, die der Wissenschaft vorschreiben will, welche Fragen sie zu stellen oder auch nicht zu stellen hat, ist in Wirklichkeit bereits Inquisition. Hier wird unter dem Vorwand der Toleranz Respekt vor dem Gebiet des anderen eingefordert, während die Vertreter der Glaubensgemeinschaften bereits die Grundelemente der Wissenschaft nicht tolerieren. Aber das ist auch nichts Neues. Erinnern wir uns an den Antimodernisteneid der katholischen Kirche von 1910.

---

303 Wojtyla, Karol Jósef: Enzyklika Fides et Ratio. Vatikan 1998.

304 Ratzinger, Josef: „Glaube, Vernunft und Universität – Erinnerungen und Reflexionen." Rede in der Aula der Universität Regensburg, 12. September 2006.

Was sagt uns dieser kleine Exkurs in die Realität? Da sind sie wieder, die alten Egoisten, die die Interpretationshoheit und den Diskurs gewinnen wollen, aber keine besseren Argumente haben und stattdessen zu etwas „unfairen“ Methoden greifen, um Wissenschaftler und Andersgläubige in die Schranken zu weisen. Wenn es jemals eine Diskussion unter gleichberechtigten Gesprächspartnern geben soll, die diese Bezeichnung verdient, dann kann sie nur auf dem Niveau der Wissenschaften und logisch wissenschaftlich geführt werden. Daran werden sich die Gesprächspartner messen lassen müssen.

8.3 Persönliches Kennenlernen

Eine zweite Ebene, auf der wir den Religionen begegnen, ist die zwischenmenschliche. Jeder von uns hat täglich mit spirituellen oder religiösen Menschen zu tun. Wie wollen wir miteinander umgehen? Wer bei sich selber anfängt über Religion nachzudenken, sollte herausfinden, was ihn an seiner Religion fasziniert, warum er dieser Religion angehört und was er von ihr erwartet.[305] Aber auch Menschen, die keiner Religion angehören oder überzeugte Atheisten sind, sollten einmal auf eine solche Suche gehen. Wer wirklich ehrlich ist, beginnt damit eine Reise, die ganz anders enden kann, als er sich dies jemals hätte vorstellen können. Werden Sie ein kritischer Forscher, ein Wissenschaftler, ein Fragender, ein Suchender.

Beginnen wir zum Beispiel mit der „Wahrheit“. Wie kann man herausfinden, ob die Kernaussage einer religiösen Institution die „Wahrheit“ ist? Indem man die „Experten“ fragt: Was sagen die anderen Religionsvertreter zu dieser einen „Wahrheit“? Wie bereits erwähnt, sagen bei circa 100.000 Glaubengemeinschaften mindestens 99.999 ausgewiesene Experten aus, dass die „Wahrheit“ der anderen Religionen nicht die „Wahrheit“ ist. Damit ist jeder religiöse Amtsträger, nach Aussage der allermeisten anderen religiösen Amtsträger, jemand, der nicht die „Wahrheit“ sagt. Wenn wir also die „Wahrheit“ erfahren wollen, dann müssen wir andere Wege finden, als die Vertreter der Religionen und religiösen Institutionen zu fragen. Zukünftige Religionen sollten genau diese Möglichkeiten der objektiven Selbsterfahrung zur Verfügung stellen. Wer das Beste für die Menschen will, schenkt ihnen Methoden zur Selbsterkenntnis. Wer Menschen versklaven will, macht sie von seiner Gnade abhängig.

---

305 Wenzel, Uwe Justus: Was ist eine gute Religion? Zwanzig Antworten. München 2007.

Ein weiterer Punkt ist daher die Gemeinde der Gläubigen und ihr persönliches Verhältnis zu Amtsträgern. Im Jahre 1961 führte der Psychologe Stanley Milgram in New Haven ein berühmt gewordenes Experiment durch. Er lies Versuchspersonen andere Personen testen und bei falschen Antworten durch vorgetäuschte Elektroschocks bestrafen. Hierdurch untersuchte er die Bereitschaft durchschnittlicher Menschen, autoritären Anweisungen Folge zu leisten, auch wenn sie im direkten Widerspruch zu ihrem Gewissen und ihrer Moral ständen. Nur die allerwenigsten Menschen zeigten genug Rückgrat und brachen die Experimente rechtzeitig ab. Die meisten Versuchpersonen gingen in der Voltzahl so weit, bis die vorgetäuschten Schmerzensschreie aufhörten und gar keine Antwort mehr kam. Und selbst dann, wenn davon ausgegangen werden musste, dass die andere Person bereits bewusstlos oder tot sein musste, wurden die Voltzahlen auf Anraten der Autorität noch erhöht.[306] In vielen folgenden Untersuchungen zeigte sich immer wieder, dass ganz normale Menschen bereit sind, andere Menschen bis in den Tod zu quälen, wenn es ihnen eine Autorität nahe legt. Der Zusammenhalt in der Gruppe und der Gehorsam ist für viele Menschen wichtiger als ihr Gewissen. Neuere Experimente mit dem gleichen Versuchsaufbau zeigten, dass Menschen auch heute noch genauso handeln wie damals, als Milgram erstmals sein Experiment durchführte. Selbst die Anwesenheit einer ermahnenden Person konnte weder Männer noch Frauen zurückhalten, andere zu foltern.[307] Einzelne Menschen würden so etwas von sich aus nur äußerst selten machen. Es ist das System aus Autorität und Abhängigkeit, das Menschen zu solchen Gräueltaten befähigt und anspornt. Wer sich dessen bewusst ist, der sollte nach Formen des Zusammenlebens Ausschau halten, die möglichst wenig auf Autoritäten, Hierarchien und Gruppenzwang beruhen. Verlassen Sie sich niemals darauf, dass Autoritäten ihre Macht nicht ausnutzen werden. Autoritäten sind nur deshalb Autoritäten, weil wir sie Einfluss auf uns nehmen lassen. Hierarchien heißen Hierarchien, weil eine „gottgewollte“ Ordnung unterstellt wird (*hierós*: heilig; *árchein*: der erste sein; *hierarchía*: Priesteramt). Lernen Sie daher auf Ihrer individuellen Suche möglichst viele andere Religionen, Gemeinden, Gruppen und Menschen kennen. Sehen Sie sich möglichst viele Systeme an und finden Sie heraus, wo Ihre Suche auch Ihre persönliche Suche bleibt.

306 Milgram, Stanley: Behavioral Study of Obedience. Journal of Abnormal and Social Psychology. 67 (1963), S. 371-378.

307 Burger, Jerry M.: Replicating Milgram. Would People Still Obey Today? American Psychologist, Vol. 64, Nr. 1 (2009), S. 1-11.

Dazu gehören auch Kontakte zu den so genannten Sekten. Sekten sind sehr gefährlich, weil sie eine andere Weltsicht vertreten. In solchen Subkulturen gelten die überlieferten Argumente für den persönlichen Egoismus nicht mehr. Hier haben Sie keinen Halt für Ihr Ego. Sie müssen sich die Mühe machen und neu anfangen zu denken. Sekten: Alle reden darüber – nur die Wenigsten kennen sie aus eigener Erfahrung. Was wird nicht alles über Sekten erzählt? „Da tanzt man nackt ums Lagerfeuer, da betrinken sich alle, da werden Drogen genommen und verabreicht, da wird man zum Gruppensex gezwungen und anschließend werden kleine Kinder gefressen." So oder so ähnlich lauten die Vorurteile. Nur: Jede Gruppe, Sekte oder Gemeinde, die so etwas tolerieren oder gar dazu auffordern würde, wäre in Deutschland sehr schnell verboten. Sekten können so etwas nicht zulassen, weil sie dann ihre Rechte als religiöse Gruppe, staatlich anerkannte Wertegemeinschaft oder als gemeinnütziger Verein verlieren würden. Sie sind schon aus intelligentem Eigennutz heraus nicht so, wie man es den Mitgliedern anderer Konfessionen immer erzählt. Lassen Sie sich nicht täuschen. Finden Sie heraus, was die Gründer der jeweiligen Gemeinschaft wirklich sagen wollten. Machen Sie sich in der nächsten Bibliothek oder im Internet schlau. In öffentlichen Bibliotheken können sie viele Kritiken der großen religiösen Institutionen über „gefährliche" Sekten lesen. Nur die Originaltexte und Selbstdarstellungen der entsprechenden Glaubensgemeinschaften werden Sie nicht überall finden. Diese Originale sind dann doch zu „gefährlich", um in öffentlichen Bibliotheken einen Platz zu erhalten. Versuchen Sie trotzdem, die Originalquellen zu beziehen. Dann wissen Sie wenigstens, worüber die Sekten wirklich reden. Sehr aufschlussreich sind auch persönliche Kontakte. Fragen Sie nach, ob Sie mal in eine Gemeinde „reinschnuppern" dürfen. Zumindest können Sie hinterher aus eigener Erfahrung sagen, was Sie in diesen Gruppen gestört hat und was Sie daran gut fanden. Haben Sie keine Angst und gehen Sie möglichst vorurteilfrei an ihre Nachforschungen und Entdeckungsreisen heran. Mitglieder von so genannten Sekten sind meistens erwachsene Menschen, die sich informiert und bewusst für eine Glaubensrichtung entschieden haben. In viele Gemeinschaften darf man erst als Volljähriger, also ab 18 bzw. 21 Jahren, eintreten. Dass Sie als wissenschaftlich suchender Mensch dennoch eine kritische Distanz bewahren sollten, ist selbstredend. Erlauben Sie sich aber in religiösen Themen den Luxus einer eigenen Erfahrung und einer eigenen Meinung! Religionsgemeinschaften, die die persönliche Erfahrung, das Miteinander, den Austausch, die Ökumene oder den Wechsel zu einem anderen Glauben verhindert sehen möchten, sind

Feinde des zwischenmenschlichen Verständnisses. Hätten im Dritten Reich alle Menschen ihre Nachbarn persönlich gekannt, hätte sie sich nur einmal vorher als Menschen kennen gelernt, hätte nicht passieren können, was geschehen ist. Abgrenzungen führen zu Vorurteilen. Lernen Sie daher auch Menschen kennen und nicht nur Religionen.

Viele religiösen Institutionen reden von Toleranz und Respekt gegenüber anderen Glaubensrichtungen. Sie meinen aber fast ausschließlich die Toleranz der anderen gegenüber ihren eigenen Vorstellungen. Und mit der Forderung nach Respekt wollen sie selber ernst genommen werden. Wenn Toleranz nicht nur ein Wort bleiben soll, dann müssen sich Religionen öffnen, damit ihre Mitglieder auch andere Erfahrungen machen können. Ein weiterer Punkt sind daher die praktischen Methoden in Ihrer persönlichen Suche nach der „Wirklichkeit". Viele Menschen glauben zu wissen, was Meditation, Yoga, Derwischtanzen usw. ist. Aber kaum einer hat es je ausprobiert. Zur individuellen Suche gehört auch die Erfahrung, die über das Intellektuelle hinausgeht. Warum haben Sie vor solchen Erfahrungen Angst? Genau diese Ängste gilt es herauszufinden und zu analysieren. Es sind diese Ängste und Vorurteile, die Sie am eigentlichen Leben hindern. Ängste, die das menschliche Miteinander untergraben. Praktische Erfahrungen in Lehrgängen und Urlauben zu machen, kostet die meisten Menschen nicht mehr als das, was sie momentan an Kirchensteuern zahlen. Mit einem Unterschied: Für die Kirchensteuer bekommen die meisten Kirchenmitglieder Taufe, Firmung, Hochzeit und Beerdigung. Sie selber feiern davon nur die Hochzeit vor der Scheidung. Bei dem Rest feiern sie nicht mit. Hochgerechnet auf ein Leben zahlen Sie damit sehr viel Geld für ein paar Minuten Trauung. Im Preis inbegriffen sind für die meisten höchstens noch ein paar kalte Füße bei den obligaten Weihnachtsfeiern. In den religiös-esoterischen Angeboten wissen Sie vorher, was Sie für Ihr Geld bekommen.

Gläubige Menschen behaupten mitunter, Wissenschaft sei nur eine andere Form von Religion. Das ist sie nicht und das kann sie auch nicht sein. Wissenschaft hat eine streng nachvollziehbare, überprüfbare und für jeden Menschen offene Argumentationsebene. Sie ist eine Methode und vertritt nicht den fanatischen Egoismus, wie ihn die Religionen bedienen. Wissenschaft verspricht keine unendlich große und unendlich andauernde Belohnung, die unser Ego gerne hätte. Sie befriedigt nicht unsere pleistozäne Ego-Software. Wissenschaft ist damit das exakte Gegenteil von Religion. Sie kann helfen, dass wir uns unseres Egos bewusst werden und lernen zu verstehen, warum wir solche Wünsche haben. Mitunter ist das Verstehen der Ursachen schon die Lösung des Problems. Werden Sie daher selber Wissenschaftler, Forscher und Suchender. Fahnden Sie nach den besten Lösungen für ein friedliches Miteinander aller Menschen. Gehen Sie selber voran und lernen Sie sich und andere Menschen kennen. Analysieren Sie Ihren persönlichen Egoismus und Sie werden verstehen, warum eine Zukunft der Menschheit eine Zukunft ohne die Irrationalität der Religion sein muss.

Ist das Werbung für Psycho-Sekten? Könnten Sie nicht abhängig, verrückt und arm dabei werden? Sehen Sie sich die Nachrichten an, dann wissen Sie, wie viele Verrückte es auf der Welt gibt. Sie können nicht mehr oder weniger verrückt werden als alle anderen auch. Sie sind nur anders verrückt. Und vor allen Dingen, Sie wissen dann, dass Sie willentlich verrückt sind. Die anderen wissen dies nicht. Um von einer Psycho-Sekte eingefangen zu werden, müssen Sie selber erst einmal bereit sein, sich einfangen zu lassen. Normale Menschen, ohne größere psychische Vorschäden, werden nicht einfach abhängig oder süchtig. Und die „Verrückten" wollen die Sekten auch nicht haben. Dies ist keine Werbung für Psycho-Sekten. Dies ist eine Werbung, andere Menschen als Menschen kennen zu lernen. Es gehört Mut dazu, sich ehrlich darauf einzulassen.

8.4 Der Nutzen einer expliziten Realdefinition

Wird die Sache „Religion" ganz nüchtern betrachtet, so ist es ein Geschäft, mit dem jährlich Milliarden umgesetzt werden. Der Verbraucherschutz sieht vor, dass der Kunde ein Recht darauf hat zu erfahren, was er einkauft. Eine Definition dient dazu, dem Kunden den Inhalt der Packung zu beschreiben. Gemäß den geltenden Richtlinien und Normen sowie der jeweiligen Umsetzung in nationales Recht gilt dies für Produkte und Dienstleistungen. Religion ist ein Produkt des Geistes und wird in Form von Dienstleistungen verkauft. Hersteller und Anbieter sind laut Gesetz verpflichtet, ihre Produkte und Dienstleistungen richtig zu beschreiben, auf den korrekten Gebrauch und weiterführende Verwendungsmöglichkeiten hinzuweisen sowie vor Gefahren, Risiken und Nebenwirkungen zu warnen, die bei Gebrauch dieses Produktes oder der Dienstleistung auftreten können. Dies gilt sowohl für Gefahren im Umfeld als auch bei der direkten Leistungserbringung. Es ist selbstverständlich, dass manche Anbieter nicht unbedingt ein Interesse daran haben, ihre Mogelpackungen und Gefahrenquellen offen zu legen. Welcher Dealer gibt schon gerne bekannt, dass sein Verkaufsschlager für

Träume in anderen Ländern mit der Todesstrafe belegt wird. Eine Definition soll genau dieses Geschäftgebahren verhindern. Hier existiert ein juristischer Bedarf für eine allgemein anerkannte wissenschaftliche Definition des Begriffes Religion.

Ein weiterer Nutzen einer Definition besteht in der Minimierung von Willkür. Viele Staaten auf der Welt unterstützen religiöse Institutionen finanziell und durch eine entsprechende Rechtsregelung. Die Unterstützung hängt allerdings davon ab, sich als religiöse Gemeinschaft auszuweisen. Viele kleinere Glaubensgemeinschaften werden in einem Akt der Willkür dieser Zuwendungen und des Sonderstatus beraubt. Eine Definition kann genau dies verhindern. Wer religiöse Gemeinschaften beurteilt, sollte auch sagen können, nach welchen Kriterien er dies tut. Auch dies ist ein juristisches Problem.

Ebenfalls von Bedeutung sind Definitionen, wenn es um die logisch-semantische Eindeutigkeit von Begriffen geht oder neue Inhalte von alltäglichen Begriffen festgelegt werden sollen. Die Identitätskrise der Religionswissenschaften besteht zur Zeit darin, dass sie nicht exakt sagen können, wohin ihre Forschung in Zukunft gehen wird. Ohne Definition scheint der rote Faden verloren gegangen zu sein. Geht es den Religionswissenschaften um die metaphysische Deutung der Welt? Erforschen sie besser das Verhalten der Menschen, wenn diese mit ihre „Göttern" in Kontakt treten? Geht es ihnen um Rituale und Mythen? Wollen sie eine Moral definieren, die auf den Glaubensinhalten aller Religionen basiert? Oder wollen sie doch noch einen Gottesbeweis führen und die Neurotheologie zum Zeugen berufen? Wollen sie eine eigene Phylogenie der Religionen entwerfen?

Die dargestellte biologische Definition weist eindeutig in eine andere Richtung. Damit zeigt sie auch einen weiteren Nutzen von Definitionen: Sie stellt das Thema Religion in einen anderen wissenschaftlichen Kontext. Es geht um Verhaltensforschung und Psychologie. Religiöse Menschen verhalten sich fast genauso wie nicht religiöse Menschen. Ihr Verhalten ist aber anders motiviert und besitzt daher ein paar Besonderheiten. Es ist eine der wichtigsten Aufgaben der Zukunft, die Evolution von Lüge und Selbstbetrug sowie die dazugehörige Evolution der Logik der Nicht-Logik zu untersuchen. Wir müssen verstehen, wie wir für unsere Psyche Sicherheit erschaffen können. Denn es ist Unsicherheit und Angst vor unseren Artgenossen, die uns als Egoisten zu den Waffen greifen lässt. Wir brauchen Spielregeln, die für alle Menschen nachvollziehbar sind und die auch für alle Menschen gelten. Es darf keine religiös begründeten Ausnahmen und Vorteilsnahmen mehr geben.

Als letzter Punkt soll der Nutzen einer Definition für die Schwächsten der Schwachen genannt werden. Nachvollziehbare Forschung, logische und transparente Entscheidungen sowie konfliktvorbeugende Gleichberechtigung sind nicht nur Themen und Aufgaben für die Wissenschaft. Bis religiöses Fehlverhalten behandelbar wird, müssen alle Generationen über das Phänomen und seine Gefahren aufgeklärt werden. Ethologische Studien zur Evolution der Lüge und des Selbstbetruges sowie Definitionen der Religionen gehören in den Schulunterricht, damit mit Verstand verarbeitet werden kann, was die Emotionen des Glaubens anrichten können. Angehende mündige Bürger haben ein Recht darauf, über die Gefahren des Glaubens und die auftretenden Lücken im logischen Denken aufgeklärt zu werden. Insbesondere haben sie auch ein Recht darauf, über die negativen Seiten ihrer eigenen Religionen aufgeklärt zu werden. Eltern, die nicht wollen, dass ihre Kinder unter nicht-nachvollziehbaren Entscheidungen in religiös begründeten Auseinandersetzungen ihr Leben lassen,[308] sollten sich dafür einsetzen, dass alle (!) Kinder nicht mehr mit religiösen Ideen indoktriniert werden. Und religiöse Auseinandersetzungen sind auch in Europa nur noch eine Frage der Zeit. Der Kampf gegen den Terrorismus, der Einsatz der Armeen im Inneren, Kleidungsverbote sowie die gravierenden Freiheitsberaubungen, die wir heute schon zu spüren bekommen, kündigen bereits an, mit welchem Konfliktpotential die Politik für die nähere Zukunft rechnet. Diese Vorsorge gilt nicht allein den religiösen Gruppen, aber religiöse Gruppen werden mit die Argumente liefern, mit denen die Konflikte gerechtfertigt werden. Verantwortungsbewusste Bürger sollten daher dafür sorgen, dass den unredlichen Argumentationen und den egoistischen Begründungen von Konflikten ein Riegel vorgeschoben wird.

Kinder müssen zuerst in die Lage versetzt werden, logisch und selbstständig zu reflektieren, bevor sie religiösen Ideen ausgesetzt werden. In Schulen soll Politik- und Demokratieverständnis gelehrt werden. Aber kein Mensch würde es erlauben, wenn politische Parteien in den Schulen Werbung für sich machen. In Schulen soll ein Bewusstsein für die Gefahren von Drogen mitgegeben werden. Aber kein Mensch würde es erlauben, wenn Dealer Drogen austeilen würden. Wer fände es gut, wenn an den Schulen anstelle von Biologie Kreationismus unterrichtet würde? Die christliche Lehre ist, wie gezeigt wurde, ein Form des Kreationismus. Für die großen institutionalisierten Religionen gelten anscheinend Sonderregeln. Hier dürfen Menschenfischer und Seelenfänger im Namen ihrer Firma – und nur

[308] Ginzel, Arndt / Kraushaar, Martin / Stoll, Ulrich: Sterben für Jesus. Missionieren als Abenteuer. ZDF, Frontal 21, Internetbericht vom 04.08.2009.

ihrer Firma – Mitglieder werben und seligmachende Heilsversprechen unter den Schülern verteilen. Und dies ist Absicht, denn die „frohe Botschaft“ soll in die Köpfe gelangen, bevor die Fähigkeit zum kritischen Hinterfragen die Schüler in die Lage versetzt, den Unterschied zwischen Wissen und Glauben zu erkennen. Dies muss in Zukunft unterbunden werden.

Das Thema Religion sowie eine wissenschaftliche Definition, um was es sich dabei überhaupt handelt, gehören in den Biologie- und/oder Psychologieunterricht. Es ist eine Frage der Verantwortung gegenüber unseren Kindern, ihnen vernünftige Methoden zum Erkenntnisgewinn anstelle von fertigen „Wahrheiten“ für Konflikte mit auf den Lebensweg zu geben. In der Evolution haben sich immer nur Individuen durchgesetzt, die die Fähigkeit zur Anpassung hatten. Die Anpassung als solche blieb ihnen überlassen. Lehren wir unsere Kinder das Definieren und das kritische Hinterfragen von Sachverhalten, die alle anderen für „wahr“ erklären.

Es ist zu hoffen, dass sich viele führende Wissenschaftler der Welt dieses Themas annehmen, um der unredlichen Argumentation und dem blinden Glauben ein Ende zu setzen. Frieden kann erst Wirklichkeit werden, wenn auch der letzte Egoist verstanden hat, dass er nicht auserwählt ist, etwas Besseres zu sein als seine Artgenossen.

Glossar

Aberglaube: Entwicklungsstufe der Religion, von der der jeweilige Bezeichner glaubt, sie hinter sich gelassen zu haben.

Argumentationsebene: In sich geschlossene Gedankenwelt mit eigenem Fachvokabular, welches sich der Überprüfung in der Realität entzieht oder entzogen werden soll.

Biologie: Wissenschaft, die die Erscheinungsformen lebender Systeme, ihre Beziehungen zueinander und zu ihrer Umwelt sowie die Vorgänge, die sich in und zwischen ihnen abspielen, beschreibt und untersucht.

Darwinismus: (Theorie Kurzform) Organismen produzieren Nachwuchs im Überschuss, dessen Merkmale und Eigenschaften durch Mutationen im Erbgut variieren können. Die Variationen werden von der jeweiligen Umwelt selektiert und die Mutationen der am best angepassten Individuen mit ihrem Erbgut in die nächste Generation transferiert.

Definition: (lat. *definitio* von *de* = ab und *finis* = Grenze, wörtlich: Abgrenzung) Eine Definition ist eine möglichst eindeutige Bestimmung eines Begriffes im jeweiligen Sprachgebrauch, wobei er gegenüber anderen Begriffen abgegrenzt wird.

Egoismus: Nicht real existierende Eigenschaft, die von Menschen in das Verhalten von Organismen hineininterpretiert wird. Der Begriff wird in der Biologie verwendet, um das Verhalten der Vorteilsnahme zu beschreiben. Die Vorteilsnahme beruht jedoch in der Biologie auf der physischen Möglichkeit und nicht auf der (unterstellten) Absicht.

Ethik: Subjektive Unterscheidung des Verhaltens anderer Gruppenmitglieder anhand der als allgemein gültig angenommenen Spielregeln in „fair" und „unfair". Bezugspunkt für die Beurteilung ist der direkte und indirekte Einfluss des jeweiligen Verhaltens auf die eigenen Egoismen.

Evolution: Selbstorganisationsprozess aller Lebewesen und Lebensformen nach den physikalischen Naturgesetzen sowie nach den von Darwin beschriebenen Gesetzen der Selektion.

Fundamentalist, religiöser: Ein Mensch, der von den zahlreichen Göttern auf der Welt nur seinen eigenen als den einzig wahren und richtigen akzeptiert und alle anderen zum Irrtum erklärt.

Fundamentalismus: Die Rechtfertigung seiner Überzeugung mit Argumenten, die Letztbegründungsanspruch haben.

Gruppenselektion: Annahme, dass es Selektionsfaktoren gibt, die das Beste für die Gruppe zur Folge haben, ohne dass einzelne Mitglieder dieser Gruppe daraus größere Vorteile ziehen können.

Hierarchie: (griech. *hierarchía* von *hierós* = heilig und *árchein* = der erste sein) wörtlich: der erste vor Gott, von den Heiligen. Bezeichnung für das Priesteramt.

Idee 16 U: Romanfigur von Walter Moers aus dem Roman „die 13 ½ Leben des Käpt'n Blaubär". 16 U ist die schlechte Idee, die dem riesigen Bollog riet, seinen Schädel abzunehmen und irgendwo liegen zu lassen

Ideologie: Menge der Zielvorstellungen und Konzepten von Gruppen, die auch zur Verschleierung von realen Machtverhältnissen dienen können.

Imaginalität: Die biologisch begründete Fähigkeit, sich mit Hilfe ererbter neuronaler „Software" altersbedingte, temporäre und ausbaufähige Konzepte, Bilder und Vorstellungen von seiner artinternen und artexternen Umwelt zu machen, um sich individuell optimal anzupassen. Biologische Grundlage und mögliche Vorstufe zur individuellen Spiritualität.

Indoktrination: (lat. *in* = hinein und *doctrina* = Belehrung) Indoktrination ist die gezielte Manipulation durch eine gesteuerte Auswahl von Informationen, um ideologische und religiöse Absichten durchzusetzen oder unerwünschte Reaktionen auszuschalten.

Intuition: (lat. *intueri* = betrachten) Intuition ist die Fähigkeit, Einsichten in Gesetzmäßigkeiten, Sachverhalte, Sichtweisen oder die subjektive Stimmigkeit von Entscheidungen zu erlangen, ohne zuvor bewusst Ursache-Wirkungs-Folgen oder Pros und Contras nach den Gesetzen der Logik abgewogen zu haben.

Konzept: (lat. *concipere* = Zusammenfassen) Ein Konzept ist eine gedankliche Zusammenfassung von Gegenständen und Sachverhalten, die gemeinsame Merkmale aufweisen.

Kreationismus: Auffassung, nach der ein „Gott" vor und/oder während der Selbstorganisationsprozesse der Evolution in die Naturgesetze eingreift und Neues erschafft.

Kultur: Artinterne und artübergreifende, kognitiv geschaffene Konzepte, die horizontal und vertikal auf mehrere Individuen übertragen werden.

Lüge: Das wissentliche und willentliche Hinzufügen oder Weglassen von Informationen, um den Informationsgehalt einer Nachricht zu verändern.

Moral: Subjektive Unterscheidung des Verhaltens anderer danach, ob es den eigenen Egoismen nutzt oder schadet. Die Auswirkung des Verhaltens wird in "gut" und "böse" unterschieden. Woraus hervorgeht, dass es objektiv in der Natur kein "Gut" und "Böse" geben kann.

Philosophie: Methoden und Ergebnisse des logischen Denkens ohne direkte Anbindung an die Empirie.

Priester: Dienstleister, der davon lebt, dass er behauptet oder andere in dem Glauben belässt, dass er selbstdefinierten Göttern oder Mächten näher steht als seine Kunden.

Religionsphilosophie: Methoden und Ergebnisse des logischen Denkens ohne direkte Anbindung an die Empirie, dafür aber mit Anbindung an postulierte Glaubensinhalte.

Religion (allgemein): Angstminimierendes Konzept aus Betrug und Selbstbetrug, um seine Egoismen besser ausleben zu können.

Religion (biologisch): Religion ist die durch ego-zentrierte, neuronale Module hervorgerufene Erschaffung, individuelle Bereitstellung und tradierte Aufrechterhaltung einer nicht-logischen und nicht-überprüfbaren Argumentationsebene, um seine individuellen Egoismen mit und gegen seine Gruppenmitglieder rechtfertigen, durchsetzen und befriedigen zu können.

Religionswissenschaft: Wissenschaft, die den Einfluss irrationalen Denkens auf das Handeln des Menschen untersucht.

Selektion: (lat. *selectio* = Auswahl) Biologisch definiert als Einfluss auf die Wahrscheinlichkeit, die Gene in die nächste Generation zu transferieren.

Spiritualität: Die Generierung individueller Antworten zu generellen Ursache-Wirkungs-Mechanismen des bekannten Universums unter unbewusster Zuhilfenahme von ich-bezogenen Denkschemata.

Szientismus: Wissenschaftstheoretisches Programm, nach dem die Ideale und Methoden der empirischen Naturwissenschaften auch auf die Theoriebildung in den Geisteswissenschaften übertragen werden sollen.

Theologie: Beschäftigung, die von einer für wahr gehaltenen, nicht überprüfbaren Erkenntnis ausgeht und deren logischen Anschluss an die Realität sucht.

Transzendenz: Überschreiten der empirischen Erfahrung oder der Darstellungsmöglichkeiten. Synonym zu Jenseits.

Wissenschaft: Methode, um mit Experimenten und Logik Ergebnisse und Erkenntnisse zu erlangen, die von anderen nachvollziehbar, reproduzierbar und überprüfbar sind.

Zivilisation: Utopie, in der der Mensch nicht mehr seine Artgenossen selektiert.

9.3 Weiterführende Literatur und Links

Ahn, Gregor: Eurozentrismus als Erkenntnisbarrieren der Religionswissenschaft. Zeitschrift für Religionswissenschaft 5 (1997), S. 41-58.

Aiello, Leslie C. / Wheeler, Peter: The expensive-tissue hypothesis: the brain and digestive system in human and primate evolution. Current Anthropology, 36 (1995), S. 199-221.

Albert, Hans: Traktat über kritische Vernunft. Tübingen 1991.

Alexander, Richard D.: Evolution of the human psyche. In: Mellars, Paul / Stringer, Chris (Hrsg.): The human revolution: Behavioral and biolgical perspectives on the origins of modern humans. Princeton 1989, S. 455-513.

ALLBUS: Umfrage in Deutschland. 2002. http://www.univie.ac.at/soziologie-statistik/multi/allbus2002_codebook.PDF.

Ambrose, Stanley H.: Human population bottlenecks, volcanic winter, and the differentiation of modern humans. Journal of Human Evolution 34 (1998), S. 623-651.

Amorth, Grabiele / Lavatori, Renzo: „Hinter der Finanzkrise steckt der Teufel." Januar 2009. www.pontifex.roma.it.

Anderson, James R. / Gillies, Alasdair / Lock, Louise C.: Pan Thanatology. Current Biology, Vol. 20 Nr. 8, 27. April 2010.

Antes, Peter: Die Religionen der Gegenwart. Geschichte und Glauben. München 1996.

Antes, Peter: Große Religionsstifter. Augsburg 2004.

Antes, Peter: Grundriss der Religionsgeschichte. Von der Prähistorie bis zur Gegenwart. Reihe: Theologische Wissenschaft Bd. 17. Stuttgart 2006.

Arnal, William E.: Definition. In: Braun, Willi / McCutcheon, Russel T. (Hrsg.): Guide to the Study of Religion. London, New York 2000, S. 21-34.

Ash, Jessica / Gallup, Jr. / Gorden G.: Paleoclimatic variation and brain expansion during human evolution. Human Nature, Vol. 18 (2007), S. 109-124.

Atran, Scott: From folk biology to scientific biology. In: Olson, David R. / Torrance, Nancy (Hrsg.): The handbook of education and human development: New models of learning, teaching and schooling. Oxford, 1996, S. 646-682.

Auer, Johann / Ratzinger, Joseph: Kleine katholische Dogmatik: Eschatologie – Tod und ewiges Leben IX. Regensburg 1977.

Auffarth, Christoph (Hrsg.): Metzler Lexikon Religion. Bd. 3. Stuttgart 2000.

Avasthi, Amitabh: After Near Extinction, Humans Split Into Isolated Bands. National Geographic News, April 24, 2008.

Bässler, Ulrich: Irrtum und Erkenntnis. Fehlerquellen im Erkenntnisprozess von Biologie und Medizin. Berlin, Heidelberg, New York, London, Paris, Tokyo, Hong Kong, Barcelona 1991.

Bailey, Drew H. / Geary, David C.: Hominid Brain Evolution Testing Climatic, Ecological, and Social Competition Models. Human Nature Vol. 20 (2009), S. 67-79.

Bartels-Velthuis / Agna A. / Jenner, Jack A. / Willige, Gerard van de / Os, Jim van / Wiersma, Durk: Prevalence and correlates of auditory vocal hallucinations in middle childhood. The British Journal of Psychiatry (2010) 196: S. 41-46. doi: 10.1192/bjp.bp.109.065953

Barton, Robert A.: Primate brain evolution. Cognitive demands of foreaging or of social life? In: Boinski, Sue / Garber, Paul A. (Hrsg.): On the move: How and why animals travels in groups. University of Chicago Press, 2000, S. 204-237.

Barrett, Clark H.: Human cognitive adaptations to predators and prey. University of California, Santa Barbara 1999.

Barrett, Justin L.: Exploring the natural foundations of religion. Trends in Cognitive Science, 4 (2000), S. 29-34.

Barrett, Justin L.: Why would anyone believe in God? Lanham, MD, 2004.

Beauregard, Mario / Paquette, Vincent: Neural correlates of a mystical experience in Carmelite nuns. Neuroscience Letters 405 (2006), S. 186-190.

Bellah, Robert: Religious Evolution. In: Seyfarth, Constans (Hrsg.): Religion und gesellschaftliche Entwicklung. Frankfurt 1973, S. 267 ff.

Benson, Herbert et al.: Study of the Therapeutic Effects of Intercessory Prayer (STEP) in cardiac bypass patients: a multicenter randomized trial of uncertainty and certainty of receiving intercessory prayer. American Heart Journal 151 (4/2006), S. 934-942.

Berger, Ruth: Warum der Mensch spricht: Eine Naturgeschichte der Sprache. Frankfurt 2008.

Bergmann, Axel: Untersuchungen zur Geschichte und Vorgeschichte der lateinischen Vokabel re(l)ligion. Marburg 1984.

Bergmann, Axel: Die „Grundbedeutung“ des lateinischen Wortes Religion. Marburg 1998.

Bering, Jesse M. / Bjorklund, David F.: The natural emergence of reasoning about the afterlife as a developmental regularity. Developmental Psychology, 40 (2004), S. 217-233.

Bering, Jesse M. / Hernández-Blasi / Carlos / Bjorklund, David F.: The development of 'afterlife' beliefs in religiously and secularly schooled children. British Journal of Developmental Psychology, 23 (2005), S. 587-607.

Bibel, Die: Pattloch-Verlag, Aschaffenburg 1976.

Bierce, Ambrose: The Devil's Dictionary. New York 1911.

Biro, Dora / Himle, Tatyana et al.: Chimpanzee mothers at Bossou, Guinea, carry the mummified remains of their dead infants. Current Biology, Vol. 20 Nr. 8, 27. April 2010.

Bischöfe, Die deutschen: Grundordnung des kirchlichen Dienstes im Rahmen kirchlicher Arbeitsverhältnisse. Bd. 51. Sekretariat der Deutschen Bischofskonferenz (Hrsg.), Bonn 1993.

Blackmore, Susan: Die Macht der Meme oder die Evolution von Kultur und Geist. Heidelberg 2005.

Blume, Michael: The reproduktive benefits of religiosity. Empirical findings of Religion, Reproduction and female choice towards a sociobiology of Religion. International Conference „Trans-Cultural Universals: Biological Evolution of religiosity.“ Hanse-Wissenschaftskolleg (HWK) – Institut for advanced Study, Delmenhorst, Germany, 27-30 September 2007.

Boer, Harald et al.: Der Brockhaus. Religionen, Glauben, Riten, Heilige. Ulrike Emrich (Lexikonredaktion). Mannheim, Leipzig 2004.

Bowker, John (Hrsg.): Das Oxford-Lexikon der Weltreligionen. Wissenschaftliche Buchgesellschaft, Darmstadt. Düsseldorf 1999.

Boyer, Pascal: Und der Mensch schuf Gott. Stuttgart 2004.
Braun, Willi: Religion. In: Braun, Willi / McCutcheon, Russel T. (Hrsg.): Guide to the Study of Religion. London, New York, 2000, S. 3-20.
Brefczynski-Lewis, Julie / Lutz, Antoine / Schaefer, Harald S. / Davidson, Richard J.: Neural correlates of attentional Expertise in long-term Meditation practitioners. Proceedings of the National Academy of Sciences USA 104 (2007), S.11483-11488.
Brosnan, Sarah F. / Grady, Mark F. / Lambeth, Susan P. / Schapiro, Steven J. / Beran, Michael J.: Chimpanzee Autarky. PloS ONE 3 (1):e1518: doi:10.1371/Journal.pone.0001518. 2009.
Brugger, Peter: „Meaningful" patterns in visual noise. Psychopathology 26 (1993), S. 261-265.
Buggle, Franz: Denn sie wissen nicht, was sie glauben oder warum man redlicherweise nicht mehr Christ sein kann. Aschaffenburg 2004.
Burger, Jerry M.: Replicating Milgram. Would People Still Obey Today? American Psychologist Vol. 64 Nr. 1 (2009), S. 1-11.
Burkert, Walter: Creation of the sacred: Tracks of biology in early religions. Cambridge, MA. Harvard University Press 1996.
Byrne, Richad W. / Whiten, Andrew (Hrsg.): Machiavellian Intelligence: Social expertise and the evolution of intellect in monkeys, apes, and humans. Oxford University Press 1988.
Charron, Sylvain / Koechlin, Etienne: Divided Representation of Concurrent Goals in the Human Frontal Lobes. Science (2010) 328: S. 360-363. [doi: 10.1126/science.1183614]
Chiao, Joan Y. / Blizinsky, Katherine D.: Culture-gene coevolution of individualism and the serotonin transporter gene. Proceedings of the Royal Society B: Biological Sciences. 2009.
Chomsky, Noam: Rules and Representations. New York 1980.
Colpe, Carsten: Theologie, Ideologie, Religionswissenschaft. Demonstrationen ihrer Unterscheidung. Theologische Bücherei Band 68, München 1980.
Colzato, Lorenza S. / Wildenberg, Wery van den / Hommel, Bernhard: Losing the big Picture. How Religion May Control Visual Attention. PloS ONE 3(11)e3679: doi: 10.371/journal.pone.003679.t001 2008.
Comte, Auguste: Rede über den Geist des Positivismus. Fetscher, Iring (Hrsg.). Hamburg 1956.
Comte-Sponville, André: Woran glaubt ein Atheist? Spiritualität ohne Gott. Zürich 2009.

Cronk, Lee: That complex whole: Culture and the evolution of human behavior. Boulder CO, 1994.
Dahl, Edgar: Brauchen wir Gott? Moderne Texte zur Religionskritik. Stuttgart 2005.
Darley, John / Batson, Daniel: From Jerusalem to Jericho: A study of situational and dispositional variables in helping behaviour. Journal of Personality and Social Psychology 27 (1973), S. 100-108.
Dawkins, Richard: Das egoistische Gen. Reinbek 2000.
Dawkins, Richard: Der Gotteswahn. Berlin 2007.
Dawkins, Richard / Krebs, John R.: Animal signals: information or manipulation? In: Krebs, John R. / Davies, Nicholas B. (Hrsg.): Behavioral Ecology: an evolutionary approach. Oxford 1978.
Degen, Rolf: Das Ende des Bösen. Die Naturwissenschaft entdeckt das Gute im Menschen. München 2007.
Dennebaum, Tonke: Kein Raum mehr für Gott? Wissenschaftlicher Naturalismus und christlicher Schöpfungsglaube. Würzburg 2006.
Dennett, Daniel C.: Freedom evolves. New York 2004.
Dennett, Daniel C.: Den Bann brechen. Religion als natürliches Phänomen. Frankfurt 2008.
Deschner, Karlheinz: Der gefälschte Glaube. Eine kritische Betrachtung kirchlicher Lehren und ihrer historischen Hintergründe. München 1988.
Deschner, Karlheinz: Abermals krähte er Hahn. Eine kritische Kirchengschichte. München 1996.
Deschner, Karlheinz: Die Kriminalgeschichte des Christentums. Bd. 1-9. Reinbek 1986-2008.
Dobzhansky, Theodosius: Nothing in Biology makes sense, except in the light of evolution. The American Biology Teacher: 35 (1973), S. 125-129.
Dörner, Dietrich: Bauplan für eine Seele. Reinbek 2001.
Dörner, Dietrich: Die Logik des Misslingens. Strategisches Denken in komplexen Situationen. Reinbek 2003.
Drechsler, Wolfgang / Kattel, Rainer: Mensch und Gott bei Xenophanes. In: Witte, Markus (Hrsg.): Gott und Mensch im Dialog. Festschrift für Otto Kaiser zum 80. Geburtstag. Berlin, New York 2004.
Dunbar, Robin: Evolution of the social brain. Science 302 (2003), S. 1160-1161.
Durkheim, Émile: Die elementaren Formen des religiösen Lebens. Frankfurt 1984.

Edelmann, Benjamin: Markets Red Light States: Who Buy´s Online Adult Entertainment. Journal of Economic Perspectives, Vol. 23, Nr. 1, 2009, S. 209-220.
Eliade, Mircea: Das Heilige und das Profane. Vom Wesen des Religiösen. Köln 2008.
Elman, Jeffrey L. / Bates, Elizabeth A. / Johnson, Mark H. / Karmiloff-Smith, Anette: Rethinking innateness: A connectionist perspective on development. Cambridge, MA. MIT-Press 1996.
Emnid: Was glauben die Deutschen? Emnid-Umfrage im Auftrag des Sonntagsblatts. 1997. www.tns-emnid.com
Enard, Wolfgang et al.: Molecular evolution of FOXP2, a gene involved in speech and language. Nature 418 (2002), S. 869-872.
Enste, Dominik: World Values Survey (1981-2004), 260.000 Interviews in 82 Ländern. Institut der deutschen Wirtschaft, Köln 2007.
Euler, Harald A.: Sexuelle Selektion und Religion. In: Lüke, Ulrich / Schnakenberg, Jürgen / Souvigner, Georg (Hrsg.): Darwin und Gott. Das Verhältnis von Evolution und Religion. Darmstadt 2004.
Feil, Ernst: Zur Bestimmungs- und Abgrenzungsproblematik von „Religion“. In: Feil, Enst (Hrsg.): Streitfall „Religion“. Diskussionen zu Bestimmung und Abgrenzung des Religionsbegriffes. Studien zur systematischen Theologie und Ethik, Band 21. Münster, Hamburg, London 2000.
Feuerbach, Ludwig: Das Wesen des Christentums. Stuttgart 2002.
Feuerbaum, Ernst: Evolution der Religionen. Spiegel der Menschheitsentwicklung. Hamburg 1993.
Figl, Johann (Hrsg.): Handbuch Religionswissenschaft. Religionen und ihre zentralen Themen. Insbruck, Wien, Göttingen 2003.
Fischer, Helmut: Christentum. Köln 2001.
Fisher, Simon E. / Vargha-Khadem, Faraneh / Watkins, Kate E. / Monaco, Anthony P. / Pembrey, Marcus E.: Localisation of a gene implicated in a severe speech and language disorder. Nature Genetics 18 (1998). S. 168-170.
Focus: Woran die Deutschen glauben. Focus Heft 14, 3. April 1999.
Förster, Wolfgang: Humanismus. In: Sandkühler, Hans J. (Hrsg.): Europäische Enzyklopädie zu Philosophie und Wissenschaften. Band 2. Hamburg 1990.
Frazer, James Georg: Der golden Zweig. Frankfurt 1977.
Frerk, Carsten: Finanzen und Vermögen der Kirchen. Aschaffenburg 2002.

Frerk, Carsten: Caritas und Diakonie in Deutschland. Aschaffenburg 2005.

Freud, Sigmund: Die Zukunft einer Illusion. In :Freud, Sigmund: Massenpsychologie und Ich-Analyse. Frankfurt 2002.

Frison, Georg C.: Die paläoindianischen Bisonjäger. In: Burenhult, Göran (Hrsg.): Die ersten Menschen. Die Ursprünge des Menschen bis 10000 vor Christus. Augsburg 2000.

Fritsche, Johannes: Religiosität. In: Ritter, Joachim: Historisches Wörterbuch der Philosophie. Band 8 (1992), S. 774-780.

Fromm, Erich: Psychoanalyse und Religion. 1949.

Geertz, Clifford: Religion als kulturelles System. In: Geertz, Clifford: Dichte Beschreibung. Beiträge zum Verstehen kultureller Systeme. S. 44-95. Frankfurt 1987.

Ginzel, Arndt / Kraushaar, Martin / Stoll, Ulrich: Sterben für Jesus. Missionieren als Abenteuer. ZDF, Frontal 21, Internetbericht vom 04.08.2009. http://frontal21.zdf.de/ZDFde/inhalt/5/0,1872,7611653,00.html

Glock, Charles Y.: Toward a Typology of Religious Orientation. New York 1954.

Glock, Charles Y. / Stark, Rodney: Religion and Society in Tension. Chicago 1965.

Gopnik, Alison / Meltzoff, Andrew N.: Words, Thoughts and Theories. Cambridge / MA. MIT-Press 1997.

Grammer, Karl: Signale der Liebe. Die biologischen Gesetze der Partnerschaft. Hamburg 1993.

Gruber, Thibaud / Muller, Martin N. / Strimling, Pontus / Wrangham, Richard / Zuberbühler, Klaus: Wild chimpanzees rely on cultural knowledge to solve an experimental honey acquisition task. Current Biology, Vol. 19, Nr. 21 (2009), S. 1806-1810.

Grübel, Monika: Judentum. Köln 2004.

Guthrie, Stewart E.: Faces in the clouds. A new theory of religion. New York, Oxford University Press 1993.

Haeckel, Ernst: Die Welträthsel. Gemeinverständliche Studien über Monistische Philosophie. Bonn 1899.

Haeckel, Ernst: Der Monismus als Band zwischen Religion und Wissenschaft. Glaubensbekenntnisse eines Naturforschers. Vorgetragen am 9. Oktober 1892 in Altenburg. 6. Aufl. http://caliban.mpiz-koeln.mpg.de/-stueber/harckel/monismus/high/IMG_7001.html.

Halverson, John: Paleolithic art and cognition. Journal of Psychology, 126 (1992), S. 221-236.
Hartshorne, Hugh / May, Mark: Studies in Deceit. New York 1928.
Haussig, Hans-Michael: Der Religionsbegriff in den Religionen. Studien zum Selbst- und Religionsverständnis in Hinduismus, Buddhismus, Judentum und Islam. Berlin, Bodenheim bei Mainz 1999.
Herskovitz, Melville J.: Man and its works: The science of cultural anthropology. New York 1948.
Hirschfeld, Lawrence A. / Gelman, Susan A.: How biological is essentialism? In: Medin, Douglas L. / Atran, Scott (Hrsg.): Folkbiology. Cambridge, MA. MIT-Press 1999, S. 403-446.
Horn, Stefan Otto / Wiedenhofer, Siegfried (Hrsg.): „Schöpfung und Evolution": Buch des Schülerkreises von Benedikt XVI. Tagung in Castel Gandolfo. Augsburg 2009.
Huxley, Julian: Der evolutionäre Humanismus. Zehn Essays über die Leitgedanken und Probleme. München 1964.
Institut für Demoskopie Allensbach. 2008. www.ifd-allensbach.de
Inzlicht, Michael, et al.: Neural markers of religious conviction. Psychological Science, 20 (2009), S. 385-392.
Jablonka, Eva / Lamb, Marion J.: Evolution in Four Dimensions: Genetic, Epigenetic, Behavioral, and Symbolic Variation in the History of Life. Cambridge, MA 2005.
James, Williams: The varieties of religious experience. New York 1997.
Joseph, Peter: Zeitgeistmovement. 2009. http://video.google.com/videoplay?docid=-594683847743189l9#
Junker, Thomas / Paul, Sabine: Der Darwin Code. Die Evolution erklärt unser Leben. München 2009.
Kahl, Joachim: Das Elend des Christentums oder Plädoyer für eine Humanität ohne Gott. Reinbek 1993.
Kaiser, Mary K. / Jonides, John / Alexander, Joanne: Intuitive Reasining about Abstract and Familiar Physics Problems. Memory & Cognition, 14 (1986), S. 308-312.
Kanazawa, Satoshi: Why Liberals And Atheists Are More Intelligent. Social Psychology Quarterly. 73 (2010), S. 33-57.
Katechismus, katholischer: Verlag Herder, Freiburg, Lizenzausgabe Bonifacius Druckerei, Paderborn 1960.
Kapogiannis, Dimitrios / Barbey, Aron K. / Su, Michael / Zamboni, Giovanna / Krueger, Frank / Grafman, Jordan: Cognitive and neutral

foundations of religious belief. Proceedings of the National Academy of Sciences USA, 2009.

Kilian, Andreas E. / Müller, Bernd S.: Life-like Learning in Technical Artefacts: Biochemical vs. Neuronal Mechanisms. In: Wang, Lipo et al. (Hrsg.): Conference Proceedings of the 9th International Conference on Neural Information Processing (ICONIP′02), S. 296-300. Singapore 2002.

Kilian, Andreas E. / Müller, Bernd. S.: Female hominid immigrants may have avoided conflicts by new language capacities. Joint International Conference on Cognitive Science, ICCS / ASCS-2003, Sydney, Australia 13--17 Juli 2003.

Kilian, Andreas: Egoismus, Macht und Strategien. Soziobiologie im Alltag. Aschaffenburg 2009.

Kirchenamt der Evangelischen Kirche Deutschland (Hrsg.): Weltentstehung, Evolutionstheorie und Schöpfungsglaube in der Schule. Hannover 2008.

Kirchner, Horst: Ein archäologischer Beitrag zur Urgeschichte des Schamanismus. Anthropos 47 (1952), S. 244-286.

Klemenc-Ketis, Zalika / Kersnik, Janko / Grmec, Stefek : The effect of carbon dioxide on near-death experiences in out-of-hospital cardiac arrest survivors: a prospective oberservational study. Critical Care 2010, 14: R56 vom 8. April 2010. http://news.bbc.co.uk/2/hi/health/8607660.stm.

Kodalle, Klaus-Michael: Gnade vor Recht? Artikel in der Zeitschrift Zeit, 25. Februar 2010. http://www.zeit.de/2010/09/Kathlische-Kirche

Koenig, Laura B. / Bouchard, Thomas J.: Genetic and environmental influences on the Traditional Moral Values Triad – Authorianism, Conservatism and Religiousness – as assessed by quantitative behavior genetic methods. In: McNamara, Patrick (Hrsg.): Where god and science meet. Westport 2006. S. 31-60.

Koeslag, Johan H.: Evolution of cooperation: cooperation defeats defection in the cornfield model. Journal of thoretical Biology 224 (2003), S. 399-410.

Krämer, Bernd: Wenn der Glaube an Gott krank macht. Basler Zeitung, März 2009.

Krebs, John R. / Inman, Alistair J.: Learning and foraging: Individuals, groups, and populations. In: Real, Leslie A. (Hrsg.): Behavioral mechanisms in evolutionary ecology. University of Chicago Press 1994, S. 46-65.

Krucoff, Mitchell W. / Crater, Suzanne W., et al.: Music, imagery, touch, and prayer as adjuncts to interventional cardiac care: the Monitoring and Actualisation of Noetic Trainings (MANTRA) II randomised study. The Lancet, Vol. 366 (2005), S. 211-217.

Küng, Hans / Kuschel, Karl Josef: Erklärung zum Weltethos. München 1993.

Lanczkowski, Günter: Einführung in die Religionswissenschaft. Darmstadt 1980.

Leeuw, Gerardus van der: Phänomenologie der Religion. Tübingen,1956.

Leinfelder, Reinhold / Bayrhuber, Horst (Ausrichter): Streit um Darwin: Kreationismus und Szientismus aus biologischer, wissenschaftstheoretischer und theologischer Sicht. Öffentliche Tagung im Kinosaal der Humboldt-Universität, 14.11.2009.

Lenz, Hans-Friedrich: Sagen Sie, Herr Pfarrer, wie kommen Sie zur SS? Bericht eines Pfarrers der Bekennenden Kirche über seine Erlebnisse im Kirchenkampf und als SS-Oberscharführer im Konzentrationslager Hersbruck. Gießen 1983.

Li, Yexin J. / Cohen, Adam B. / Weeden, Jason, / Kenrick, Douglas T.: Mating competitors increase religious beliefs. Journal of Experimental Social Psychology. 2009. doi: 10.1016/j.jesp.2009.10.017

Luckmann, Thomas: Religion in der modernen Gesellschaft. In: Oelmüller, Willi et al.: Diskurs Religion, Paderborn 1982, S. 267-280.

Lutz, Antoine / Greischar, Lawrence L. / Rawlings, Nancy B. / Ricard, Matthieu / Davidson, Richard J.: Long-Term meditators self-induce high-amplitude gamma synchrony during mental practice. Proceedings of the National Academy of Sciences USA 101 (2004), S. 16369-16373.

Lutz, Antoine / Brefczynski-Lewis, Julie / Johnstone, Tom / Davidson, Richard J.: Regulation of the Neural Circuitry of Emotion by Compassion Meditation: Effects of meditative Expertice. PloS One 3 (3):e1897. doi: 10.1371/journal.pone.0001897.

Lynn, Richard / Harvey, John / Nyborg, Helmuth: Average intelligence predicts atheism rates across 137 nations. Intelligence Vol. 37 (2009), S. 11-15.

Marx, Karl: Zur Kritik der Hegelschen Rechtsphilosophie. 1843–1884. In: Karl Marx / Friedrich Engels – Werke. Berlin 1976, Band I, S. 378-391.

Maslow, Abraham H.: Motivation and Personality. New York 1954.

McAndrew, Frank: New evolutionary perspectives on altruism – multilevel-selection and costly-signaling theories. Current Directions in Psychological Science 11 (2002), S. 79-82.

Meisinger, Hubert: Intelligent Design – Lückenfüller mit einfachen Antworten auf komplexe Fragen? Schönberger Hefte 38-1 (2008), S. 2-4.
Mensching, Gustav: Die Religion. Stuttgart 1959.
Michotte, Albert: The perception of causality. London 1963.
Milgram, Stanley: Behavioral Study of Obedience. Journal of Abnormal and Social Psychology. 67 (1963), S. 371-378.
Millikan, Ruth G.: A common structure for concepts of individuals, stuffs and real kinds: More Mama, more milk, more mouse. Behavioral & Brain Sciences, 21 (1998), S. 55-100.
Mitsch, Werner: Sprüche, nichts als Sprüche. Stuttgart 1984.
Moers, Walter: Die 13 ½ Leben des Käpt´n Blaubär. Frankfurt 1999.
Neumann, John von: Computer and Brain. Yale University Press 2000.
Newberg, Andrew / Dáquili, Eugene / Rause, Vince: Der gedachte Gott: Wie Glaube im Gehirn entsteht. München, Zürich 2005.
Nietzsche, Friedrich: Also sprach Zarathustra. Stuttgart 1988.
Norenzayan, Ara / Hansen, Ian G.: Belief in supernatural agents in the face of death. Personality and Social Psychology Bulletin, 32 (2006), S. 174-187.
Norenzayan, Ara / Shariff, Azim F.: The Origin and Evolution of Religious Prosociality. Science Vol. 322, Nr. 5898 (2008), S. 58-62.
Norenzayan, Ara / Dar-Nimrod, Ilan / Hansen, Ian G. / Proulx, Travis: Mortality Salience and Religion: Divergent Effects on the Defense of Cultural Values for the Religious and the non-Religious. European Journal of Social Psychology 39 (2009), S. 101-113.
Northoff, Georg / Musholt, Kristina: Können wir unser eigenes Gehirn als Gehirn erkennen? In: Reichertz, Jo / Zaboura, Nadia (Hrsg.): Akteur Gehirn – oder das vermeintliche Ende des handelnden Subjekts. Wiesbaden 2006.
Northoff, Georg / Matthiä, Christian: Die Neurobiologie der Religion. In: Muenter, N. (Hrsg.): Religion und Neurowissenschaften. Bonn 2007.
Oerter, Rolf / Montana, Leo (Hrsg.): Entwicklungspsychologie. Weinhein 1998.
Oeser, Erhard: Psychozoikum. Evolution und Mechanismus der menschlichen Erkenntnisfähigkeit. Berlin, Hamburg 1987.
Ohlig, Karl-Heinz: Religion in der Geschichte der Menschheit. Die Entwicklung des religiösen Bewusstseins. Darmstadt 2002.
Onfray, Michel: Wir brauchen keinen Gott. Warum man jetzt Atheist sein muss. München 2007.

Osho, Chandra Mohan Rajneesh: Der Gott den es nicht gibt. Westliche Religion und die Lüge von Gott. Berlin 2005.

Osvath, Matthias: Spontaneous planning for future stone throwing by a male chimpanzee. Current Biology, Vol. 19 (2009), S. R190-R191.

Otto, Rudolf: Das Heilige. Über das irrationale in der Idee des Göttlichen und sein Verhältnis zum Rationalen. Breslau 1917.

Paál, Gábor: Archäologie des Glaubens – Wie die Götter auf die Welt kamen. In: Clas, Detlef / Paál, Gábor: Gottes Bilder – Warum wir glauben. Bergisch Gladbach 2008, S. 25-43.

Panhke, Walter N.: Psychedelic drugs and mystical experience. International Psychiatry Clinics 5 (1969), S. 149-162.

Palmer, Craig T. / Wadley, Reed L.: Local environmental knowledge talk and skepticism: using 'LES' to distinguish 'LEK'from 'LET' in Newfoundland. Human Ecology 35 (2007), S. 749-760.

Palmer, Craig T. / Steadman, Lyle B.: With or without belief: a new evolutionary approach to the definition and explanation of religion. Evolution and Cognition 10 (2004), S. 138-147.

Pannenberg, Wolfhart: Die Wahrheit Gottes in der Bibel und im christlichen Dogma. In: Oelmüller, W. (Hrsg.): Wahrheitsansprüche der Religionen heute. Paderborn, München 1986.

Passie, Torsten / Peschel, Thomas: Phänomenologie und Neurobiologie mystisch-ekstatischer Erfahrungen. In: Matthiesen, Stephan / Rosenzweig, Rainer (Hrsg.): Von Sinnen. Paderborn 2007, S. 67-98.

Paul, Gregory S.: Cross-National Correlations of Quantifiable Societal Health with Popularity Religiosity and Secularism in the Prosperous Democracies. Journal of Religion & Society 7, S. 1-17. http://moses.creighton.edu/JRS/pdf/2005-11.pdf. Retrieved 2007-04-07.

Paul, Gregory S.: The Chronic Dependence of Popular Religiosity upon Dysfunctional Psychosociological Conditions. Evolutionary Psychology, 2009, 7 (3), S. 398-441.

Perrin, Robin D.: Religiosity and Honesty: Continuing the search for the Consequential Dimension. Review of Religious Research 41 (2000), S. 534-544.

Persinger, Michael A.: Experimental simulation of the god experience. In: Joseph, Rawn (Hrsg.): Neuroethology. San José 2003, S. 267-284.

Pollack, Detlef: Was ist Religion? Probleme der Definition. Zeitschrift für Religionswissenschaft 3, (1995), S. 163-190.

Povinelli, Daniel J. / Preuss, Todd M.: Theory of mind: Evolutionary history of a cognitive spezialization. Trends in Neurosciences, 18 (1995), S. 418-424.

Prolingheuer, Hans: Kleine politische Kirchengeschichte. Köln 1984.

Pyysiäinen, Ilkka / Hauser, Marc: The origins of religion: evolved adaptation or by-product? Trends in Cognitive Sciences. Vol. 14(3), 2010, S. 104-109. doi:10.1016/j.tics.2009.12.007.

Ramachandran, Vilayanur, S.: Die blinde Frau, die sehen kann: Rätselhafte Phänomene unseres Bewusstseins. Reinbek 2002.

Rappaport, Roy A.: Rituals sanctity and cybernetics. In: Lessa, William A. / Vogt, Evon Z. (Hrsg.): Reader in comparative Religion. New York 1979.

Rappaport, Roy A.: Ritual and Religion in the Making of Humanity. Cambridge 1999.

Ratzinger, Joseph: Einführung in das Christentum. Vorlesungen über das apostolische Glaubensbekenntnis. München 2000.

Ratzinger, Josef: „Glaube, Vernunft und Universität – Erinnerungen und Reflexionen." Rede in der Aula der Universität Regensburg, 12. September 2006.

Ravasi, Gianfranco: Biologische Evolution, Fakten und Theorien. Eine kritische Bilanz nach 150 Jahren Von der Entstehung der Arten. Konferenz an der Päpstlichen Universität Gregoriana, 3. März 2009.

Rees, Tom: Atheist nations are more peaceful. Wednesday, 3 June 2009, http://bhascience.blogspot.com/2009/06/atheist-nations-are-more-peaceful.html

Rescher, Nicholas: Warum sind wir nicht klüger? Der evolutionäre Nutzen von Dummheit und Klugheit. Stuttgart 1994.

Rhee, Joseph / Schone, Mark: Military: It Could Take A Year To Fix 'Jesus Rifles'. U.S. Troops in Afghanistan Still Carrying Guns With Secret Bible Codes. ABC-News Bericht vom 30. März 2010. http://abcnews.go.com/Blotter/military-year-fix-jesus-rifles/story?id=10106096

Richter, Liselotte: Religion, IV. Begriff und Wesen der Religion. In: Religion in Geschichte und Gegenwart, Band V. Tübingen 1961, S. 968-984.

Riedl, Rupert: Kultur –Spätzündung der Evolution? Antworten auf Fragen an die Evolutions- und Erkenntnistheorie. München, Zürich 1987.

Ringgren, Helmer / Ström, Åke V.: Die Religionen der Völker. Grundriss der allgemeinen Religionsgeschichte. Stuttgart 1959.

Rizzuto, Ana-Maria: The Birth of the Living God. University of Chicago Press. Chicago & London 1979.

Rossano, Matt: The African Interregnum: The „Where“, „When“, and „Why“ of the Evolution of Religion. In: Voland, Eckart & Schiefenhövel, Wulf (Hrsg.): The Biological Evolution of Religious Mind and Behavior. Berlin, Heidelberg 2009.

Rousseau, Jean-Jacques: Vom Gesellschaftsvertrag oder Grundsätze des Staatsrechts. Stuttgart 1977.

Rozin, Paul: The evolution of Intelligence and access to the cognitive unconscious. In: Spraque, James M. / Epstein, Alan N. (Hrsg.): Progress in psychobiology and physiological psychology. New York 1976, S. 123-134.

Rump, Kabita: Kompass Hinduismus. Hannover 1998.

Russel, Bertrand: Warum ich kein Christ bin. Von der Unfreiheit eines Christenmenschen. Reinbek 1992.

Sartre, Jan-Paul: Ist der Existentialismus ein Humanismus? Frankfurt 1989.

Satter, Erich / Vollbrecht, Oliver: Modell einer rational begründeten und ideologiefreien Ethik. Neustadt 2008.

Saucier, Gerard: Isms and the structure of social attitudes. Journal of Personality and Social Psychology, 78 (2000), S. 366-385.

Schjødt, U. / Roepstorff, A. / Stødkilde-Jørgensen, H. / Geertz, A.W.: Highly religious participants recruit areas of social cognition in personal prayer. 2009, Social Cognitive and Affective Neuroscience (Online 2009), Nr. 2, S. 199-207.

Schmidt-Salomon, Michael: Manifest des evolutionären Humanismus. Plädoyer für eine zeitgemäße Leitkultur. Aschaffenburg 2005.

Schmidt-Salomon, Michael: Jenseits von Gut und Böse. Warum wir ohne Moral die besseren Menschen sind. München 2009.

Schmitz, Bertram: „Religion“ und seine Entsprechungen im interkulturellen Bereich. Marburg 1996.

Schmitz, Emil-Heinz: Die Kirche und das liebe Geld. Münster 1998.

Scholz, Werner: Hinduismus. Köln 2008.

Schreck, Frank Rainer: Buddhismus. Köln 1999.

Schüßler, Werner: Was uns unbedingt angeht. Studien zur Theologie und Philosophie Paul Tillichs. Münster 1999.

Schütte, Wilm: Lao Zi. In: Antes, Peter (Hrsg.): Große Religionsstifter. Augsburg 2004.

Schwarz, Gerhard: Die „Heilige Ordnung" der Männer. Hierarchie, Gruppendynamik und die neue Rolle der Frauen. Wiesbaden 2007.
Segall, Marshall H. / Dasen, Pierre R. / Berry, John W. / Poortinga, Ype H.: Human behavior in global perspective. New York 1990.
Shunyo, Ma Prem: Diamanten auf dem Weg. Persönliche Momente mit Osho. Himberg, Österreich 1998.
Sloterdijk, Peter: Rede beim Sprengelkonvent. St. Petri Dom Schleswig. 29. Mai 2006.
Smart, Ninian: The World's Religions. Cambridge 1998.
Smith, Jonathan Z.: Imagining religion. From Babylon to Jonestown. Chicago 1982.
Söderblom, Lars Olof Jonathan: Das Werden des Gottesglaubens. Hildesheim, New York 1979. Nachdruck der Ausgabe von 1926.
Sokal, Alan: Pseudosciences et postmodernisme: adversaires ou compagnons de route? Paris 2005.
Sommer, Volker: Lob der Lüge. Täuschung und Selbstbetrug bei Tier und Mensch. München 1992.
Song, Sen / Sjöström, Per Jesper / Reigl, Markus / Nelson, Sacha / Chklovskii, Dmitri B.: Highly Nonrandom Features of Synaptic Connectivity in Local Cortical Circuits. 2005. PLoS Biol 3(3): e68. doi:10.1371/journal.pbio.0030068
Spiegel: Gläubige, verzweifelt gesucht. TNS-Infratest Studie erschienen in Spiegel 33/2005.
Spilka, Bernard et al.: The psychology of religion. New York 2003.
Spiro, Melford Elliot: Religion. In: Banton, Michael (Hrsg.): Anthropological Approaches to the Study of Religion. London 1966, S. 85-126.
Stace, Walter T.: Mysticism and philosophy. Philadelphia 1960.
Stadler, Michael / Kruse, Peter & Carmesin, Hans Otto: Erleben und Verhalten in der Polarität von Chaos und Ordnung. In: Küppers, Günter (Hrsg.): Chaos und Ordnung. Formen der Selbstorganisation in Natur und Gesellschaft. Stuttgart 1996.
Steadman, Lyie B. / Palmer, Craig T.: Religion as an identifiable traditional behavior subject to natural selection. Journal of Social and Evolutinary Systems 18 (1995) S. 149-164.
Stietencron, Heinrich von: Der Begriff der Religion in der Religionswissenschaft. In: Kerber, Walter (Hrsg.): Der Begriff der Religion. München 1992, S. 111-158.

Stietencron, Heinrich von: Vom Begriff zum Phänomen oder vom Phänomen zum Begriff. In: Feil, Enst (Hrsg.). Streitfall „Religion". Diskussionen zu Bestimmung und Abgrenzung des Religionsbegriffes. Studien zur systematischen Theologie und Ethik, Band 21. Münster, Hamburg, London 2000.

Stolz, Fritz: Religionswissenschaft nach dem Verlust ihres Gegenstandes. In: Feil, Ernst (Hrsg.) Streitfall „Religion". Münster 2000, S. 137-140.

Stolz, Fritz: Grundzüge der Religionswissenschaft. Göttingen 2001.

Taylor, Majorie: Imaginary companions and the children who create them. New York 1999.

Thompson, Richard F.: Das Gehirn: von der Nervenzelle zur Verhaltenssteuerung. Heidelberg 2001.

Thomson, Russel / Pritchard, Jonathan K. / Shen, Peidong / Oefner, Peter J. / Feldmann, Marcus W.: Recent common ancestry of human Y chromosomes: evidence from DNA sequence data. Proceedings of the National Academy of Sciences USA 97 (2000), S. 7360-7365.

TNS-Infratest: Sozio-ökonomisches Panel (SOEP). 2010. www.statista.org.

Tooby, John / De Vore, Irven: The reconstruction of hominid behavioral evolution through strategic modeling. In: Kinzey, Warren (Hrsg.): Primate modells of hominid behaviour. State University New York Press 1987, S. 23-36.

Townsend, Simon W. / Slocombe, Katie E. / Thompson, Melissa E. & Zuberbühler, Klaus: Female-led infanticide in wild chimpanzees. Current Biology Vol. 17 (2007), S. 355-356.

Trivers, Robert: Deceit and self-deception: the relationship between communication and consciousness. In: Robinson, Michael / Tiger, Lionel (Hrsg): Man and Beast Revisited. Smithsonian, Washington, DC. 1991, S. 175-191.

Tulving, Endel / Lepage, Martin: Where in the brain is the awareness of one's past? In: Schacter, Daniel L. / Scarry, Elaine (Hrsg.): Memory, brain, and belief. Cambridge, MA. Havard University Press 2000, S. 208-228.

Tworuschka, Udo: Lexikon Die Religionen der Welt. Gütersloh 1999.

Tylor, Edward Burnett: Primitive Culture: researches into the development of mythology, philosophy, religion, art, and custom. Band 1. In: The collected works of Edward Burnett Tylor. London 1994.

Uehlein, Friedich A. : Lexikon für Theologie und Kirche, Band 4 (1995), Sp. 1434.

Urban, Martin: Warum der Mensch glaubt – Von der Suche nach dem Sinn. Frankfurt 2005.

Urgesi, Cosimo / Aglioti, Salvatore M. / Skrap, Miran / Fabbro, Franco: The Spiritual Brain: Selective Cortical Lesions Modulate Human Self-Transcendence. Neuron, Vol. 65 (2010), S. 309-319. htp://cell.com/neuron/retrieve/pii/S0896627310000528.

Vaas, Rüdiger / Blume, Michael: Gott, Gene und Gehirn. Warum Glaube nützt. Die Evolution der Religiosität. Stuttgart 2009.

Vester, Frederic: Denken, Lernen, Vergessen. Was geht in unserem Kopf vor, wie lernt das Gehirn und wann lässt es uns im Stich. Stuttgart 2002.

Voland, Eckart / Söling, Caspar: Die biologische Basis der Religiosität in Instinkten – Beiträge zu einer evolutionären Religionstheorie. In: Lüke, Ulrich / Schnakenberg, Jürgen / Souvigner, Georg (Hrsg.): Darwin und Gott. Das Verhältnis von Evolution und Religion. Darmstadt 2004.

Voland, Eckart: Evaluating the Evolutionary Status of Religiosity and Religiousness. In: Voland, Eckart / Schiefenhövel Wulf (Hrsg.): The Biological Evolution of Religious Mind and Behavior. Berlin, Heidelberg 2009.

Waal, Frans de: Primaten und Philosophen. Wie die Evolution die Moral hervorbrachte. München 2008.

Waardenburg, Jean Jacques: Religionen und Religion. Berlin, New York 1986.

Wach, Joachim: The Comparative Study of Religions. With an introduction of: Kitagawa, Joseph M., New York 1958.

Watzlawik, Paul: Die erfundene Wirklichkeit: wie wissen wir, was wir zu glauben wissen? München, Zürich 1994.

Weeden, Jason / Cohen, Adam B. / Kenrick, Douglas T.: Religious attendance as reproductive support. Evolution and Human Behavior, Vol. 29 (2008), S. 327-334.

Weiss, Walter M.: Islam. Köln 1999.

Wenzel, Uwe Justus: Was ist eine gute Religion? Zwanzig Antworten. München 2007.

Wilson, David Sloan / Sober, Elliott: Reintroducing group selection to the human behavioral sciences. Behavioral and Brain Sciences 17 (1994), S. 585-654.

Wilson, Edward O.: Sociobiology: The New Synthesis. Harvard University Press 1975.

Wilson, Edward O.: Biologie als Schicksal. Die soziobiologischen Grundlagen menschlichen Verhaltens. Berlin 1979.

Wilson, Edward O.: Kin selection as the key to altruism: Its rise and fall. Social research 72 (2005), S. 159-166.

Witt, Gregor: Billiglöhne und Streikverbot. Christen als Arbeitgeber. ZDF, Frontal 21, Internetbericht vom 19.05.2009. http://frontal21.zdf.de/ZDFde/inhalt/30/0,1872,7588926,00.html.

Wojtyla, Karol Jósef: Enzyklika Fides et Ratio. Vatikan 1998.

Wrogemann, Henning: Mission und Religion in der systematischen Theologie der Gegenwart: das Missionsverständnis deutschsprachiger protestantischer Dogmatiker im 20. Jahrhundert. Göttingen 1997.

Wynne-Edwards, Vero C.: Animal Dispersion in Relation to Social Behaviour. Edinburg 1962.

Yandell, Keith: Philosophy of Religion. A Contemporary Introduction. London 1999.

Zahavi, Amotz: Mate selection: A Selection for a handicap. Journal of Theoretical Biology 53 (1975), S. 205-214.

Index

A

B

C

D

E

F

G

H

I

J

K

L

M

N

O

P